"十四五"国家重点出版物出版规划项目

军事高科技知识丛书 · 黎 湘 傅爱国 主编

侦察与监视

黄晓涛 范崇祎 ★ 主编

Reconnaissance and Surveillance

国防科技大学出版社
· 长沙 ·

图书在版编目（CIP）数据

侦察与监视 / 黄晓涛，范崇祎主编. -- 长沙：国防科技大学出版社，2025. 1. --（军事高科技知识丛书 / 黎湘，傅爱国主编）.
ISBN 978 -7 -5673 -0655 -4

Ⅰ. E87

中国国家版本馆 CIP 数据核字第 2024WH5228 号

军事高科技知识丛书
丛书主编：黎　湘　傅爱国

侦察与监视
ZHENCHA YU JIANSHI
主　　编：黄晓涛　范崇祎

出版发行：国防科技大学出版社
责任编辑：周　蓉　朱哲婧　　责任美编：张亚婷
责任校对：吉志发　　责任印制：丁四元
印　　制：长沙市精宏印务有限公司　　开　　本：710×1000　1/16
印　　张：20. 5　　字　　数：303 千字
版　　次：2025 年 1 月第 1 版　　印　　次：2025 年 1 月第 1 次
书　　号：ISBN 978 -7 -5673 -0655 -4
定　　价：158. 00 元

社　　址：长沙市开福区德雅路 109 号
邮　　编：410073
电　　话：0731 -87028022
网　　址：https://www. nudt. edu. cn/press/
邮　　箱：nudtpress@ nudt. edu. cn

军事高科技知识丛书

总序

孙子曰："凡战者，以正合，以奇胜。故善出奇者，无穷如天地，不竭如江河。"纵观古今战场，大胆尝试新战法、运用新力量，历来是兵家崇尚的制胜法则。放眼当前世界，全球科技创新空前活跃，以智能化为代表的高新技术快速发展，新军事革命突飞猛进，推动战争形态和作战方式深刻变革。科技已经成为核心战斗力，日益成为未来战场制胜的关键因素。

科技强则国防强，科技兴则军队兴。在人民军队走过壮阔历程、取得伟大成就之时，我们也要清醒地看到，增加新域新质作战力量比重、加快无人智能作战力量发展、统筹网络信息体系建设运用等，日渐成为建设世界一流军队、打赢未来战争的关键所在。唯有依靠科技，才能点燃战斗力跃升的引擎，才能缩小同世界强国在军事实力上的差距，牢牢掌握军事竞争战略主动权。

党的二十大报告明确强调“加快实现高水平科技自立自强”“加速科技向战斗力转化”，为推动国防和军队现代化指明了方向。国防科技大学坚持以国家和军队重大战略需求为牵引，在超级计算机、卫星导航定位、信息通信、空天科学、气象海洋等领域取得了一系列重大科研成果，有效提高了科技创新对战斗力的贡献率。

站在建校70周年的新起点上，学校恪守“厚德博学、强军兴国”校训，紧盯战争之变、科技之变、对手之变，组织动员百余名专家教授，编纂推出“军事高科技知识丛书”，力求以深入浅出、通俗易懂的叙述，系统展示国防科技发展成就和未来前景，以飨心系国防、热爱科技的广大读者。希望作者们的努力能够助力经常性群众性科普教育、全民军事素养科技素养提升，为实现强国梦强军梦贡献力量。

主编 [signatures]

院士推荐

杨学军

强军之道，要在得人。当前，新型科技领域创新正引领世界军事潮流，改变战争制胜机理，倒逼人才建设发展。国防和军队现代化建设越来越快，人才先行的战略性紧迫性艰巨性日益显著。

国防科技大学是高素质新型军事人才培养和国防科技自主创新高地。长期以来，大学秉承“厚德博学、强军兴国”校训，坚持立德树人、为战育人，为我军培养造就了以“中国巨型计算机之父”慈云桂、国家最高科学技术奖获得者钱七虎、“中国歼－10之父”宋文骢、中国载人航天工程总设计师周建平、北斗卫星导航系统工程副总设计师谢军等为代表的一茬又一茬科技帅才和领军人物，切实肩负起科技强军、人才强军使命。

今年，正值大学建校70周年，在我军建设世界一流军队、大学奋进建设世界一流高等教育院校的征程中，丛书的出版发行将涵养人才成长沃土，点燃科技报国梦想，帮助更多人打开更加宏阔的前沿科技视野，勾画出更加美好的军队建设前景，源源不断吸引人才投身国防和军队建设，确保强军事业薪火相传、继往开来。

中国科学院院士 杨学军

院士推荐

包为民

近年来，我国国防和军队建设取得了长足进步，国产航母、新型导弹等新式装备广为人知，但国防科技对很多人而言是一个熟悉又陌生的领域。军事工作的神秘色彩、前沿科技的探索性质，让许多人对国防科技望而却步，也把潜在的人才拦在了门外。

作为一名长期奋斗在航天领域的科技工作者，从小我就喜欢从书籍报刊中汲取航空航天等国防科技知识，好奇“在浩瀚的宇宙中，到底存在哪些人类未知的秘密”，驱动着我发奋学习科学文化知识；参加工作后，我又常问自己“我能为国家的国防事业作出哪些贡献”，支撑着我在航天科研道路上奋斗至今。在几十年的科研工作中，我也常常深入大学校园为国防科研事业奔走呼吁，解答国防科技方面的困惑。但个人精力是有限的，迫切需要一个更为高效的方式，吸引更多人加入科技创新时代潮流、投身国防科研事业。

所幸，国防科技大学的同仁们编纂出版了本套丛书，做了我想做却未能做好的事。丛书注重夯实基础、探索未知、谋求引领，为大家理解和探索国防科技提供了一个新的认知视角，将更多人的梦想连接国防科技创新，吸引更多智慧力量向国防科技未知领域进发！

中国科学院院士

院士推荐

费爱国

站在世界百年未有之大变局的当口，我国重大关键核心技术受制于人的问题越来越受到关注。如何打破国际垄断和技术壁垒，破解网信技术、信息系统、重大装备等“卡脖子”难题牵动国运民心。

在创新不断被强调、技术不断被超越的今天，我国科技发展既面临千载难逢的历史机遇，又面临差距可能被拉大的严峻挑战。实现科技创新高质量发展，不仅要追求“硬科技”的突破，更要关注“软实力”的塑造。事实证明，科技创新从不是一蹴而就，而有赖于基础研究、原始创新等大量积累，更有赖于科普教育的强化、生态环境的构建。唯有坚持软硬兼施，才能推动科技创新可持续发展。

千秋基业，以人为本。作为科技工作者和院校教育者，他们胸怀“国之大者”，研发“兵之重器”，在探索前沿、引领未来的同时，仍能用心编写此套丛书，实属难能可贵。丛书的出版发行，能够帮助广大读者站在巨人的肩膀上汲取智慧和力量，引导更多有志之士一起踏上科学探索之旅，必将激发科技创新的精武豪情，汇聚强军兴国的磅礴力量，为实现我国高水平科技自立自强增添强韧后劲。

中国工程院院士 费爱国

院士推荐

陆建华

当今世界，新一轮技术革命和产业变革突飞猛进，不断向科技创新的广度、深度进军，速度显著加快。科技创新已经成为国际战略博弈的主要战场，围绕科技制高点的竞争空前激烈。近年来，以人工智能、集成电路、量子信息等为代表的尖端和前沿领域迅速发展，引发各领域深刻变革，直接影响未来科技发展走向。

国防科技是国家总体科技水平、综合实力的集中体现，是增强我国国防实力、全面建成世界一流军队、实现中华民族伟大复兴的重要支撑。在国际军事竞争日趋激烈的背景下，深耕国防科技教育的沃土、加快国防科技人才培养、吸引更多人才投身国防科技创新，对于全面推进科技强军战略落地生根、大力提高国防科技自主创新能力、始终将军事发展的主动权牢牢掌握在自己手中意义重大。

丛书的编写团队来自国防科技大学，长期工作在国防科技研究的第一线、最前沿，取得了诸多高、精、尖国防高科技成果，并成功实现了军事应用，为国防和军队现代化作出了卓越业绩和突出贡献。他们拥有丰富的知识积累和实践经验，在阐述国防高科技知识上既系统，又深入，有卓识，也有远见，是普及国防科技知识的重要力量。

相信丛书的出版，将点燃全民学习国防高科技知识的热情，助力全民国防科技素养提升，为科技强军和科技强国目标的实现贡献坚实力量。

中国科学院院士

院士推荐

王怀民

《“十四五”国家科学技术普及发展规划》中指出，要对标新时代国防科普需要，持续提升国防科普能力，更好为国防和军队现代化建设服务，鼓励国防科普作品创作出版，支持建设国防科普传播平台。

国防科技大学是中央军委直属的综合性研究型高等教育院校，是我军高素质新型军事人才培养高地、国防科技自主创新高地。建校70年来，国防科技大学着眼服务备战打仗和战略能力建设需求，聚焦国防和军队现代化建设战略问题，坚持贡献主导、自主创新和集智攻关，以应用引导基础研究，以基础研究支撑技术创新，重点开展提升武器装备效能的核心技术、提升体系对抗能力的关键技术、提升战争博弈能力的前沿技术、催生军事变革的重大理论研究，取得了一系列原创性、引领性科技创新成果和战争研究成果，成为国防科技“三化”融合发展的领军者。

值此建校70周年之际，国防科技大学发挥办学优势，组织撰写本套丛书，作者全部是相关科研领域的高水平专家学者。他们结合多年教学科研积累，围绕国防教育和军事科普这一主题，运用浅显易懂的文字、丰富多样的图表，全面阐述各专业领域军事高科技的基本科学原理及其军事运用。丛书出版必将激发广大读者对国防科技的兴趣，振奋人人为强国兴军贡献力量的热情。

中国科学院院士

院士推荐

宋君强

习主席强调，科技创新、科学普及是实现创新发展的两翼，要把科学普及放在与科技创新同等重要的位置。《“十四五”国家科学技术普及发展规划》指出，要强化科普价值引领，推动科学普及与科技创新协同发展，持续提升公民科学素质，为实现高水平科技自立自强厚植土壤、夯实根基。

《中华人民共和国科学技术普及法》颁布实施至今已整整21年，科普保障能力持续增强，全民科学素质大幅提升。但随着时代发展和新技术的广泛应用，科普本身的理念、内涵、机制、形式等都发生了重大变化。繁荣科普作品种类、创新科普传播形式、提升科普服务效能，是时代发展的必然趋势，也是科技强军、科技强国的内在需求。

作为军队首个“科普中国”共建基地单位，国防科技大学大力贯彻落实习主席提出的“科技创新、科学普及是实现创新发展的两翼，要把科学普及放在与科技创新同等重要的位置”指示精神，大力加强科学普及工作，汇集学校航空航天、电子科技、计算机科学、控制科学、军事学等优势学科领域的知名专家学者，编写本套丛书，对国防科技重点领域的最新前沿发展和武器装备进行系统全面、通俗易懂的介绍。相信这套丛书的出版，能助力全民军事科普和国防教育，厚植科技强军土壤，夯实人才强军根基。

中国工程院院士 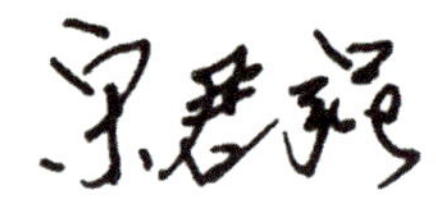

侦察与监视

主　　编：黄晓涛　范崇祎
编写人员：陈乐平　金　添　华洋晟
　　　　　孙晓颖

前言

自有人类以来，探听消息和观察周围的情况变化，一直是生活中的一项重要活动。这一活动在军事中被称为侦察与监视。我国古代有“因敌制胜”“知彼知己，百战不殆”等描述侦察与监视活动重要性的论述。如今，侦察与监视已成为现代战争中获取情报、战场支援和夺取信息优势的重要手段。

在现代高技术战争中，不论是精确打击还是联合作战，都要求准确发现目标，及时决策，精确打击，这对侦察与监视技术提出了更高要求。侦察与监视不仅贯穿于战争的全过程，而且与非战争时期的各方情况有关。海湾战争以来，以美国为首的多国部队逐步建立了优势互补的全纵深、全天候、全天时、陆海空天立体化侦察与监视网，逐步具备了情报精确化、处理实时化、服务多元化的战场信息处理能力。通过侦察与监视网获得的战场多元信息得到了快速融合，保障了空地一体协同作战、火力打击精妙配合，最终为夺取战争胜利奠定了重要基础。

随着战争形态的演进和科学技术的进步，侦察与监视已呈现出传感器网络化、处理智能化、速度实时化、平台无人化、侦察打击一体化等趋势，对未来作战方式产生了十分深刻的影响。本书对侦察与监视涉及的诸多方面内容进行了阐述，全书共分四篇。第1至第2章为侦察与监视概述篇，简要介绍了侦察与监视的内涵和分类，以及战争中的侦察与监视。第3至第5章为侦察与监视技术篇，对光电、雷达、水声侦察与监视的原理和技术进行了详细介绍，对超宽带雷达、相控阵雷达、合成孔径成像雷达等典型技术作了重点阐述。第6至第9章为侦察与监视装备篇，围绕陆海空天搭载平台，介绍了侦察与监视的典型系统及装备。第10至第12章为侦察与监视应用篇，围绕应用领域、应用系统、应用案例，介绍了侦察与监视的应用。

本书可作为普及侦察与监视相关知识的军事科普读物，以及相关教学和培训的参考资料。第一篇和第四篇由黄晓涛、范崇祎撰写，第二篇由范崇祎撰写，第三篇由陈乐平、金添撰写。此外，华洋晟、孙晓颖负责词条撰写、图表编辑及校订，范崇祎负责统稿校订，李悦丽、黄晓涛负责审定全书内容。感谢周智敏、郭福成、黎向阳、宋千、朱国富、陆必应、张汉华、王建、安道祥、李杨寰、王睿、吴艳群等老师为本书出版所做的基础工作，感谢葛少迪、邱志峰、周小龙、毕钡桢、夏路福等同学为本书编写所做的整理工作。

由于水平和时间有限，书中难免有疏漏及不当之处，敬请批评指正。

作　者

2024年11月

目录

第一篇　侦察与监视概述

第二篇　侦察与监视技术

第一篇 侦察与监视概述

侦察与监视概述

侦察与监视是一个古老而又充满活力的军事技术领域。我国古代的《孙子兵法·谋攻篇》就提到："知彼知己，百战不殆；不知彼而知己，一胜一负；不知彼，不知己，每战必殆。"体现了侦察与监视在战争中的重要地位。现代高技术战争中，不论是"擒贼先擒王"的精确打击，还是"团结力量大"的联合作战，都要求准确发现目标。现代战争对情报保障提出了更高的要求，侦察与监视作为获取情报的重要手段，作用日益突出。本篇将从侦察与监视的基本概念出发，介绍侦察与监视的内涵及分类，以及战争中侦察与监视的要求和发展趋势。

第1章

侦察与监视的内涵与分类

从古至今，侦察与监视一直是人类的重要活动。原始社会时期，部落便会特地安排人员搜寻狩猎场地或者水源地等物资。如果发现资源丰富的地区，就会安排人员负责监视，防止被其他部落侵占。这个时期由于生产力的局限性，侦察和监视的手段主要依赖个人或者小规模队伍，侦察和监视的效率也比较低。

封建社会时期，封建王朝会运用侦察和监视的手段来加强中央集权。比较有代表性的如我国古代的刺史制度。在用兵打仗之时，各国也会用间谍和斥候等搜集情报。这个时期形成了负责侦察和监视的机构，烽火台、瞭望塔等军事设施的应用，大大提高了侦察和监视的效率。

在现代，侦察和监视的应用领域更加广泛，用于侦察和监视的技术手段日益丰富。侦察与监视的范围更广、灵活性更高，获取信息的能力更强。例如，随着人工智能的发展，无人机、机器狗可以在战场上代替人类执行侦察监视任务；随着空间探测器的发展，高性能宇宙探测器将用于太空监视和外星生命体的侦察。相信在不远的未来，新一代的侦察监视系统必将大展拳脚。

1.1 侦察与监视的内涵

侦察与监视是指运用各类手段获取目标情报或者对目标动向实施连续不间断跟踪观察的活动。侦察是通过视觉观察或其他探测方法，获取敌方或潜在敌方活动和资源方面具体信息的行动。监视是通过视觉观察或其他探测方法，连续不间断地观察某个或某些区域、人群或事件时所采取的行动。

· 名词解释

– 侦察与侦查 –

“侦察”与“侦查”的含义不同，使用的领域也不同。根据《现代汉语词典》（第7版），侦察指为了弄清敌情、地形及其他有关作战的情况而进行活动；而侦查指公安机关、国家安全机关和检察机关在刑事案件中，为了确定犯罪事实和证实犯罪嫌疑人、被告人确实有罪而进行调查及采取有关的强制措施。前者常用于军事方面，后者多用于检察、公安等方面。

侦察与监视之间的关系可以从比较相同点和不同点来理解。相同点体现在二者都是获取情报的手段，基本技术和方法都是相同的，用于侦察的设施与装备也可以用于监视。侦察与监视这两种做法均涉及监测活动。这种监测可以指使用监控摄像机等从远处进行监控或观察；也可以指拦截来自互联网、电子设备的电子传输信息；或是在没有电子设备的情况下，指派情报人员进行监测。

侦察与监视之间的不同点体现在两个方面。首先，侦察不一定是连续的，通常具有时间限制，而监视具有连续性。照相机和望远镜可以看成是侦察设备，而24小时不间断工作的卫星摄像头可以看成是监视设备，如图1－1所示。其次，侦察提供评估战场态势所需的详细信息，监视数据主要用于生成综合情报产品。

图1-1 侦察与监视场景

在侦察中，搜集信息的主体可以是军事情报专家或侦察兵，通过观察哨、潜艇、飞机等进行侦察，也可以是间谍，渗透进敌人内部。监视侧重于信息的收集，收集的信息越多就越有可能制订出更好的战斗计划。例如，拦截来自互联网或语音通信的电子传输信息也是一种监视。

侦察与监视设备是现代综合电子信息系统的重要组成部分，是获取情报、战场支援和夺取信息优势的重要手段。利用侦察与监视信息，可以极大地提高武器系统的作战能力和效率。总体上，侦察与监视的作用主要体现在两个方面：平时掌握敌方的基本情况，支撑战略决策；战时及时发现、识别和确认目标，支撑作战决策，评估打击效果。

· 知识延伸

- 中国古代的侦察兵 -

中国古代侦察兵一般分为骑兵和步兵，是一类相当重要的兵种。中国古代侦察兵的起源时间不晚于商代。西汉司马迁所著的《史记·李将军列传》中记载“然亦远斥候，未尝遇害”，称侦察兵为“斥候”。

斥候在军队编制上指主要负责侦察敌情与反敌方侦察的人。但因古代的分工没有那么细，所以斥候做的也不只是侦察敌情那么简单。如他要到战地附近打探消息，包括地形地貌、可饮用水源，并判断在哪里有可通行的道路，是否要找先锋队逢山开路、遇水搭桥，以及搜集绘制军事地图等。通常斥候对格斗和武器的掌握强于其他人，还十分善于秘密行动，如偷偷潜入敌后盗取重要的文件或刺杀敌人首领。所以斥候也有特种部队的作用。后来分工更细了，侦察兵不再称斥候，而是根据侦察使用的不同装具，改称探马、探子或刺客等。

情报是为实现主体某种特定目的，有意识地对有关的事实、数据、信息、知识等要素进行劳动加工的产物。不同的情报观对情报有不同的定义，可以从社会功能、运用角度等对情报作出定义。本书中的情报指的是利用一切手段获得的敌方军事、政治、经济、科学技术、地理等方面的情况。侦察与监视中获得的有用内容一般都可以称为情报。

• 知识延伸

– 中国古代的情报 –

情报的历史非常悠久。在文字出现以前，就存在依靠口耳相传、结绳刻木和烽火等形式传递情报的情况。随着生产力的发展和文字的产生，出现了书面记载和传播信息的形式。出土的甲骨文、钟鼎文、竹简书上，都有记载关于天气、节令、物候方面的信息，它们就是远古时代带有情报意义的文献资料。

中国古代的情报整体上属于人力情报，即利用侦察人员、官方或非官方机构驻外人员、商人、学生、探亲者等人员获取的情报。其主要特点是来源渠道多、内容范围广。其中通过特殊途径获取的内幕性和机密性情报，有很高的情报价值。

中国古代诸子百家中，兵家、纵横家、杂家和阴阳家都对情报极为重视。《孙子兵法》提出了情报理论，它将间谍分为“因间、内间、反间、死间、生间”五种，指出情报工作是一个国家在战争中克敌制胜的法宝。

孙子说："兵者，诡道也。"要想获得战争的胜利，就需要"知彼知己"。如何知彼知己，自然需要取得己方和彼方的大量情报。孙子提到战争要"谋攻"、知"军形"、晓"兵势"、查"虚实"，这些都离不开情报工作。孙子提出的"五间"和"动敌"的理论体系，阐述了情报战的原则、方法，强调了军事情报保密的重要意义。特别是他在《用间篇》中，阐述了古代情报理论，奠定了中国古代情报的基础。

被誉为兵家权谋始祖的《六韬》，成书于战国末期，极大地丰富了情报的实践方法。它包括情报侦察方法、情报传递方法、情报分析以及利用虚假情报进行战略欺骗和战术欺骗的方法，是古代情报实践的指南、情报百科全书。《六韬》主张构建面向全国的情报体系，通过获取敌国政治、经济、社会形势及战争策略等方面的基本情况，洞察敌方意图。同时《六韬》还强调要注意情报的保密工作，提出了反情报思想。

《管子》是中国古代情报思想的集大成者，它将情报工作浓缩为"知形""知能""知意"的"三知"理论体系，并对情报的质量和情报人员的专业素质提出了明确的要求，形成了综合性的情报侦察与分析思想。它强调战争决策需要随时关注和跟踪敌情变化，将情报与军事活动的关系上升到了哲学认知论的层面。

1.2 侦察与监视的分类

侦察与监视可以从多个角度进行分类，如情报用途、搭载平台、信号来源、技术途径。

1. 按情报用途分类

侦察与监视按情报用途可以分为战术侦察与监视、战役侦察与监视和战略侦察与监视。

战术侦察与监视主要是获取战斗行动所需的情报。战役侦察与监视主要是获取战役行动所需的情报。战略侦察与监视主要是获取国家安全和战争全局所需的情报，搜集有关国家、组织和地区的战略指导思想及战略企图、武装力量的战略部署等影响战局发展的情报。

战术侦察通常由兵团、部队（分队）指挥员及其司令部组织实施，是战斗的重要保障。战术侦察任务通常根据敌情、上级指示、部队（分队）受领的任务和对情况掌握的程度而定。基本任务是查明当面之敌的兵力、番号、战斗编成、部署、行动方向、战斗企图、可能得到的支援、指挥机构和通信枢纽的位置、武器装备、火力配系、工事构筑、障碍设置、交通运输和后勤补给，以及作战地区的地形、道路、气象水文、社会情况等信息。

战役侦察的基本任务包括：在战役发起前，根据战役目的，查明交战地幅内敌军兵力、番号、部署、编制、装备、编成、作战能力、作战特点、行动企图、指挥官特点、指挥机构、通信枢纽、工程设施、后勤保障，以及战区地理、气象水文、社会情况等信息；在战役中，根据战场情况的发展，查明敌军力量的消长、作战企图与战法的变化。此外，在高技术战争和信息化战争中，还应注意查明敌军战役样式、战法、装备信息化程度和高科技武器装备位置等。

战略侦察所获情报是制定战略方针、拟制战略及战略性战役计划和指导战争的重要依据，一般由统帅部或负有战略任务的指挥机关组织实施。战略侦察的基本任务是查明敌方的战略部署和企图、军事思想、武装力量状况、备战措施、战争潜力、军政人物，战区地理、气象水文、社会形势等情况，以及世界战略形势的变化对战争进程的影响。重点查明敌方发动战争的直接准备程度，核武器的部署，重兵集团的集结地域，主要突击方向，实施突击特别是核突击的时机、方式等情况。

2. 按搭载平台分类

侦察与监视按搭载平台可以分为航天侦察与监视、航空侦察与监视、地面侦察与监视、海上及水下侦察与监视，有效载荷主要有光学、雷达、电子侦察设备等。

航天侦察与监视主要是利用人造卫星等平台，在外层空间进行侦察与监视活动，主要用于电子侦察、成像侦察、海洋监视、导弹预警和核爆探测等。航天侦察与监视具有覆盖地域广、持续时间长、不受空域国界和地理条件限制等独特优势，如图 1－2 所示。

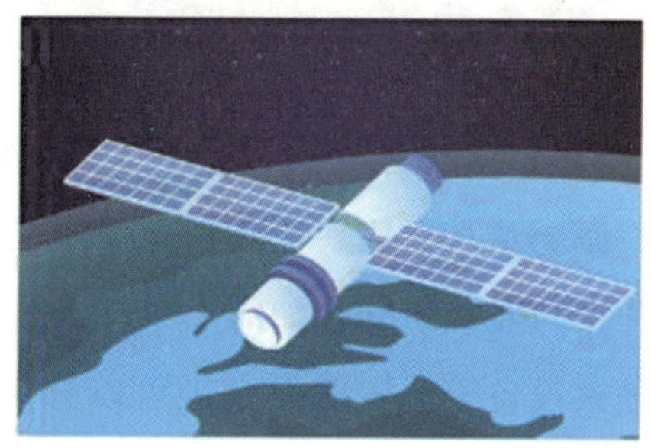

图 1－2　航天侦察与监视

航空侦察与监视主要是利用航空器等平台在大气层空间进行侦察与监视活动，具有机动性强、灵活、范围大、时效性较强等特点，如图 1－3 所示。

图 1－3　航空侦察与监视

地面侦察与监视可以分为固定侦察与监视和机动侦察与监视两大类，如图 1－4 所示。固定侦察与监视站通常设在特定区域，如边界、山头和海岸等，既可用于战略侦察与监视，也可以用于战术侦察与监视。而机动侦察与监视是将传感器安置在机动平台上，常用于战术侦察与监视。

图 1－4 地面侦察与监视

海上及水下侦察与监视主要是利用舰船或潜艇等平台在海面和水下进行的侦察与监视活动，如图 1－5 所示。有效载荷主要有雷达、声呐、光学和电子侦察设备等。按照平台也可以分为水面舰艇、潜艇、海军航空兵和两栖侦察与监视等。

图 1－5 海上及水下侦察与监视

3. 按信号来源分类

侦察与监视按信号来源可以分为有源侦察与监视和无源侦察与监视。有源侦察与监视是指传感器主动发射信号，通过检测目标回波来提取有用信息。无源侦察与监视是指传感器本身不发射信号，通过检测目标辐射信号或者是目标反射其他辐射源的信号来提取有用信息。

4. 按技术途径分类

侦察与监视按技术途径可以分为光电侦察与监视、无线电侦察与监视、声学侦察与监视、网络空间的侦察与监视等。本书主要结合具体的技术手段进行介绍。典型的侦察与监视的技术手段包括光电探测技术、雷达探测技术、水声探测技术、电子侦察技术和网络空间的侦察与监视技术等。

（1）光电探测技术

光电探测技术是根据目标和背景或目标和目标之间的辐射光波或对光源反射特性上的差异，利用光学和光电转换原理，将目标自身辐射或反射的光波信号转换成电信号，再通过信号处理后获取目标特征信息的技术。

光电探测技术实际上是传统的光学技术加上光电转换技术的一种新技术，如图1－6所示。图1－7所示是一个典型的光电成像系统。该成像系统由前端的光学系统和后端的光电转换器构成。工作时，光信号通过前端的光学系统形成光学图像，再通过光电转换器转换成电信号，最后进行后续的信号处理与传输。

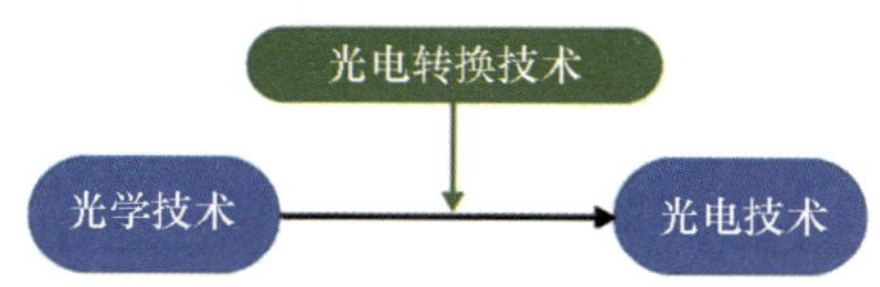

图1－6　光电技术

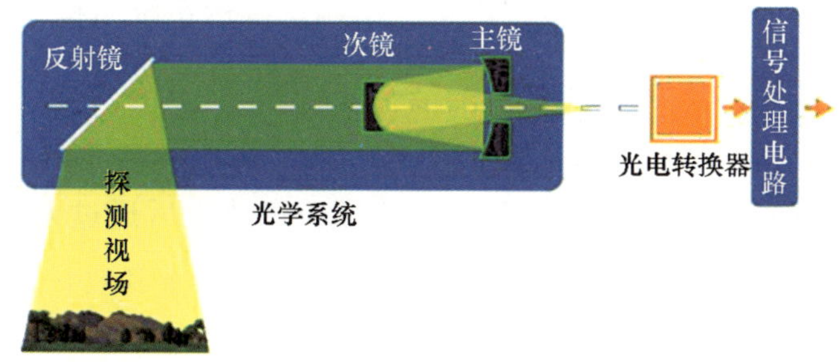

图1－7　光电成像系统

光电探测在整个电磁波谱中的频率范围如图1－8所示，图中从左往右电磁频率逐渐变小，而波长逐渐变大。光电探测区域（即彩色区域）：最中间的部分是可见光；在可见光的左侧，是频率更高的紫外光；在可见光的右侧，是频率更低的红外光。这三部分共同构成了光电探测的常用波段。

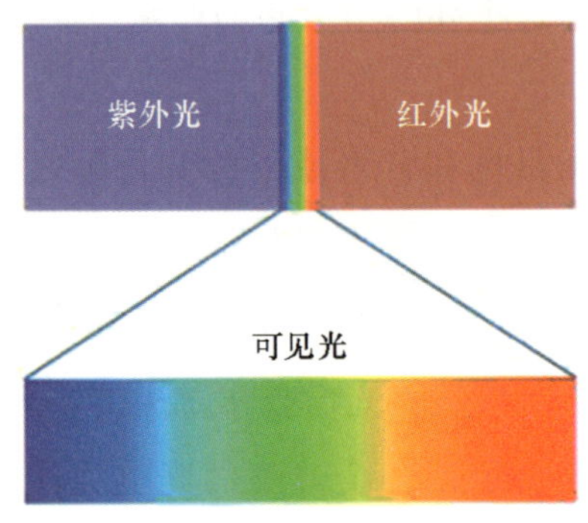

图 1－8　光电探测频谱分布

（2）雷达探测技术

雷达是战场侦察与监视的“千里眼”和“顺风耳”。雷达探测技术一般是采用主动发射电磁波的方式获得目标反射或散射电磁波，以此来提取目标信息（如目标的位置、运动速度和方向）的技术。现代的雷达还具有目标成像、识别等高级功能。雷达最主要的特点是具有全天候和全天时的工作能力，这使雷达成为侦察与监视的主要装备。

图 1－9 是一个典型的脉冲雷达系统结构。雷达系统结构主要有两个部分：上方链路是信号源和发射机，表示发射支路；下方链路是接收机、信号处理和显示器，表示接收支路。它们通过一个开关共同连接到天线。雷达工作时，开关先导通到发射支路，产生的信号经过放大后通过天线向外辐射，发射的电磁波碰到目标后，目标会对电磁波进行反射或者散射，产生目标回波；当开关导通到接收支路时，目标的回波也就是反射信号，会通过天线进入接收机，然后进行信号处理和结果显示。

雷达的工作频率是雷达非常重要的一个参量。图 1－10 显示了两个维度，横坐标箭头方向代表探测精度越来越高，纵坐标箭头方向代表探测距离越来越远。例如，地基雷达的频率可以覆盖整个雷达的波段；舰载雷达

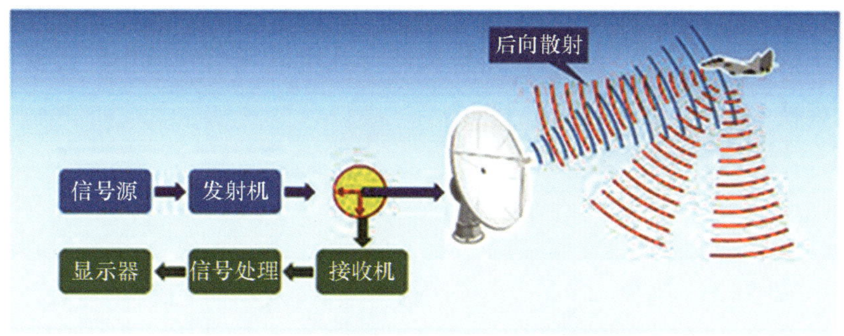

图1-9 脉冲雷达系统结构图

的频率通常是探测精度和探测距离的折中，一般处于图中区域的中间位置，即S波段和X波段；预警机雷达对探测距离要求较高，频率一般为P波段和S波段；战斗机火控雷达的频率一般是X波段和Ku波段，更注重目标的探测和跟踪精度。

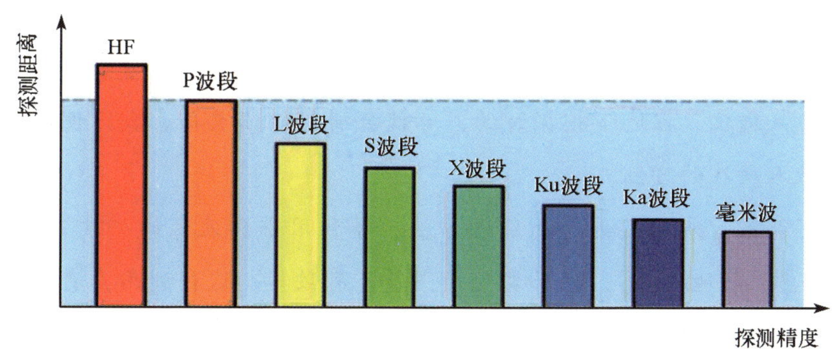

图1-10 不同频率下雷达的探测距离与精度

有源雷达通常是一个大功率的有源探测设备，其发射信号易被敌方侦收和截获，容易遭受电子干扰和反辐射导弹的袭击。无源雷达不需要特定的发射站，仅被动接收环境中已存在的机会照射源信号。由于不发射信号，无源雷达隐蔽性高、抗干扰能力强；系统仅配置接收装置，体积小，可灵活配置；不受气象条件限制，可不间断地侦察与监视远距离目标信号，获得及时情报。

事实上，这类系统可以覆盖整个电磁频谱，关注各类无线电信号中存在的情报，属于信号情报侦察与监视，是作战双方在电磁频谱领域中广泛使用的侦察与监视技术。

• 知识延伸

– 中国古代的“千里眼”和“顺风耳” –

春秋时期的“巢车”是古代早期用于军事情报搜集的设备。它是一种专供观察敌情用的瞭望车，车底部装有轮子，可以推动，车子可以升高到数丈，在攻城时可观察城内敌兵情况。这种居高临下观察敌情的方式在一定程度上实现了古代“千里眼”的设想，是今天空中情报侦察的开端。

战国时期，古人利用共鸣原理发明了“瓮听”，这是较早用于侦测有声源目标方位的器材。这种器材对获得敌方军队人数、判断敌方是否挖地道攻城的效果奇佳。具体做法是在己方军营中挖一深井，内置一口缸，缸口上蒙一层薄牛皮，令听力聪敏的人伏在缸上，监听敌方的动静。敌方如果想以开凿地道的方式进攻，在地下挖掘时的声音就会引起缸体共振，我方便可以侦测出地下敌人所在的方位。

到了北宋，采用了更为简便的方法，即利用士兵装箭的牛皮囊做卧枕，“取其中虚，附地枕之”，从而发现周围是否有敌军。这种利用声音传播原理来侦测敌人动向的军事情报技术在一定程度上实现了古代“顺风耳”的设想。

(3) 水声探测技术

水声探测技术是利用声波获得目标的反射，以此来提取目标信息的技术。水声探测的信息载体是声波。声波能在海水中远距离传输，传播速度可以达到1.5千米/秒，传输距离可以远到上千千米。利用水下声波的远距离传输特性，可以实现对水面和水下目标的探测、识别和定位，也可以用于导航和通信。

声呐是最主要的水声探测设备，典型的声呐系统结构和雷达系统结构非常类似，如图1－11所示。声呐系统也包括发射支路和接收支路，同样经过接收、处理和显示等步骤。只不过声呐系统发射的是声波信号，接收到的目标反射的回波信号也是声波信号。主动声呐可以探测静止无声的目标并能测出其方位和距离，但主动声呐发射的声波信号容易被敌方侦听而暴露己方，而且探测距离短。被动声呐在噪声背景下接收远场目标发出的噪声，本身不发射信号，隐蔽性强，但不能探测静止目标。为了避免被敌方发现，通常被动声呐承担了大部分的探测任务。

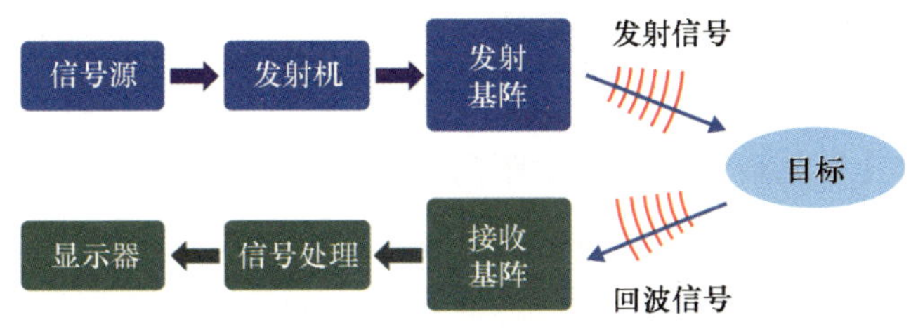

图1－11　声呐系统的结构图

（4）电子侦察技术

电子侦察，也称电子对抗侦察，通过搜集、分析敌方的电磁辐射信号，来获取其电子设备类型、位置信息、技术参数以及用途等情报，是获取战略、战役和战斗电磁情报的重要手段，能为指挥员提供战场电磁态势分析所需的情报支援。

主动发射雷达、通信发射塔在工作中会向外辐射电磁波，是电磁波的主要来源，因此这些设备统称为辐射源。电子侦察通过截获辐射源的光信号、无线电信号或者声信号，完成目标信号的分析、识别以及定位等任务，为军事行动提供情报支持。

陆基电子对抗侦察站、机动电子对抗侦察车、海基电子对抗侦察船、空基电子对抗侦察飞机和天基电子对抗侦察卫星都属于电子对抗侦察的装备。电子侦察的目标包括敌方雷达、无线电通信设备、无线电导航设备、无线电遥测遥控设备、导弹制导（或寻的）设备、干扰设备、各种光电设备等。电子侦察按装备工作原理，可分为光电对抗侦察、雷达对抗侦察、水声对抗侦察、通信对抗侦察等；按侦察方式和情报使用目的，可分为电子对抗情报侦察和电子对抗支援侦察等；按侦察时机，可分为预先电子对抗侦察和直接电子对抗侦察等。

电子侦察的第一步是利用电子侦察接收系统来截获辐射源信号。电子侦察系统主要由天线和接收机两部分组成，电子侦察接收机的常用类型包括搜索超外差接收机、信道化接收机、数字接收机等。电子侦察的第二步是将接收到的混叠在一起的信号分成多个独立信号。这一步骤在雷达对抗侦察中一般称为信号分选，在通信对抗侦察中一般称为信号分离。最后，电子侦察需要完成信号参数的分析，利用分析结果判别辐射源的类型和型号。

电子侦察具有隐蔽性高、作用距离远、侦察范围广、反应迅速、目标识别能力强、情报提供及时、可靠性高等特点。通过建立联合情报支援体系，结合多种侦察手段，电子侦察可以获取全方位的电子情报，很好地应用于联合作战行动。对电子侦察的情报进行长期积累，可以形成电子目标的参数数据库和电子战斗序列，有利于掌握敌方的电子信息装备的类型、位置及信号参数信息，在作战行动中能引导电子干扰等装备实施有效的电子攻击。随着各种电子信息系统的应用日益广泛，电磁环境面临着时域高度密集、频域严重混叠、空间相互交错、能量动态变换等复杂情况，电子侦察在联合作战中起着举足轻重的作用。电子侦察装备侧重于信号的接收与分析，其工作原理类似光电、雷达、声呐的接收部分，只不过电子侦察装备通常具有更宽的接收带宽。

（5）网络空间的侦察与监视技术

当今数字时代，互联网让世界联结在了一起，也使侦察与监视没有了空间的阻碍，实力强大的发达国家政府和通信机构可以对全世界的互联网信息进行监控，网络空间的侦察与监视逐步成为各国侦察与监视的重点领域。但在本质上，网络空间的侦察与监视技术属于光电、雷达、水声等侦察与监视装备信息获取及处理的应用技术，故对这一部分的技术仅进行简单的介绍。

网络空间的侦察与监视对信息的获取依赖光电、雷达、水声等装备，是相关技术在物理及虚拟域环境信息获取的延续。例如，美国在海狼级核潜艇“吉米·卡特”号上安装各种类型的感应器和水下航行器，用于水面和水下的通信情报搜集。该潜艇安装了先进的窃听海底光缆的专业设备，能够稳定在目标光缆的上方，窃听并处理光缆传输信息以获取大量通信情报。黑客攻击是网络空间侦察与监视的常用手段，包括将恶意软件、病毒等植入用户电脑进行监视，侵入系统并修改数据等。这些手段即使在计算机不连接互联网的情况下也能实施。

事实上，美国具有全球最大的光纤网络交换中心。因互联网基础协议的限制，大部分数据无论来自何处，只要是去往美国或者跨国界去往世界其他地方，在到达目的地之前就不得不途经美国，这使得美国有能力对世界范围内的绝大多数通话进行搭线监听，提取大量通信情报。现今众所周知的“棱镜”计划，就是从互联网公司的服务器上直接搜集数据信息获取通信情报。通过该计划，美国国安局可以随时锁定某个特定的目标进行监控，了解其在网络上的实时动态，监控其在互联网上传递的内容，包括照片、视频、电子邮件、语音交谈信息，甚至档案传输内容和社交网络细节等。

随着美国“棱镜”事件成为全球舆论关注的焦点，各国网络空间的侦察与监视手段层出不穷。例如，英国政府通信总部曾对多条承担国际电话和互联网信号的光缆系统进行秘密监控，不但拦截和存储了海量的私人通话、电子邮件、浏览记录等数据，还与美国国安局共享信息。同时，可将从光纤获得的海量数据储存30天并进行分析，具备极强的监控光纤的技术能力，该机构的互联网监控能力使得英国成为情报界的重要力量。此外，德国、法国、印度等国家都有类似监控项目。

第2章 战争中的侦察与监视

在现代战争中，信息化战场的概念体现得淋漓尽致。例如，小型无人机作为典型装备开始在战争中登场，能实时搜集情报，定点监视敌方部队动向，结合侦察到的信息精准打击敌方军火库、防空系统等重要战争资源，以取得重要的战略优势。若要抵御无人机的侵扰，一方面要对无人机通信进行干扰，使无人机失去战斗能力，另一方面要采用假目标等方式欺骗侦察系统。

无人机在现代战争中的应用，体现了战场中侦察与监视的重要作用，主要有以下三个方面：第一，完成对战场态势信息的搜集，包括寻找敌方的火力配置、兵力部署、敌方动向以及支援情况等；第二，支持对敌方目标的精准打击，以多种侦察手段寻找出敌方重要战争资源位置或力量薄弱位置，实现对敌方目标的精准打击；第三，进行反侦察与反监视，通过侦察敌方活动并进行阻拦，可以避免我方情报的泄露，保护我方军事力量。

2.1 战争对侦察与监视的要求

随着战争形态的演变，战争对侦察与监视的要求也发生了重要的变化，如图2-1所示。一战期间，各个作战平台实际上是孤立的，作战平台之间缺乏通信，落后的侦察与监视手段在战争中发挥的作用比较有限，提升侦察与监视的能力是这个时期的要求；二战时出现了大规模的轰炸机、战斗机，侦察与监视能力有了提高，平台之间也出现了有限的通信，对侦察与监视的要求变为具备有限的通信，为诸如闪电战等作战形式服务；信息化战争中准确的目标指示与精确打击是主要的作战样式，因此实时、精确的目标数据非常关键，对侦察与监视的要求是具备实时通信、精确打击的能力，随着信息化战争的深入，对侦察与监视的要求强调信息融合，主要是为信息化联合作战服务；如今，在信息化联合作战的基础上，智能化战争要求作战平台和侦察设备向无人化、微型化、自主化发展，在作战平台上集成多任务传感器和攻防兵器，实现在无人或少人干预情况下机动、侦察、攻防、评估等任务的一体兼容与灵活切换。

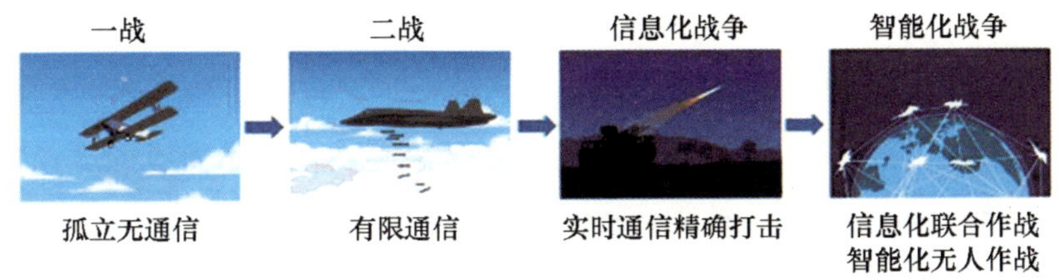

图2－1　战争对侦察与监视要求的演变历程

总体上，战争对侦察与监视的要求与战争呈现的“三化”演变紧密联系，即从一战、二战的“机械化”开始，不断朝着“信息化”“智能化”的方向发展。深入了解这三大演变，可以帮助我们更清晰地看到不同阶段下战争对侦察与监视的要求。

1. 机械化演变带来的要求

伴随着蒸汽机电力技术和内燃机的发明，人类社会涌现出大量颠覆性技术，催生了许多新型武器装备，人类的战争形态也由冷兵器战争步入机械化战争。一战期间，英国军队使用坦克打破了在索姆河战役和坎布雷战役中阵地战的僵局。随后，欧洲其他国家的军队也相继开始了机械化步兵的建设。

机械化作战平台具有高度机动力、突击力的优势，机械化装备被大量运用于各军兵种。二战中涌现了大量新型的坦克、装甲战车等机械化装备，使得机械化装甲部队成为陆军最主要的突击力量，传统步兵也逐渐转型发展为机械化部队；海军则依靠机械化的航空母舰和潜艇，形成水下、水面等立体作战的打击力量；空军的发展更是迅速，各国纷纷组建空军联队、师、军和集团军。

机械化战争的发展使得侦察与监视技术发生了改变。由于飞机、坦克、军舰等作战的主要装备机动性能大大增强，侦察与监视的效率大大提高。搭载在机械化平台上的侦察与监视装备得到了更新，侦察与监视的方式得到了极大丰富。机械化装备的大量运用，要求作战行动多层次、全方位展开，战场侦察与监视的渗入范围也更广，立体作战、纵深作战成为重要作战方式。侦察与监视的需求也拓展到了各兵种中，需要诸军种、兵种从简单的协同作战，转为深入的联合作战。

2. 信息化演变带来的要求

20 世纪 80 年代中后期，以信息技术为核心的高技术飞速发展并在军事领域得到广泛应用，引发了新的军事技术革命。在这个阶段，武器装备的发展有了质的飞跃，也推动了军队体制编制、作战方法和军事理论的革命。以 1991 年海湾战争为标志，由精确制导武器、情报支援系统和电子战系统三者结合为主构成的信息化作战系统及其他高新技术得到了广泛运用，大大改变了机械化战争的面貌，统领战争舞台近一个世纪的机械化战争理论受到巨大冲击和挑战。

信息化战争是指在信息技术高度发展以及信息时代核威慑背景下，以信息化军队为主要作战力量，交战双方在陆、海、空、天、电等多维度空间展开，诸军种、兵种密切协调、高度融合，实施一体化联合作战的战争。信息化战争以信息攻击、远程精确打击、大规模战略空袭等非接触作战、非线式作战为主要作战样式，是一个多维的立体空间战争。与以往战争最大的不同之处在于，信息化战争的核心是利用并依赖信息资源。信息作为一种新型资源，改变了物质和能量的作用方式，进而改变了作战制胜机理。在信息化战争中，由情报系统、计算机工作站、各级数据库和用户终端等构成的综合信息网络系统逐渐趋于网络化、一体化。综合信息网络将战场的情报侦察、信息传输、指挥控制、部队机动、精确打击、毁伤评估、作战保障等作战要素紧密联成有机整体。

要打赢信息化战争，就要求侦察与监视必须依托网络化的信息系统，运用高技术武器装备以及相应的战法。这要求各军种、兵种部队的作战人员，从指挥官到单兵，都能近实时地共享战场信息，各个战斗单元都能真正协调一致地实施一体化联合作战行动。信息化战争中运用的侦察与监视系统，能获得战场上及时、全面的情报信息，使得信息向我方单向透明。

3. 智能化演变带来的要求

随着侦察与监视情报的丰富，战争中对情报的分析也日益重要。智能化战争中侦察与监视的情报分析是一个复杂的过程，不仅需要定量和定性的分析，还需要依靠灵感、直觉等人的非逻辑思维。智能化战争中，战场情报监视和预警呈现出情报搜集方式多元化、分析智能化、分发网络化等特征，战场态势更容易被侦察优势较大的一方掌握，所看到的战场态势更加“清澈见底”。

智能化作战中，信息优势转化为情报优势，对侦察与监视装备的效率和精度提出了更高的要求。各侦察与监视装备能够提供大量近实时的战场情报素材，海量繁杂冗余的战场情报素材分析几乎无法单靠分析人员完成，需要在智能化情报分析设备自动分析情报原始素材的基础上，由情报人员或专家对分析结论进行评估判断，进而得出全面、准确的战场态势判断。采取智能化分析，大大提高了情报分析的科学性、准确性。例如，伊拉克战争中，美军使用了先进的计算机智能分析系统，辅以700多名专业人员从事情报分析，以人机双重智能确保了对海量战场情报资料的高速度、高效率、高质量分析，进而快速得出准确的情报产品。

总体上，战争中机械化、信息化、智能化的发展要求侦察与监视能力不断完善，也促进了侦察与监视装备及体系的持续发展。

2.2 现代战争中侦察与监视的发展趋势

现代战争中侦察与监视的发展趋势，可以从传感器空间配置的立体化、手段综合应用的智能化、信息处理与传输的实时化、侦察－监视－攻击的一体化、侦察载荷的通用化和战场生存能力的最大化六个方面展开阐述。

1. 传感器空间配置的立体化

随着信息化战争的发展，联合作战成为信息化战争的主要作战形式。为了适应这种多维的立体空间战争，侦察与监视的传感器必须实现外层空间、空中、地面、海上、水下立体配置，综合利用陆、海、空、天平台，通过取长补短、互为补充和相互印证，获得更加准确完整的情报，如图2－2所示。

(a) 陆基

(b) 海基

(c) 空基

(d) 天基

图2－2 陆、海、空、天平台

这种立体配置具备一定的完备性，即侦察与监视传感器种类和承载传感器的平台要完备。例如，大型预警机和飞艇可以实现空中长期驻留，通过组网可以对防区进行不间断的反突防保护侦察；超高空超高速侦察机能够保证在全球任何地区发生敏感事件时第一时间赶到，获取到有效信息并将其传回地面指挥中心；在通过其他手段获取到目标位置信息后，利用小型无人机可以对敏感目标进行连续、灵活的跟踪式侦察，有效获取目标的长时信息，防止突防目标突然消失。通过不同种类传感器和不同平台的结合，充分发挥优势，满足现代战争的侦察与监视需求。

这种立体配置将使得侦察与监视在空间广度上和作用维度上都得到拓展。从空间广度上看，现代战争中武器系统的射程、航程都已得到了大幅提高，未来作战空间将继续向高远边疆扩张，以实现由浅近纵深空间向深海、极地、临近空间、太空等全球公域空间发展，使侦察及预警能力边界与国家利益拓展、安全威胁发展动态和武器系统打击范围同步延伸。从作用维度上看，现代战争将在陆、海、空、天、网和心理等多维空间展开。全维战场空间建设已在世界各国军事体系建设中成为共识，侦察与监视手段在保有传统作战空间预警能力的同时，也将积极向电磁、网络、心理等新型作战空间拓展，形成陆、海、空、天多维一体，电子侦察、光学侦察、网络侦察等多手段并用，侦察、监视、预警功能融合的感知架构，覆盖战场空间全维度立体空间。随着相应的侦察与监视技术向这些维度的拓展，未来的战场态势判断将更加全面可靠。

目前，一些现代的侦察与监视技术装备已经做到覆盖整个战场并在全球范围内实现大面积、全纵深的侦察、监视和预警。美军正不断完善一个将太空、空中、地面、海上、水下等区域各种侦察手段相结合，图像、信号、人力、测量、公开情报、技术、反情报等多种情报门类相补充的全天时、全方位、全天候的立体侦察网络。在伊拉克战争中，这张立体侦察网络初现威力，支撑了美军对战场上重大威胁情报的准确、及时、系统侦察。由美国诺斯罗普·格鲁曼公司生产制造的“全球鹰”无人机携带合成孔径雷达、光电与红外线等多种侦察手段的感应器，能在白天完成超过 10 万平方千米区域的监视，达 370 千米×370 千米区域拍摄的任务；美国海军的 EP－3E 电子侦察机具备超远距离截获雷达和其他通信信号的能力，作用范围可达 740 千米；美国集成化过顶信号侦察体系中的第 5 代电子侦察卫星“入侵者”，采用天基网的发展思路和新的设计理念研制，具备多轨道能力，提高了电子侦察质量，集情报通信和电子侦察于一身，可替代静止轨道和大椭圆轨道的卫星。

2. 手段综合应用的智能化

手段的综合应用要求全面结合电磁、声和光等技术手段。信息化战争需要全方位、全天时、全天候的情报信息保证，为此侦察与监视系统必须走多频段、多传感器综合的发展之路，以形成综合化多功能的侦察与监视体系。综合运用多种侦察手段，可搜集更加丰富、更多角度的情报。诸如可见光、红外光、雷达、成像、水声、影像侦察等技术手段，可基于航天、航空、地面、海上及水下的各类平台，通过光电、雷达、水声等多种信号，满足侦察与监视的需求。建设侦察与监视体系要充分了解这些传感器各自的优缺点，实现各个手段之间的优势互补、综合利用。

侦察与监视手段的综合应用意味着能够实现任意两个侦察与监视传感器之间的互联、互通、互操作，具备“网络化”的特征。互联是指物理上的互相连通，互通是指两个侦察与监视传感器能够按照约定的格式相互传输情报信息，互操作是指交换情报信息的双方能够理解对方并根据需要自动完成相应的操作。“网络化”本质上是传感器空间配置立体化的衍生。典型的侦察与监视网是一个立体的网络，如图 2－3 所示，它包括传感器层、信息层和交战层，这三层除各自内部连成网络以外，在三层之间也形成一个立体的全方位的网络。凭借这种立体化的侦察与监视网，指挥官能够实时探测和监视敌方的行动，对各个战场进行全时空、全方位监控，大大提高战场态势感知能力和指挥作战效率。

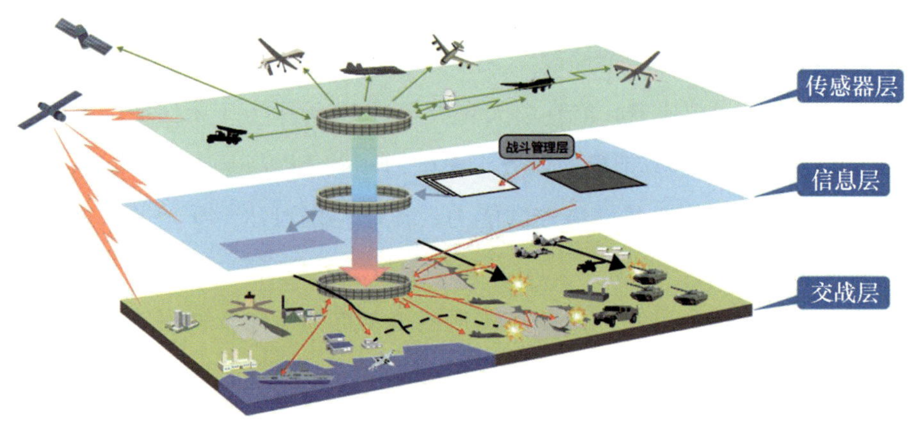

图 2－3　侦察与监视立体网络

侦察与监视手段综合应用的优越性体现在使地理空间上分散的侦察与监视力量综合集成。通过多种搜集手段，战场信息得到有效融合，将能得到系统、完整的战场空间态势信息，充分发挥出整体优势，实现多渠道、多层次的战场态势智能化感知。这里的智能化是指能够对侦察与监视传感器获得的大量不确定性信息进行自动、快速、准确的处理，形成置信度高的可利用情报。其优越性体现在三个方面：一是强大的信息处理能力，能够分析处理数量庞大的信息，处理速度更快，可取得事半功倍的效果；二是提高辅助决策的质量，智能化信息处理丰富了多源信息的处理方式，能弥补人工处理失效所造成的信息损失，是提高情报准确性、置信度的理想途径；三是大大缩短处理时间，使侦察到打击的时间周期大大缩短，使大规模、多系统联合作战成为可能。

3. 信息处理与传输的实时化

在现代战场上，战场态势瞬息万变，作战方式转换迅速，为掌握战场上的主动权，必须利用通信、网络和计算机等技术，缩短情报获取、传递、处理和利用的时间，从而提高情报的时效性。信息处理与传输的实时化是指能够在有限时间内，及时、准确地探测和识别机动性强、灵活性高、稍纵即逝的目标，并能够及时将其位置、状态信息提供给指挥决策系统和武器打击系统。一方面，现代战争作战空间日趋广阔，投入使用的武器种类和参战军兵种增多，各种传感器中存在大量数据需要处理和传输，如图2－4所示，且动态的网络化侦察与监视系统促使决策过程和战斗过程加快，战场透明化的要求导致信息产生的数量和容量增大。另一方面，现代战争的突发性增大，作战打击准确性提高，战场环境瞬息万变，必然对信息的时效性提出更高要求，

图2－4　战场信息的实时处理和传输

要求实时决策、实时行动。

随着计算机和现代通信技术的快速发展，信息资源技术的开发、利用进入计算机通信的新阶段。计算机作为实时情报的处理工具，在信息存储、处理、传输能力方面有着巨大的优势。计算机与通信技术的结合产生了惊人的放大效应。以美军的 RC－135 侦察机为例，该机的通信系统现在已同战区级和战术级通信网络完全集成，不仅使用了 Link16，还使用了新升级的宽带通信系统，向联合空战中心和作战部队提供实时情报。这一系统带来了 5 倍以上的带宽增长，使 RC－135 能够实时地从国家数据库中以及其他作战飞机上获取信息。目前，美军大部分侦察机装备了宽带的视距通信系统和卫星通信系统，可提供实时的视距/超视距情报数据传输。此外，美军还建立了通用数据链体系，主要用于将航空侦察平台所获取的海量侦察情报传送给地（海）面处理站，不仅能提供最高 274 兆比特/秒的宽带传输能力，而且扩展了通信中继、组网、广播等多种功能，全面支持航空侦察情报的实时传输。

侦察与监视中信息处理的实时化还特别关心时敏目标。时敏目标是对时间敏感的目标，一般指各种突然出现的来袭目标，也包括敌方各种快速机动、迅速藏匿的作战装备。最典型的例子是图 2－5 所示的战区弹道导弹的发射架，发射架能够在发射之后立刻隐蔽，只有在其出现和机动的时间内才可以被探测到，一旦藏匿就很难被发现。

图 2－5 战区弹道导弹的发射架

4. 侦察 - 监视 - 攻击的一体化

侦察 - 监视 - 攻击的一体化集战场实时探测、侦察与监视和实时目标打击能力于一身，这意味着侦察与监视系统和武器装备组成全链路控制。这种一体化是指将部队的侦察与监视系统和武器装备有机结合起来，构成一个有机整体，以便及时发现和摧毁目标。侦察 - 监视 - 攻击的一体化具体可以分为探测 - 对抗的一体化和侦察 - 打击的一体化。

探测 - 对抗的一体化是指将探测和对抗系统一体化综合，形成集情报、监视、侦察、导航、定位、干扰、防卫和攻击于一体的新型电子装备系统，可显著提高探测与对抗系统的生存能力和作战效能。最典型的例子就是图2-6中在一个机载平台上实现的机载电子设备一体化，这种一体化包括机载的光电设备、雷达设备、电子战设备以及通信设备，通过高度集成的一体化可以大大提高战斗机的作战效能。

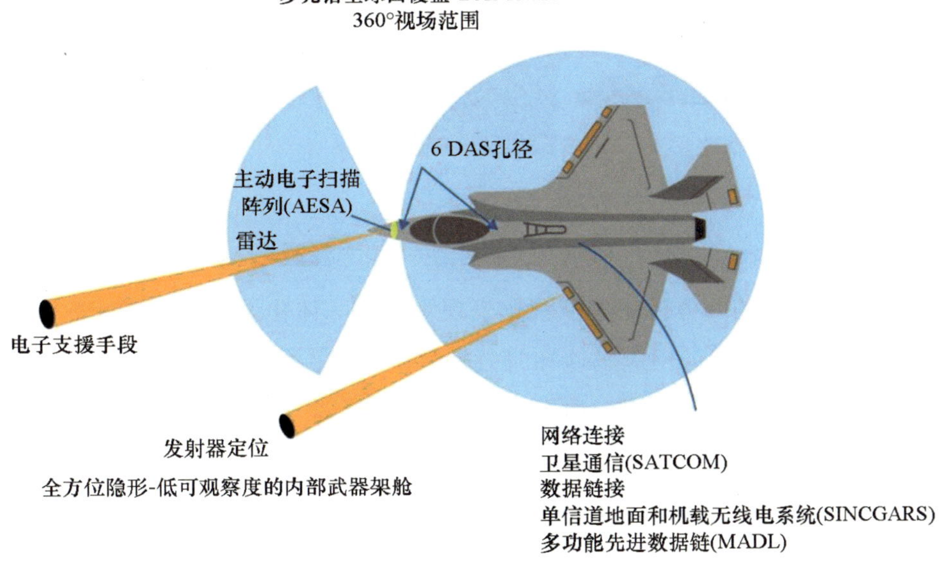

图2-6 机载电子设备一体化

侦察包含发现、定位、跟踪、确认等环节，打击包括交战、评估等环节。

侦察－打击的一体化是指将侦察和打击的各个环节有机串联起来，形成从传感器到射手的无缝链接，如图 2－7 所示。这种一体化能够实现侦察与监视传感器网、指挥控制网和火力打击网的无缝链接。从组成上看，涉及传感器网络、信息网络和交战网络，包括从侦察与监视链到行动链上所有环节的传感器及其平台、信息利用系统、指挥控制系统和武器装备。从功能上看，其功能包括搜索并发现目标、识别目标、决策攻击、战损评估、作战协同等，这些功能使作战指挥员能够预先了解敌方行动，迅速制订作战计划，在恰当的时间对敌人实施打击。

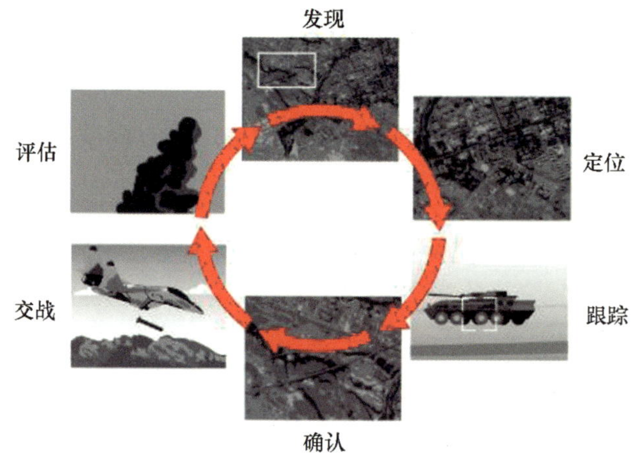

图 2－7　侦察－打击的一体化示意图

侦察－打击的一体化的典型具化表现为察打一体化无人机，其具备作战范围大、待战时间长、反应迅速和时效性好等优势，能够适应信息化战争节奏快、强度高等特点。首先，相对于有人驾驶飞机，察打一体化无人机不受人为因素的制约，在设计及作战时不用考虑飞行员的生理极限，因而可以最大限度地满足作战需求的速度、高度、航程等。其次，察打一体化无人机可以利用其续航时间长、飞行高度高、不易被敌方发现等特点，对热点地区进行实时、长时间的侦察、监视。最后，相比于只能提供瞬间战场图像的卫星侦察系统，察打一体化无人机能够提供连续实时图像，且成本大大减少。同时，因为无人机不需要驾驶舱，机体体积更小，结构更加简单紧凑，因此，它的设计制造、战场使用和维护费用也大为降低。目前，世界各军事强国均将侦察－打击的一体化视为无人机发展领域的一个热点，不断推陈出新。

以美军的MQ－9“死神”无人机为例，该无人机平台上除搭载各种光学、红外和雷达传感器外，还搭载各种攻击武器，如精确制导炸弹和导弹等，它可以把侦察与打击功能集成在一个平台上。美国已在现代战争中多次成功应用。该无人机在识别要打击的目标后，又能在第一时间进行武装打击，非常适合“斩首行动”。未来，察打一体化无人机的侦察能力、作战半径及作战能力必将有进一步的提升。

未来，陆、海、空、天多域力量要素一体化联合作战是战争发展演变的主要形式，整合改编现有指挥机构以适应现代战争的需求也是重要方面。例如，就航天这个具体域的作战力量而言，不同的联合作战任务对具体的战场监视、侦察、预警能力需求不同，对航天的任务要求也会不同。航天领域的侦察、监视、预警任务范畴，需要从一体化联合作战的角度，针对具体的作战任务进行具体分析。

5. 侦察载荷的通用化

大量不同类型平台、不同传感器的使用导致战术情报侦察与监视任务变得越来越支离破碎。侦察载荷的通用化主要指研发不依赖于平台、能适用于任意搭载的通用侦察载荷。

由美国国防高级研究计划局于2002年倡议的“自适应联合C^4ISR节点”就是这样的项目。其载荷因其模块化和尺寸大小可变的特点，能装备在美军多种空中侦察平台上，如“阴影－200”“捕食者”“全球鹰”等无人机，美国陆军RC－12情报侦察飞机和空中通用系统侦察飞机等，以及美国空军KC－135加油机和“灵巧”加油机等。美军为“全球鹰”无人机开发的先进信号情报载荷通过小型化处理后装备多种无人机平台，成为通用的无人机信号情报侦察载荷。除信号情报侦察载荷外，美国空军从2010年起装备通用型光电传感器吊舱“戈尔贡凝视”，在初期为美国空军MQ－9“死神”无人机提供广域的持久监视能力，之后逐渐扩展到“捕食者”“全球鹰”等其他几种无人机和有人机平台上。这种吊舱采用了充分考虑综合集成和兼容性因素的通用方案，可在任意平台上操作，并集成到美军的通用情报处理体系——分布式通用地面系统中，其通用性已有了质的飞跃。

6. **战场生存能力的最大化**

侦察与监视系统的战场生存能力是衡量装备有效性的重要因素。各种反侦察与监视武器特别是精确制导武器的出现，对侦察与监视系统构成了严重威胁，侦察与监视系统自身的生存能力成为其完成任务的一个重要前提。如图 2 - 8 所示，反辐射武器的攻击可以直接硬摧毁对方的雷达。如何提高侦察与监视系统自身的生存能力是信息化战争中迫切需要解决的难题。

图 2 - 8　反辐射武器攻击

战场生存能力最大化意味着要扩大侦察与监视的时间维度。世界主要军事国家着力发展战场透明，可全天候、全天时对全球重点作战区域进行侦察、监视、预警的系统，可随时为作战行动提供情报信息支持。

建立侦察与监视预警体系对于防敌打击、提高战场生存能力具有显著效果。具体而言，通过依托战场网络，将单独的侦察预警装备整合成综合的侦察预警系统，逐步形成以天基、空基、陆基、海基、人力及网络等侦察预警装备为主的侦察与监视预警体系，实现搜索、分析、分发等环节之间的互联互通，立体化、高精度、全天候、近实时地获取战场情报，并及时进行预警。为适应现代战争全天候、全天时的作战要求，增强对不同天候、气象条件的适应性，侦察与监视预警体系要实现全时域侦察与监视预警。

总体上，侦察与监视预警体系对时间的争夺，就是现代化战争对作战主动权的争夺。信息化、智能化联合作战攻防节奏快，目标飞行速度快，战场态势瞬息万变，作战反应时间短，侦察与监视预警指挥控制机构也因此优化了工作环节，提高了指挥控制实效性，使得指挥员在指挥作战时更得心应手。海湾战争中，为了对付伊拉克的“飞毛腿”导弹，美军航天侦察系统中使用的预警卫星能在“飞毛腿”导弹发射后的 90 ~ 120 秒内捕获目标并判明弹着点，3 分钟即可将信息传至海湾的防空导弹部队，提供 90 ~ 120 秒的预警时间，为实施指挥和反击赢得时间。高技术侦察装备具有实时、快速、准确传递信息的能力和手段，极大地提高了自身的预警效率，实现了对战场威胁透明态势的掌握。

第二篇 侦察与监视技术

侦察与监视技术

侦察与监视的发展得益于各种技术手段的综合运用。随着技术的发展，侦察与监视装备的应用领域更加广泛、战场态势更加透明、指挥决策更加正确、综合打击更加精准、行动控制更加及时、效能评估更加合理。

技术发展是为了解决问题，将解决问题的思路和方法进行具体化研究，就是技术原理。所解决的问题一般是指特定应用场景下的关键问题，因此每一个技术手段必然有其侧重点，也就存在相对的优势和不足。只有全面了解这些技术，才能灵活运用这些技术手段。本篇按照频谱由高到低的顺序，从光电、雷达、水声三个角度介绍侦察与监视技术。

第3章

光电侦察与监视技术

眼睛是人类获取目标信息的重要器官，通过眼睛获取信息是人类最早使用的光学探测手段。来自目标的光信息通过人眼的晶状体汇聚到视网膜上，然后通过视神经传递到大脑，最后经过大脑的信息处理产生各种图像。但人眼有局限性：它看不清很远的物体，也看不见很小的东西；在漆黑的夜晚，视力会大大下降；只能感知可见光，对其他波段的电磁波没有反应。

为了弥补人眼的缺陷，人类发展了各种光学仪器，拓展人眼的可视范围。大致包含了三个阶段：目视光学系统、胶片照相机、现代的光电系统。

第一个阶段：目视光学系统。目视光学系统是在人眼的前方设计光学系统，通过光学系统收集更多的目标能量，放大被观察的物体。它使人眼能观察到更远、更小、更暗的物体。在这一阶段，典型的光学仪器有望远镜和显微镜等。望远镜的出现增大了对军事目标的观察距离，对作战起到了重大的推动作用。

第二阶段：胶片照相机。随着目视光学系统的成熟，人们希望将看到的信息记录下来。于是在目视光学系统的后方增加了光接收器件，目标的光信息不是直接进入眼睛里，而是到达最初的光接收器件——胶片。胶片主要感知可见光波段的信息，进而产生了胶片照相机。

第三阶段：现代的光电系统。随着技术的发展，人们将光接收器件由胶片换成了光电探测器，再经过信号处理系统得到目标信息。这种带有光电探测器的光学系统就是通常所说的光电系统。光电系统是获取目标信息的重要装置，它的核心部件是光电探测器。

现代的光电系统给战场中的侦察与监视带来了三大革命性的突破。第一，它实现了人眼（包括胶片）对不可见光波段的感知，使我们不仅可以获得可见光波段的信息，还可以获得紫外、红外波段的信息，有利于军事目标的识别；第二，光电探测器的灵敏度很高，使我们能够探测到更加微弱的光信息，观察距离扩至更远处，例如，预警卫星可以在 36 000 千米的高度观测地球；第三，光电探测器能够将光信号转变为电信号，使我们可以方便地应用成熟的电子技术和计算机技术来记录、处理和传输目标信息，探测到的目标信息可以快速得到应用，大幅度缩短了从信息获取到信息应用的时间间隔，这一点在现代战争中至关重要。

3.1 光电侦察与监视原理

3.1.1 目标的光电特性

目标具备两个基本电磁属性：反射特性和辐射特性。即目标不仅可以对照射在它表面的电磁波产生反射，也能产生电磁波辐射。不同的目标，其反射和辐射的电磁波不同，可以根据目标独特的反射和辐射频谱信息，对目标进行分类和识别。现代光电技术已经能通过反射和辐射电磁波实现对目标位置、尺寸、形状、速度、颜色、温度甚至表面物质成分等信息的获取。在战场中，依赖这些目标的重要信息进一步获得战场目标的情报。

光电侦察与监视的物理基础是目标对光波的反射特性和自身的辐射特性，即目标的光电特性。

电磁波根据波长或频率，分为无线电波（微波）、红外线、可见光、紫外线、X射线、γ射线等。频率和波长成反比，光速除以波长就是频率。将电磁波按波长或频率的大小依次排列，就形成了图3－1所示的电磁波谱图。通常所说的光波，也就是光学中所研究的电磁波，包括红外线、可见光和紫外线三个谱段，波长为0.01～1 000微米，其中，紫外线和红外线是人眼感受不到的，即仅通过人的肉眼无法获得紫外和红外波段的信息。

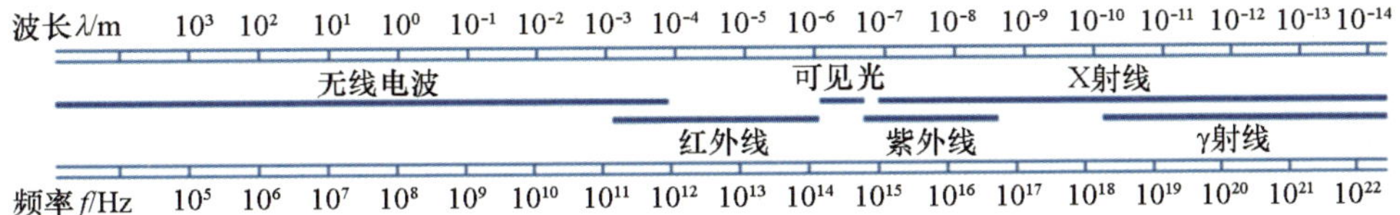

图3－1 电磁波谱图

可见光是正常人眼唯一可见的波段，波长为0.38～0.76微米。在可见光范围内，不同波长的光会引起人眼不同的颜色感觉。例如，人眼对可见光能感觉到红、橙、黄、绿、蓝、靛、紫等不同的颜色。当眼睛同时受到各种颜色光的作用时，便产生白光的感觉，即白光是复合光。我们平常能看到物体的色彩，就是因为它们对可见光有不同的反射特性。相应地，物体对电磁波的反射特性也不同。同一物体对不同波长电磁波的反射能力可能不同；不同物体对同一波长电磁波的反射能力也可能不同。

电磁波波长不同，在大气中的传输能力也不同。光波在大气中的传播会受到大气分子的散射而衰减，通常散射强度与波长的四次方成反比，即波长愈短，散射愈多，衰减越严重。水汽（H_2O）、二氧化碳（CO_2）、臭氧（O_3）等大气分子对不同波段的电磁波有不同程度的吸收作用，有些波段的电磁波被削弱，有些波段的则完全不能透过。大气吸收较少，即大气透过率较高的波段称为“大气窗口”。通常，远距离侦察与监视设备只能选用“大气窗口”中的电磁波段进行工作。

红外线又称红外辐射，介于可见光和微波之间，波长为0.76～1 000微米，人眼不可见。红外线电磁波谱虽比可见光宽，但并非所有波段均能被利用，即使处在“大气窗口”中的波段，其大气透过率也有较大差别。按照地球大气对红外辐射的透明性，红外线又可划分为4个小波段：近红外（波长0.76～3微米）、中红外（波长3～6微米）、远红外（波长6～15微米）和极远红外（波长15～1 000微米）。

· 知识延伸

－红外辐射特点－

自然界中几乎每一种物质都因其温度和表面状态而有一定功率的红外辐射。例如，植物的叶绿素对近红外的反射特别强烈，植物的水分能吸收红外辐射，据此，可以利用近红外波段探测地表湿度分布、植物种类和生长活动，在军事上可以用于识别敌方阵地伪装等，探测与背景相比温度特征明显的物体。近红外波段中，1.3～2.5微米波段在光学成像侦察中很少被利用，但在激光测距、激光雷达、光纤通信、光电对抗中常用。

中、远红外波段主要用于探测地表湿度、水流流向、海水污染、岩石和土壤的类别，以及监测火山、林火、地热等。其中3～5微米的中红外波段，既包含目标的反射光谱，也包含目标的辐射光谱。某些军事目标在这个波段辐射比较强，使用价值比较高。例如，可以用中红外波段探测导弹发射尾焰、火箭发动机尾焰、地面动态目标等。8～14微米的远红外，也称热红外，是地球表面热辐射的主要波段，利用率极高。一般军事目标的温度多为－15～37℃，辐射波长为9～10微米。所以即使在夜间，该波段也能通过接收物体的红外辐射来侦察目标。

大于15微米的红外线因其绝大部分被大气中的水蒸气吸收，所以无法穿透大气，在光电侦察与监视中使用较少，但是某些航天探测器会使用该波段在太空进行探测。另外，在非大气窗口内还存在一些微窗口，即某些很窄的波段的光有较高的透过率。

紫外线的波长为0.01～0.38微米。在军事上，由于导弹、火箭发动机的羽焰可产生一定的紫外辐射，因此常在飞机上装备紫外告警器感知敌方火箭和导弹的来袭。大气中的臭氧层（距地面20~50千米）对太阳辐射中的紫外线具有强烈的吸收作用，只有波长大于0.03微米的紫外线才能一定程度透过。对于0.03微米以下的紫外线，大气几乎是完全不透明的。

事实上，0.3~1.3微米波段的辐射窗口包括了全部可见光、部分紫外光和部分近红外波段。常温下物体在此波段内辐射能量极少，但是其对太阳光及星光的反射非常丰富。照相及扫描方式的侦察器材多采用此“窗口”，是目前侦察领域应用最为广泛的一个窗口。

3.1.2 光电探测系统

为了保证光电探测器能探测到远处目标微弱的光信号，通常在光电探测器的前方配有光学系统，以完成对光信号的收集与成像；在光电探测器的后方配有信号的读取和处理电路，用于完成对信号的读取和处理。因此，光电探测系统一般由光学系统、光学传感系统和信号处理系统三部分构成。

如图3-2所示，来自目标的光信号首先经过光学系统，聚焦照射到光学传感系统，完成光电转换。其后信号处理系统将输出的电信号读出，并传送给后续的信号处理电路转换成有用的电信号，完成信号的应用，如可见光等各类图像显示、各种数据文件的信息存储、发布控制指令等，从而完成光电探测的全过程。与人眼视觉系统相比较，光学系统相当于人眼的晶状体，负责收集目标光信息；光学传感系统相当于人眼的视网膜，负责感知目标光信息；而信号处理系统则相当于人的大脑，负责分析目标光信息。

光电侦察与监视系统中的光学系统通常为望远光学系统，其目的是将远距离目标微弱的光信号成像在光电探测器上。望远光学系统的结构主要分为折射式、反射式和折反式三类。

如图3-3所示，来自目标的光信号，经聚焦系统汇聚到探测器，在探测器上进行目标成像，输出目标的光强分布。光学系统通过聚焦，大大提高了探测器接收的能量密度。假定光学系统无能量损失，对于光电寻的制导光学

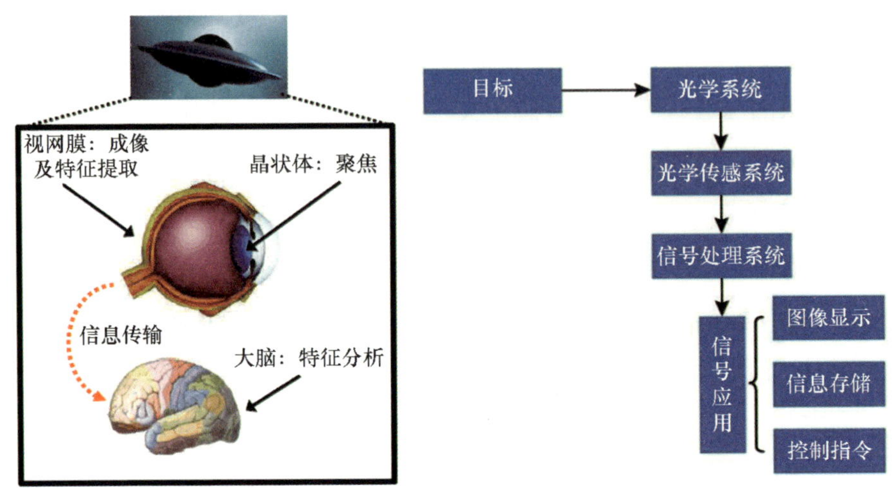

图 3-2 光电探测系统工作原理

系统，聚焦后入射到光学接收部件表面的能量密度可以高出未聚焦情况下的 $10^2 \sim 10^5$ 倍，对于光学成像侦察系统，这一数值可达 $10^8 \sim 10^{11}$ 倍，大大增强了系统的探测能力。

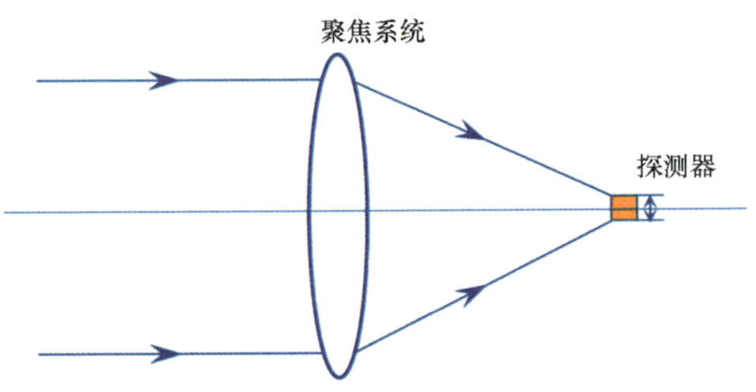

图 3-3 聚焦系统汇聚效果示意图

光学传感系统主要包括光电探测器这一核心传感器部件。光电探测器通过把接收到的光辐射转换成易于测量的电信号，来实现对光辐射的探测，是光电系统能够发现并测量目标信号的基础。

• 知识延伸

- 光电探测器 -

光电探测器的物理基础是光与物质相互作用所产生的光电效应。当光辐射入射到光电材料上时，会激发材料表面发射自由电子，或者使其电导率发生变化，或者在材料的两端产生一个电动势，这种现象统称为光电效应。探测器以此来探测光辐射的强弱。

光电效应与入射光辐射的波长有关，是一种波长选择性物理效应。按照探测波段，光电探测器可分为紫外探测器、可见光探测器、红外探测器。红外探测器又可细分为近红外探测器、中红外探测器、远红外探测器和极远红外探测器等。

根据光电信号的产生机理和结构，常用的光电探测器可分为光电导型探测器和光伏型探测器。光电导型探测器利用光照改变电阻，通过检测电阻的变化来测量入射光，应用时需加偏压。光伏型探测器利用光照产生电动势，实现光电转换，通过检测电压的变化来测量入射光，应用时可不加偏压或加反向偏压。

按照所含光敏元（即能够敏感光照的最小独立区域）数目和排列方式，光电探测器可分为单元探测器、线阵探测器和面阵探测器。只有一个光敏元的探测器称为单元探测器，如图3-4（a）所示；包含若干个光敏元并且一字排开的探测器称为线阵探测器，如图3-4（b）所示；若干个光敏元分布成一个面阵的探测器称为面阵探测器，如图3-4（c）所示。在光电探测系统中，单元探测器一次只能敏感目标图像中一个点的光照，线阵探测器一次能敏感一条线，面阵探测器能同时敏感一个面区域。探测器光敏元的数量是衡量光电成像装备水平的一个重要指标。

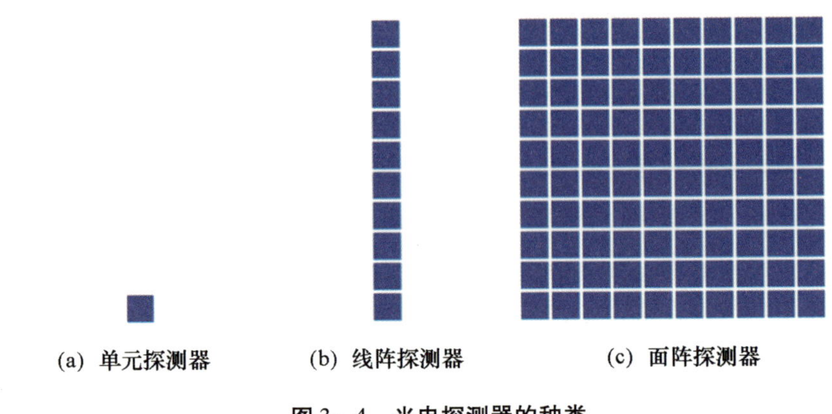

图 3－4 光电探测器的种类

在光电探测系统中，光电探测器输出的电信号非常微弱，一般仅为微伏数量级，它只有被充分放大并经必要的处理后才能被记录下来。处理这一过程的系统通常称为信号处理系统，它也是光电探测系统必不可少的组成部分。

由于光学部件的设计和加工相对来说已经比较成熟，因此，光电探测的核心技术是光电探测器的制作技术和信号处理技术。其中，光电探测器的性能指标是光学系统和信号处理系统设计的依据。绝大部分探测系统，希望探测器有高信噪比、高分辨率、高灵敏度。例如，红外探测器为了获得高灵敏度，一般需要制冷，使其在低温状态下工作。

根据光电探测器工作的基本波段及常见的应用，接下来将重点介绍可见光遥感技术、微光夜视技术、红外热成像技术和多光谱探测技术，以及激光探测技术。

3.2 可见光遥感技术

3.2.1 基本概念

可见光波段是传统航空摄影侦察和航空摄影测绘中最常用的工作波段。可见光遥感技术是指传感器工作波段限于可见光波段范围（0.38～0.76微米）的遥感技术，是众多遥感技术中最常用的一种技术。

· 名词解释

– 遥感 –

遥感一词来自英语的Remote Sensing，即“遥远的感知”。广义上泛指一切无接触的远距离探测，包括对电磁场、力场、机械波（声波、地震波）等的探测。但在实际工作中，重力、磁力、声波、地震波等的探测被划为物理探测的范畴，仅将电磁波探测归于遥感的范畴。遥感意味着探测仪器不与探测目标接触，远距离地把目标的电磁波特性记录下来，再通过分析和处理，揭示出物体的特征性质及其变化。远距离的雷达探测、光电探测都属于遥感范畴。

遥感的分类方法很多。按装载探测器的遥感平台，可分为地面遥感、航空遥感和航天遥感；按探测器的探测波段，可分为紫外遥感、可见光遥感、红外遥感、微波遥感、多波段遥感；按是否成像，可分为成像遥感和非成像遥感。成像遥感探测器接收的目标电磁辐射信号可转换成（数字或模拟）图像，非成像遥感探测器接收的目标电磁辐射信号不能转换成图像。

不同波段所拍摄的遥感影像特点是不同的。可见光波段分辨率较高，比较容易解译。相对而言，工作在微波段的雷达遥感图像就比较复杂，需要专门的图像解译以判断目标。

3.2.2 基本原理

光学遥感系统一般具备目标信息获取、信息传输与记录、信息处理和应用等功能。典型的可见光遥感图像获取过程如图 3－5 所示。太阳光波穿过大气层照射到地物，地物反射的光波再穿过大气层被卫星传感器接收。用于目标信息获取的可见光光学遥感器，通俗来讲就是装载在卫星或飞机上的照相机或摄像机。航空相机探测的信息可以记录在磁介质上，等飞机返航后处理，也可以通过无线电实时传送给地面接收站。卫星相机探测的信息则可通过卫星的微波天线传输到地面的卫星接收站。地面接收站再对这些信息进行一系列的处理，包括信息恢复、辐射校正、投影变换等，转换成用户使用的通用数据格式或模拟信号，再进行精校正处理和专题信息处理、分类等，供用户使用。

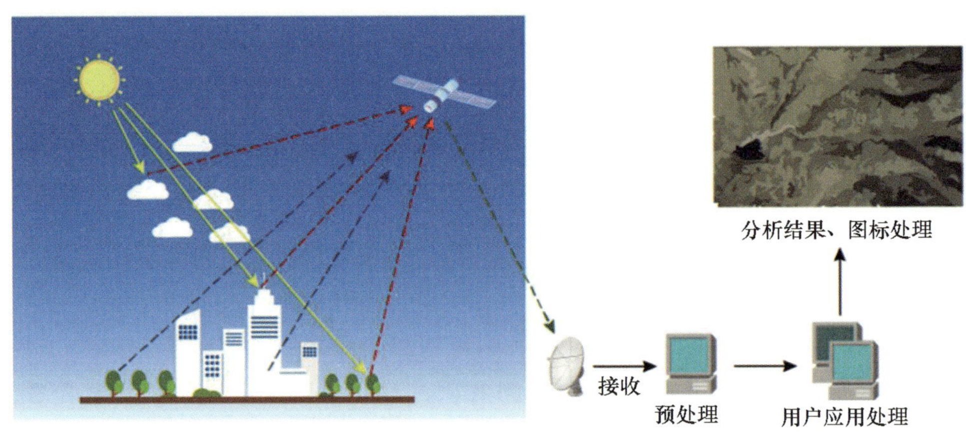

图 3－5　可见光遥感图像获取过程

在光学遥感系统中，卫星上的可见光光学遥感器是收集、量测和记录遥远目标信息的仪器，是遥感系统的核心。地面反射、辐射的可见光通过遥感器聚集，引起遥感器中成像装置的感应，使光信号变成电信号。电信号被收集后，存储、发送到地面接收站，在那里数据被进一步处理，形成数字图像或光学影像提供给用户。

在具体应用上，可见光遥感系统主要分为摄影系统和扫描成像系统两种。

摄影系统选用光学摄影波段记录目标的电磁辐射能量，即通过摄影机直接成像。摄影机是可见光遥感最常用的传感器，可装载在地面平台、航空平台以及航天平台上，分为分幅式和全景式摄影机。传统摄影依靠光学镜头及放置在焦平面的感光胶片来记录物体影像。数字摄影则通过放置在焦平面的光敏元件，经光电转换，以数字信号来记录物体的影像。摄影系统空间分辨率高，相对于卫星来说成本低，具有高度的灵活性与实用性，且其利用的立体像对有利于精确地测量与分析，因而被广泛应用，并派生出航空摄影测量学。

• **名词解释**

– 立体像对 –

立体像对简称像对，指从两个不同位置对同一地区摄取的一对相片。用立体观测法和专用工具可以在像对重叠影像部分内看出所摄目标的立体视模型。事实上，人的两只眼睛所成的图像也是立体像对。

立体像对可分为航摄立体像对、地面立体像对和卫星立体像对。航摄立体像对由飞机上的航摄仪沿航线定时启动快门拍摄而成；地面立体像对是在地面对同一地物从摄影基线两端拍摄而成；卫星立体像对一般是于地球高纬度地区，在地球资源技术卫星轨道大部分重叠的情况下获得的，对于中、低纬度地区，也可以人工形成卫星立体像对。在进行遥感图像地质解译时，常使用立体像对增强解译效果。

立体像对影像主要用于提取高程信息，从而为三维仿真、建筑物高度、工程施工建设、城市规划、灾害监测、应急救援等项目提供帮助。

扫描成像系统是依靠探测元件和扫描镜头对目标地物以瞬时视场为单位

进行的逐点、逐行取样，以得到目标地物电磁辐射特性信息，形成一定谱段的图像。其成像方式分为电子扫描成像、光学机械扫描成像、固体自扫描成像三种。目前光学卫星常见的成像方式是固体自扫描成像。

固体自扫描成像是用固定的探测元件，通过遥感平台的运动对目标地物进行扫描，又称电子光学型光谱扫描。其探测器系统的核心是电荷耦合器件（charge coupled device，CCD），与现行的光学机械扫描仪相比，其具有地面分辨率高、结构简单等特点。如图 3－6 所示，线性阵列传感器垂直于卫星飞行方向呈横向排列，和飞行方向成垂直方向移动，卫星完成纵向推扫，从而得到二维信息，兼有垂直与倾斜观察的能力。

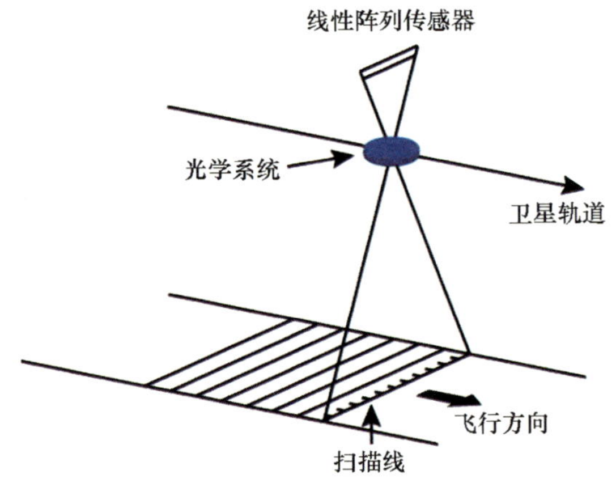

图 3－6　固体自扫描成像示意图

• 名词解释

－电荷耦合器件－

电荷耦合器件是一种用电荷量表示信号，用耦合方式传输信号的探测元件。CCD 具有光电转换、信息存储等功能，在图像传感、信号处理、数字存储等领域得到了广泛应用。CCD 在图像传感领域的应用前景广阔，受到世界各国的普遍重视，CCD 技术也因此成为当今世界高新技术研究的一大热点。

CCD具有许多优点：它是固体化器件，体积小、质量轻、功耗低、可靠性高、寿命长；探测获得的图像畸变小，具有较高的空间分辨率；由于其光敏元间距的几何尺寸精度高，可获得较高的定位精度和测量精度，且具有较高的光电灵敏度和较大的动态范围。CCD探测器可分为单元探测器、线阵探测器和面阵探测器三种形式。

CCD集光学、电子学、精密机械学及微计算机技术于一体，应用广泛。随着半导体集成电路工艺日臻完善，新材料、新型器件结构不断改进，CCD技术发展日新月异，必将在军用、民用方面发挥更大的作用。

3.2.3 应用范围

随着信息技术的发展，遥感技术在军事领域中的作用越来越重要，遥感图像的获取和处理成为获取军事情报的重要手段之一，它在军事中的应用可概括为军事情报获取、目标定位和识别、地形分析、制图、作战任务规划和指挥控制。同时，遥感与军事地理信息系统、全球定位系统（global positioning system，GPS）相结合，在军事信息保障和指挥决策中发挥着重要作用。

近年来，我国对地观测技术蓬勃发展，对地观测系统日趋完善。以资源三号、高分一号、高分二号卫星为代表，国产光学遥感卫星已逐渐达到国际先进水平，卫星影像的数据量迅速增加。与此同时，以智能化分类、“特征-目标-场景”语义建模、亚像元信息提取等为代表的遥感大数据自动分析和数据挖掘技术均有了长足发展。光学遥感卫星影像及衍生产品已广泛应用于导航定位、农业调查、环境保护、防灾减灾、海洋开发、城镇化研究等领域，给地理国情普查工作、国土资源“一张图”工程建设、“一带一路”倡议实行等提供了重要的决策支持和信息保障。

3.3 微光夜视技术

3.3.1 基本概念

微光是指夜间或低照度下微弱的光或能量低到不能引起足够视觉的光，如月光、星光、大气辉光、弱灯光等。微光夜视技术是指借助微光观察或拍摄人、物等场景的技术。利用该技术，可制成各种微光夜视仪。微光夜视仪可在微光条件下，将人眼不能或不易看见的景物图像，变成人眼易看见的、亮度被增强的可见光图像，弥补了人眼在空间、时间、能量、光谱、对比度和分辨能力等方面的局限性，增强了人眼的视觉能力。

3.3.2 基本原理

典型的微光夜视仪可以分为物镜、像增强器和目镜三个部分，其工作原理如图 3－7 所示。物镜可以看作微光夜视仪的光学系统，像增强器可以看作微光夜视仪的光学传感系统，目镜可以看作信号处理系统，方便人眼观察。

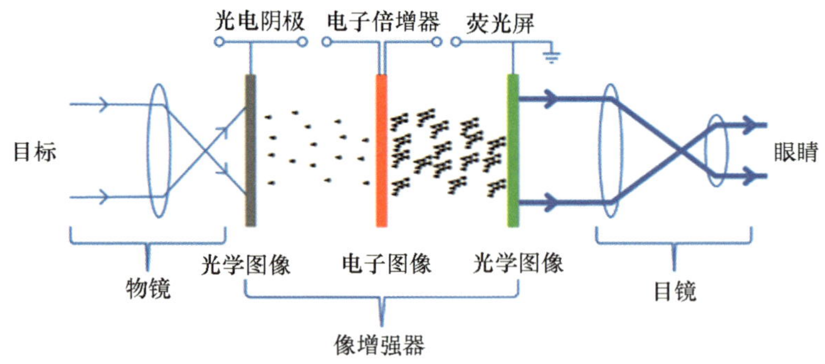

图 3－7　微光夜视仪工作原理

像增强器是微光夜视仪的核心器件，一般由光电阴极、电子倍增器和荧光屏三部分组成，工作过程如图3-8所示。夜间的暗目标信号经过物镜被成像在像增强器的光电阴极上。光电阴极是一种光电转换器，它的光谱响应范围主要在可见光及近红外波段。光打在光电阴极上，会激发少量电子，将输入的目标光辐射转换成光电子，然后光电子倍增、加速并成像在荧光屏上。荧光屏是一个电光转换器，与家用电视机的荧光屏作用一样，能将光电子像转换成可见光图像。由于像增强器已通过电子加速等方法增强了光电子能量，荧光屏输出的光学像亮度也得以增大。当像增强器的放大倍率达到5万倍（或更高）时，可用微光夜视仪看清星光下的夜景。

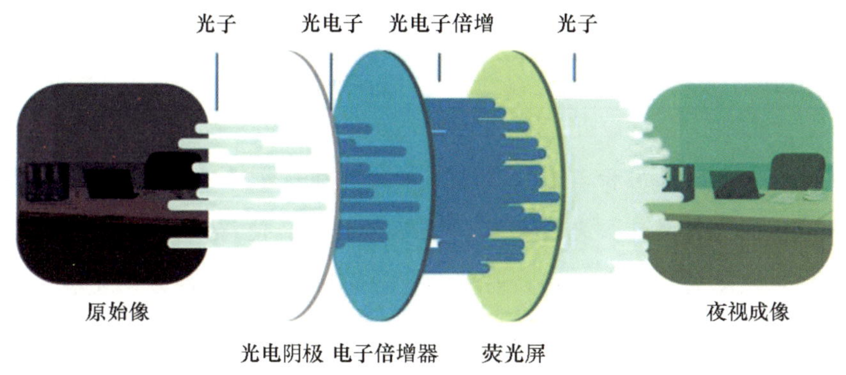

图3-8　像增强器工作过程示意图

从图3-8可以看到，微光夜视仪整个工作过程中有两次转换：先通过光电阴极将含有目标像的光信号转换为电信号，将原有的光学图像转为电子图像；再通过荧光屏将电信号转换为光信号，将电子透镜放大后的电子图像转换成人眼可见的光学图像。这其中，光电阴极的光电效应是影响成像质量的关键，不同微光夜视仪的主要差别也在于光电阴极的材料和工艺。

如果荧光屏采集到的光学图像通过目镜直接由人眼观察，那么这种微光夜视仪称为直视微光夜视仪。如果荧光屏采集到的光学图像继续耦合至电视摄像器件，最后在末端显示器上再现景物图像，那么这种微光夜视仪称为微光电视。微光电视不仅包含了直视微光夜视仪的基本构件，还包含了各类电视摄像器件和电控模块等。相对地，微光电视属于间接成像系统。

· 知识延伸

– 微光夜视技术的发展历程与趋势 –

表 3 – 1 列出了微光夜视仪各个阶段像增强器的技术进展。

表 3 – 1 微光夜视仪技术进展

微光夜视技术阶段	光电阴极材料	其他关键技术
第一代	多碱	光学纤维面板
第二代	多碱	微通道板像增强器
第三代	砷化镓	无膜微通道板
第四代	砷化镓	超薄防离子反馈膜，自动门控电源技术

随着新技术的应用和工艺的改进，像增强器光电阴极的灵敏度、信噪比、分辨力等性能明显提升，光谱响应范围不断扩宽，使得微光夜视仪的作用距离、识别清晰度大大提高，并且逐渐向多功能一体化集成的方向发展。

除此之外，蓝绿光响应磷砷化镓微光像增强器、氮化镓日盲紫外光阴极像增强器、电子轰击 CCD、像增强式 CCD、雪崩电子倍增式 CCD 等技术的应用也推动了微光夜视技术的发展，拓宽了微光夜视装备功能范围，最大限度地发挥其性能。

3.3.3 应用范围

微光夜视仪以被动方式成像，具有耗电少、隐蔽性好、体积小、轻便的优点，便于野战携行、佩戴，是单兵的重要装备。通常，装备微光夜视仪后，单兵的夜视距离可以达到 300 米，车辆的夜视距离可以达到 3 千米，因此在夜间侦察瞄准、测量和驾驶中得到了广泛应用，如图 3 – 9 所示。

微光夜视仪也存在一定的局限性。例如，受强光照射时，屏幕图像可能

(a) 单兵夜视　　(b) 车辆夜视

图3－9　微光夜视仪应用

会出现面积较大的晕斑；观测效果依赖夜晚微光照明，不能在全黑的环境中工作等。这在一定的程度上也限制了它的应用范围。

总体来说，微光夜视仪具有体积小、质量轻、图像清晰且层次丰富，以及操作方便和性价比高等特点，在完成宽光谱、大动态范围、全天候条件下的侦察、指挥、火控、炮瞄、制导、预警、光电对抗等军事任务中发挥着重要作用。微光夜视技术已成为部队现代化、信息化夜战武器装备的核心技术。

3.4　红外热成像技术

3.4.1　基本概念

红外探测技术是指探测物体红外波段反射和自身辐射特性的技术，由于物体自身辐射光波的波长和强度与物体的温度密切相关，通常把红外探测技术和物体温度的测量联系起来，把红外成像称为热像或红外热成像。当物体温度高于绝对零度时，便会辐射红外线。物体温度越高，辐射强度就越大。图3－10为红外波段与不同温标示意图。

摄取景物热辐射分布图像（即热像），并将其转换为人眼可见图像的装置称为红外热成像仪，简称热像仪。热像仪将人类可观察的光谱范围扩展到红外波段，通过红外热像图给出与目标有关的信息。

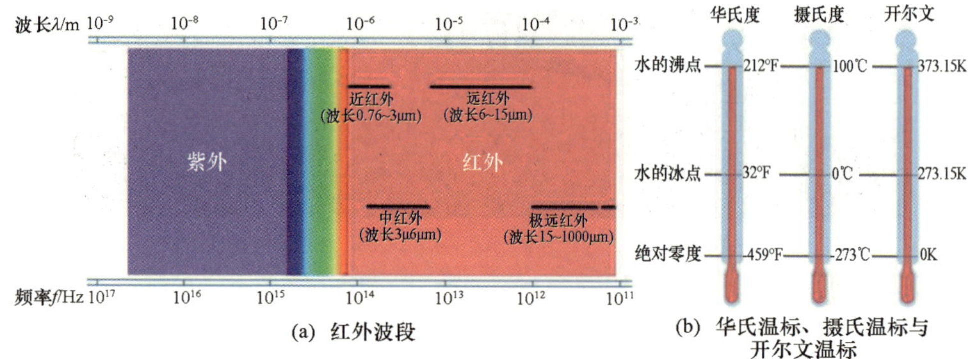

(a) 红外波段 (b) 华氏温标、摄氏温标与开尔文温标

图 3 - 10 红外波段与不同温标示意图

红外热像图与人眼所能看到的可见光图像有很大差别，其本质是将人眼不能直接看到的目标表面温度分布的图像，变成人眼可以看到的代表目标表面温度分布的热图像。由于被测目标红外辐射的热像信号非常弱，与可见光图像相比，缺少层次和立体感，在实际过程中常采用一些辅助措施来增加仪器的实用功能。

3.4.2 基本原理

典型的红外热成像仪组成框图如图 3 - 11 所示，主要包括光机组件、调焦/变倍组件、内校正组件、红外探测器/制冷机组件和成像电路组件等。

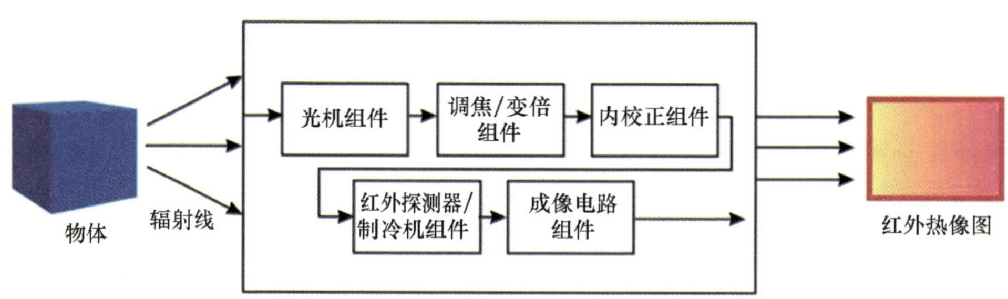

图 3 - 11 红外热成像仪组成框图

光机组件主要由红外物镜和结构件组成，红外物镜主要实现景物热辐射的汇聚成像，结构件主要用于支承和保护相关组部件；调焦/变倍组件主要由

伺服机构和伺服控制电路组成，实现红外物镜的调焦、视场切换等功能；内校正组件用于实现热像仪内部非均匀性的校正。这三部分构成红外热像仪的光学系统。

早期的红外探测器以单个或几个检测单元为主，目前已经扩展到了二维阵列，如红外焦平面阵列探测器。采用焦平面阵列探测器的红外热成像仪的具体结构如图3－12所示。

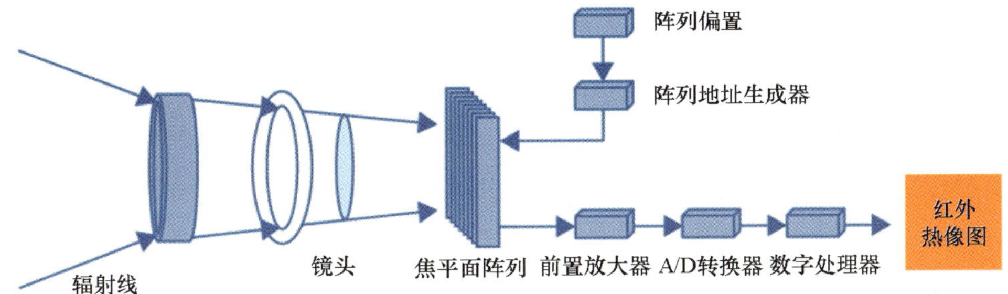

图3－12 采用焦平面阵列探测器的红外热成像仪结构示意图

· 名词解释

－红外焦平面阵列探测器－

红外焦平面阵列探测器是将CCD技术引入红外波段所形成的新一代红外探测器。焦平面探测器的“焦”指聚焦，在这个平面上排列着多个感光元件阵列。从远处发射的红外线经过光学系统在焦平面的这些感光元件上成像，光信号被转换为电信号。经过后续的信号处理，如积分放大、采样保持等，最终送达监视系统形成图像。

红外焦平面阵列按成像方式划分，可分为扫描型和凝视型两种。扫描型一般利用时间延迟积分技术，采用串行方式对电信号进行读取；凝视型则利用二维平面直接形成一张图像，无须延迟积分，采用并行方式对电信号进行读取。因此，凝视型成像速度比扫描型成像速度快，但是其需要的成本高，电路也很复杂。

整体上，红外焦平面阵列探测器的应用能优化原有系统的组建和信号处理电路，降低功耗和成本，提高系统的可靠性、灵敏度和分辨率，因而在红外成像系统中得到了广泛应用。

3.4.3 应用范围

在侦察与监视中，主要有六种类型的红外装备已广泛投入实战：红外侦察和测量装备、红外夜视装备、红外制导系统、红外雷达及警戒装备、红外对抗装备、红外通信装备。它们在夜视、伪装识别、雷达隐身目标识别、地下目标探测、武器系统观瞄与导航等方面发挥了重要的作用。如图 3－13 所示，草丛、树木等能够掩盖伪装后的人员目标，但这种传统的伪装方式不能掩盖由目标温度差异形成的红外辐射特性，从红外热成像图上可以清晰地看到伪装的人员目标。

(a) 光学探测伪装目标

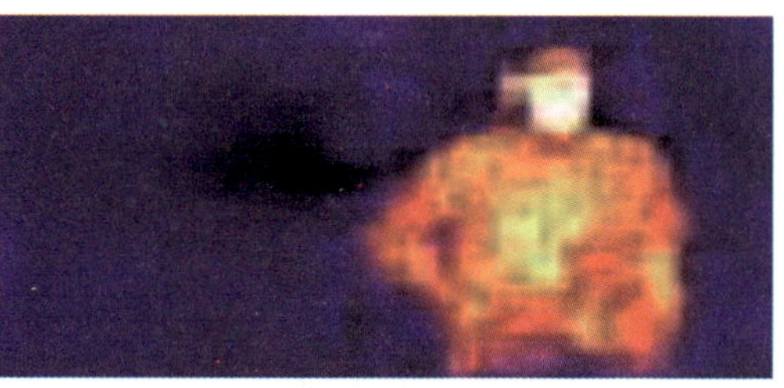
(b) 红外热成像探测伪装目标

图 3－13　红外热成像技术识别伪装

红外热成像技术经常与微光夜视仪联合在一起使用。如增强型夜视仪 AN/PSQ－20 融合了图像增强和红外热成像技术，能够在光线很弱的条件下通过图像增强器实现视觉效果；同时，即使在没有足够的环境光的情况下也可以通过热成像提供视觉，从而满足对主动夜视的需要，提高士兵的机动性和态势感知能力。如图 3－14 所示，左边为微光夜视视野，右边为红外热成像与微光夜视联合使用的视野。

图3－14　红外热成像与微光夜视联合使用

尽管红外热成像技术与微光夜视技术都属于夜视技术，但两者各有千秋，谁也代替不了谁。与微光夜视仪相比，红外热像仪具有明显的优势：可以昼夜工作，尤其是在全黑的夜间；穿透烟、雾、雪、霾的观察能力强，可以在相对较差的天气条件下工作；有较强识别伪装目标的能力。但红外热像仪在图像清晰度、分辨目标细节的能力等方面与微光夜视仪还有一定的差距，而且图像也不符合人的视觉习惯。

红外热像仪也可以搭载在无人机上开展相关应用。由于机动灵活、响应迅速，无人机航摄系统已经在灾情信息获取、灾后重建等领域得到了广泛应用，成为卫星遥感与载人航测的有力补充，因此在应急测绘保障中具有广泛应用前景。无人机载红外载荷在应急测绘保障中的应用主要集中在地质灾害监测与评估定性、森林草原火灾灾情预估、气象水文灾害监测预警、恶劣环境下的搜索救援以及环境问题应急监测调查等领域。

· 典型案例

－地质灾害中的红外热像仪应急测绘－

2020年6月13日16时40分左右，位于G15沈海高速浙江省温岭市大溪镇良山村附近的高速公路上，一辆油罐车发生爆炸，引发周边民房及厂房倒塌，造成人员伤亡和财产损失。

事故发生后，台州市自然资源和规划局于当日晚10时20分接到省自然资源厅指示，启动应急测绘响应。该局立即集结队伍，派出应急测绘保障突击队奔赴事故地，为浙江省消防救援总队前方指挥部提供灾区地理信息、专题地图、现场视频信息、灾后高分辨率影像、VR全景、三维倾斜模型等地理信息保障服务。

在油罐车爆炸后的较长时间里，附近区域的地表均伴有长时间、持续性的热红外异常现象，而且根据燃烧强度以及燃烧地点距地表深度的不同，热红外异常现象有所差异。无人机搭载的红外热像仪获取了灾区影像。图3－15（a）给出了该区域2019年0.2米分辨率原始正射影像，图3－15（b）给出了应急测绘保障快速完成的事故现场0.4平方千米的夜间融合热红外成像信息影像。通过对比分析两者的变化区域，可在夜间提供事故中各受灾点位置、受灾面积等数据。

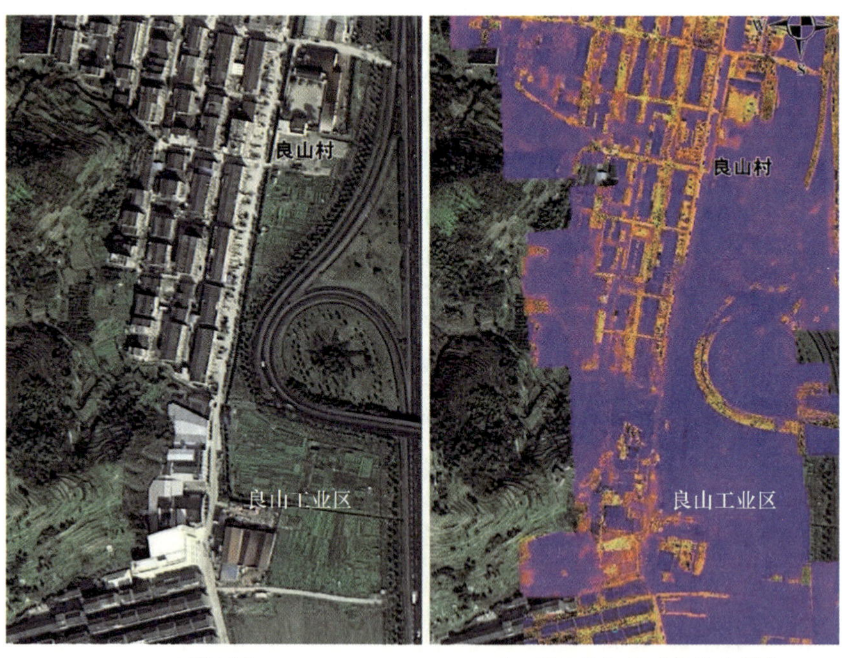

(a) 原始影像　　(b) 融合热红外成像信息影像

图3－15　台州市地理测绘中心公布的良山村热红外影像对比图

科研人员根据灾害特征以及灾害体与周围景观的相互作用分析，确定灾害程度；根据灾害体的几何形状，通过影像测量灾害体的范围和厚度等参数，参照实地考察数据对其进行修正，估算爆炸影响。灾前灾后的数据分析使有关部门能直观了解灾情，方便各级指挥部及时掌握现场动态信息，有利于消防等部门快速部署救援设备，为应急搜救工作发挥了重要作用。

3.5 多光谱探测技术

3.5.1 基本概念

自然界中每一种物体都有自己的特征反射光谱和辐射光谱。正是有特征反射光谱和辐射光谱的存在，才形成了五颜六色的世界。

多光谱探测技术是为了全面了解一种物体的特征，同时用多个探测器分谱段进行探测的技术。它的应用大大提高了光电探测识别伪装、判断目标特征的能力。

超光谱、特超光谱探测技术都是在多光谱探测技术的基础上发展起来的。超光谱成像系统可在可见光到红外波段的几百个谱带上对目标进行超高分辨率或超精细观察，可以对照自然背景发现人造目标，对化学战剂进行化学成分分析等。特超光谱成像系统可在上千个谱带上观察和拍摄可疑的目标，可用于分析烟缕的成分、探测空气中的神经性毒气等物质，这种系统的工作波段可覆盖从紫外到远红外的光谱范围。

军事上，多光谱、超光谱、特超光谱探测技术能够提高目标探测系统的反伪装、反隐蔽、反欺骗能力，因而受到了普遍的关注。下面重点介绍多光谱探测技术的工作原理。

3.5.2 基本原理

物体对各种波长的电磁波都有自己独特的反射能力，各种物体对电磁波的反射率是随电磁波的波长而变化的，如沙漠对橙光反射最强，植物对红外线反射最强等。图 3－16 给出了大气、土壤、水、植被的多光谱特征图像。

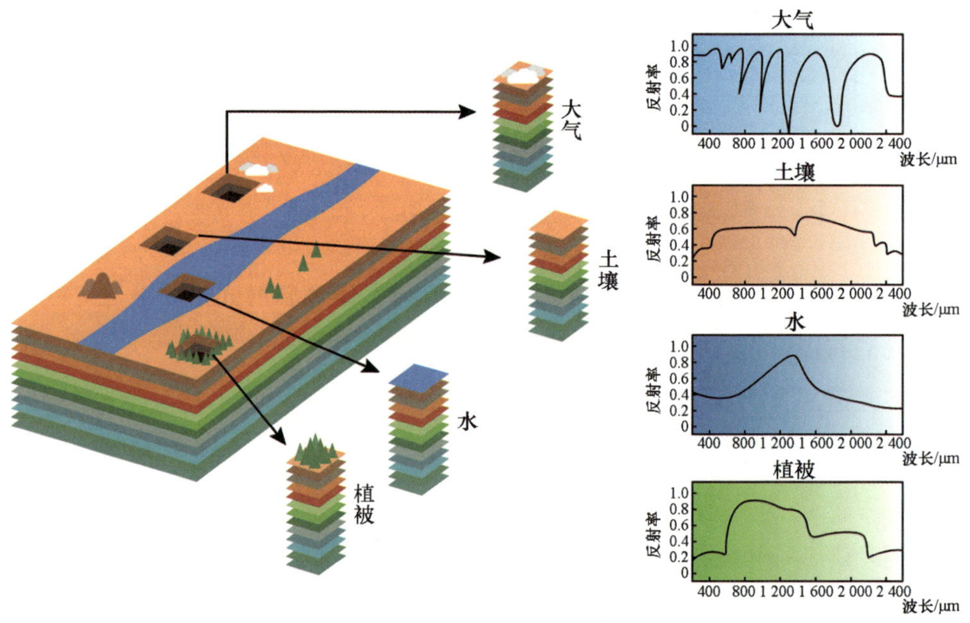

图 3－16 多光谱特征图像

假设有三台装有不同滤光片的照相机，滤光片的透过波长分别是 0.5 微米、0.7 微米和 0.8 微米。将三台照相机同时对准同一景物拍照，将得到三张照片，其中，一张只感受绿光，一张只感受红光，另一张只感受红外光。对比分析这三张照片，就可以准确地把小麦和沙漠、湖水与绿树区分开。这是因为物体对不同波长的电磁波反射率不同，多波段上同一物体的色调会相应变化，通过对物体反射率曲线的比较就可以准确区分各种物体。这就是多光谱探测的基本原理。

实际的多光谱探测多采用遥感方式，有时也称为多光谱遥感。其技术方法是利用多通道探测器进行不同波段的同步摄像或扫描，取得同一地面景象不同波段的影像或数据信息，通过将标准曲线与实际探测中获得的判读曲线进行比较，确定目标物体的物理和化学特性，从而达到探测和识别目标的目的。多光谱遥感所利用的电磁波范围可从紫外线到微米波，并可根据被测目标的光谱特性，选择最佳的成像光谱段，以提高对目标的识别能力。多光谱探测设备主要有多光谱照相机、多通道电视摄像机、多光谱扫描仪等。典型的多光谱照相机、多通道电视摄像机多采用固体自扫描成像，典型的多光谱图像如图 3 – 17 所示。多光谱扫描仪与红外扫描仪基本类似，都属于光机扫描仪。不同的是，红外扫描仪只在红外波段工作，而多光谱扫描仪增加了一个分光系统，可以把来自地物的电磁波信号分成若干个不同的波段，同时用多个探测器同步记录相应波段的信息。

图 3 – 17　美国华盛顿 0.3 米分辨率多光谱图像

3.5.3　应用范围

多光谱探测技术可以覆盖可见光、红外、紫外等多个频段，获取人眼无法看到的信息，形成多光谱图像，有利于快速识别伪装。多光谱图像是一种利用多种电磁波波长获取的图像。如图 3－18 所示，真植被和假植被在可见光图像中难以进行辨别，而在多光谱图像中可以明显区分出来。

(a) 可见光图像　　(b) 多光谱图像

图 3－18　可见光图像与多光谱图像

在战场侦察中，如何快速准确发现隐身于植被背景环境中的伪装目标是当前军事伪装目标检测的一大难点。随着高新反侦察技术和军事侦察技术的竞争发展，迷彩服饰不仅能够实现与周围自然环境同色，使得单一宽波段图像难以检测迷彩目标，而且其含有的某些光学伪装物和防红外伪装的化学物质能够减弱夜视红外光的反射作用。因此，仅仅依靠传统的成像仪器设备，如红外侦察仪、高分辨率摄像机等，难以实时准确发现敌方目标，而且单一光谱下的目标物体表达的信息有限，检测效果不明显，无法满足现代战场中的侦察需求。

多光谱成像仪在获取目标图像的同时，能记录多个波段下目标的辐射强度信息。不同物质在同一光谱下反射率存在差异，通过观察采集的多光谱图像的差异，可以快速识别出伪装目标。多光谱成像仪的迷彩伪装目标检测对于军事反侦察具有重大意义和应用前景，不仅能快速发现迷彩目标，提高对迷彩伪装目标的侦察能力，而且能在应用中发现迷彩服饰存在的缺陷，促进对迷彩服饰的改进。

在战场侦察与监视中，多光谱探测技术还应用于判别导弹类型、探测化学和放射性物质、快速识别和监视特征目标，以及航空和航天遥感侦察等方面。例如，美国空军改进了 U－2 侦察机上安装的 SYERS－2C 光电侦察系统，能采集7个谱带上的信息，最终能在几十个谱带上对目标进行分析。又如，美国帕泰政府系统公司与空军罗姆实验室合作开发自动探测目标的多光谱传感技术，目的是在采集到来自各个谱带的信息后，通过计算机技术自动发现各谱带影像间的差异以识别和探测目标。

此外，多光谱探测技术也广泛应用于生活中的各个方面，如可用于判别肿瘤的性质，判断水果的腐烂程度等。

3.6 激光探测技术

3.6.1 基本概念

激光具有高亮度、高方向性、高相干性等优点。高方向性使激光在长距离有效传递的同时，还能保证精确聚焦，得到极高的功率密度；高相干性使激光可以作为全息照相的光源。

发射激光的装置称为激光器。激光器用光、电等对工作物质进行激励，使得物质的一部分粒子激发到能量较高的状态。当能量较高状态的粒子数大于能量较低状态的粒子数时，物质就能对某一波长的光辐射产生放大作用，即这种波长的光辐射通过物质时，会发射强度放大并与入射光波位、频率和方向一致的光辐射。激光器发出的光质量纯净、光谱稳定，可以在很多方面被应用。

当目标受到激光照射时，激光的某些特性会发生变化，通过测定其响应就可以知道目标的物理、化学特征，以及它们的变化量。响应种类有：光、声、热，离子、中性粒子等生成物的释放，反射光、透射光、散射光等的振幅、相位、频率，以及偏振光方向和传播方向等的变化。

3.6.2 基本原理

激光的频率很高，光束的发射角小，指向稳定，用它来探测目标时，能够探测并传输到很远的距离，是一种理想的探测光源。激光探测系统的作用是将接收的激光信号转换成电信号，即将光信息转换成电信息，并通过不同的处理方法来获取目标信息，实现探测。

激光探测系统的基本原理是猫眼效应。基于猫眼效应的激光探测系统探测到的光功率，与发射激光峰值功率、发散角、接收光学系统、目标反射特性、大气等因素有关。这使得其探测性能不仅依赖于目标参数，还依赖于探测激光与目标之间的协调程度，受目标的口径、焦距、离焦量、反射光发散角、探测激光入射角等的影响。

· 名词解释

- 猫眼效应 -

猫眼能在黑暗中炯炯发光。猫眼晶体类似凸透镜，可以汇聚来自某一方向的光线。在猫眼的视网膜后面，有多达 15 层的特殊细胞，像高效能镜子般收集四周光线，构成一个能保存光线的反射层。当黑夜中猫的瞳孔张得很开时，光线能从反射层按原路反射回来，发出特有的绿光或金光，就产生了典型的“猫眼效应”现象，如图 3－19 所示。

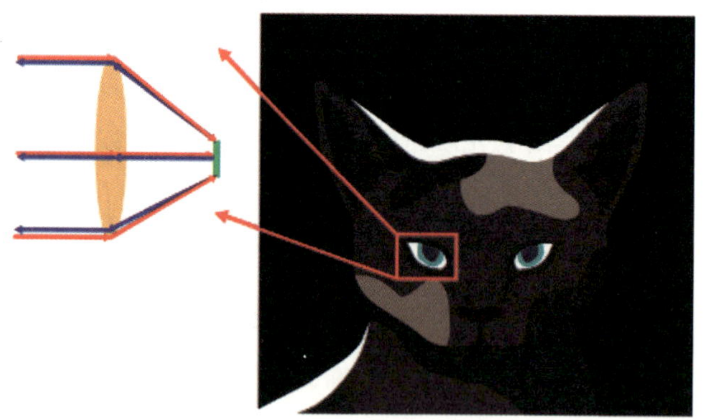

图 3－19　猫眼效应

当激光束照射到目标时，根据光路的可逆性，光学系统会将一部分激光信号沿原光路反射。入射光不论以何种角度进入光学系统，只要能够到达传感器上，其反射光就会沿原路返回，如同猫的眼底反射的光线一样明亮。

激光雷达是传统雷达与激光技术相结合的产物。激光雷达将激光束作为探测信号，充分发挥了激光高亮度、高方向性、高相干性的特点，具备频率快、峰值功率高、波长范围广、体积小等技术优势。

激光雷达工作时，首先由发射机发射一束特定功率的激光束，经过大气传输辐射到目标表面并产生反射回波，回波被接收装置接收后通过技术处理提取有用信息。通过测量反射、散射回波信号的时间间隔、频率变化、波束所指方向等，激光雷达可以确定目标的距离、方位和速度等信息，然后结合激光器本身的位置和姿态角度信息，准确计算出目标表面回波点的三维坐标。典型激光雷达的探测技术可分为直接探测和外差探测两种。

1. **直接探测技术**

直接探测可以将激光信号直接转换成电信号。光电探测器输出的电信号幅度正比于接收的光功率。这一探测技术不要求信号具有相干性，因此又称为非相干探测。图3－20为直接探测技术原理框图。

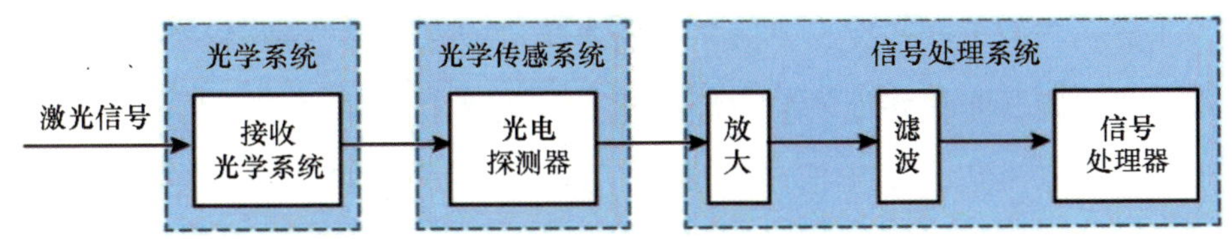

图3－20 直接探测技术原理框图

激光信号被光学系统接收后，进入以光电探测器为核心的光学传感系统。光电探测器的基本功能是把入射到探测器上的光信号转换为相应的电信号。这个电信号是光电探测器对入射光功率的响应，表现为信号功率的变化。激光探测器利用光电探测器的直接光电转换功能就能实现信息的直接解调。

直接探测的优点有：技术简单，较容易获得所需信息；探测系统可靠性、长期稳定性好；工作环境适应性强，环境温度和大气压强对探测系统影响小；结构简单、体积小。目前，绝大多数激光雷达，如激光火控测量系统、激光测距系统、激光侦察系统、激光大气雷达等，采用直接探测方式。

2. 外差探测技术

激光的外差探测可以利用两个激光信号在光频段进行混频，实现光的相干探测，故又称为相干探测。图 3－21 为外差探测技术原理框图。与直接探测方式相比，外差探测多了一个本振激光器和光束合成器。图中的光混频器具有光电转换和光混频的功能，与直接探测方式中的光电探测器类似。

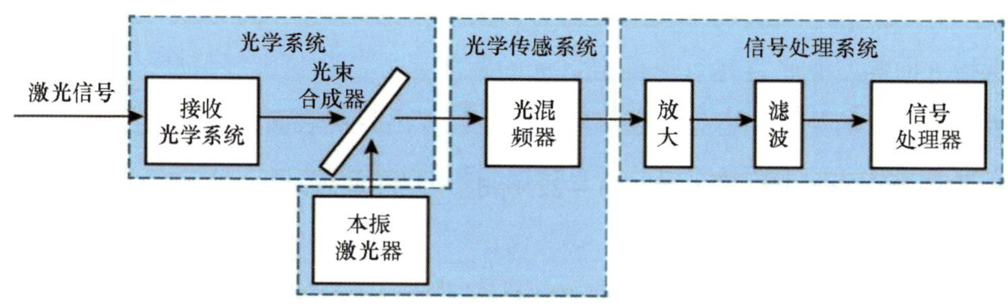

图 3－21　外差探测技术原理框图

两束光频率相近的激光信号和本振光通过光束合成后，在光混频器光敏面上干涉，产生干涉条纹。干涉条纹的变化速度取决于信号光与本振光的差频项。光混频器能很好地响应差频变化，故能输出光外差信号电流，即差频电流。差频电流包含了光信号的幅度、频率和相位信息。与直接探测相比，外差探测不仅能探测光信号的强度，还能探测光频的变化。

外差探测可用于速度测量。由于多普勒效应，运动目标的反射激光频率相对于照射激光频率有微小的变化，通过光外差测量频率变化可以得出目标速度。这一测速方式属于多普勒测速。由于速度引起的频率变化值与入射光频率成正比，且激光光频很高（可以达到 10^{14} 赫兹），因此与厘米波雷达相比，激光的多普勒效应要强 $10^3 \sim 10^4$ 倍。因此，激光外差测速的精度很高，可以测量很慢的运动速度。

· 名词解释

- 多普勒效应 -

多普勒效应是为纪念奥地利物理学家多普勒而命名的，他于1842年首先提出了物体辐射的波长会因波源和观测者的相对运动而产生变化。观测者在运动的波源前面时，波被压缩，波长变得较短，频率变得较高；观测者在运动的波源后面时，会产生相反的效应，即波长变得较长，频率变得较低。同时，波源的运动速度越快，所产生的效应越大。根据频率变化的程度，可以计算出波源循着观测方向运动的速度。

多普勒效应在日常生活中是普遍存在的。飞驰的列车鸣笛时，行人站在不同的位置会听到鸣笛声调的变化。列车可以被看作是一个不断向四周发射频率不变信号的点目标，如图3－22所示。当列车向右运动时，如果站在左边观察，散射回波会被拉伸，信号的波长会变长，频率则会变低，意味着远离列车时人耳听到的火车鸣笛声音调变低；如果站在右边观察，散射回波就会被压缩，信号的波长会变短，频率则会变高，意味着靠近列车时人耳听到的火车鸣笛声音调变高。

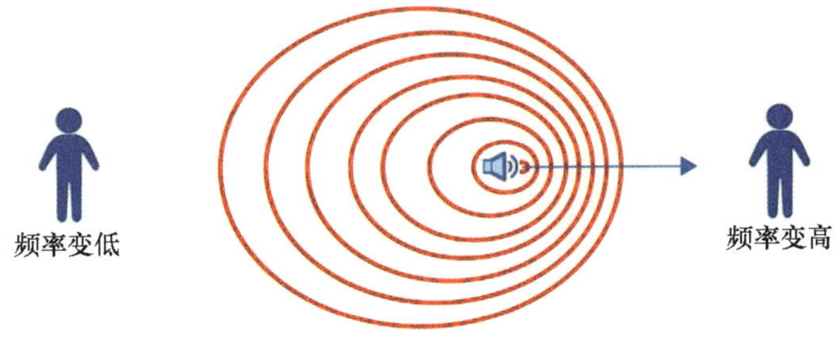

图3－22　多普勒效应

目前，多普勒效应在科学研究、工程技术和医疗诊断等方面应用广泛。天文学家从多普勒效应中得到了最基本的测量方法，以及绝大多数星体运动的知识，包括双星的特征、银河系转动的证明等。激光多普勒测速已成为一种重要的实用技术，是研究流体流动强有力的手段，可用于测量某些难以测量的流体速度或湍流。医学上的彩色多普勒超声检查（即彩超）是医学诊断领域中的一大进展，它既具有二维超声结构图像的优点，又同时提供了血流动力学的丰富信息，得到了广泛的应用。

3.6.3 应用范围

由于激光具有高亮度、高方向性、高相干性、高单色性等优点，因此它在武器系统中得到了广泛应用。激光引信就是其中之一。激光引信是一种利用激光束探测目标的引信。这种利用激光束探测目标的光学近炸引信，相对于传统光、电近炸引信，具有引爆时间准、命中概率高、抗干扰能力强的突出特点，因此，在现代导弹、火箭弹、炮弹、炸弹、水雷等领域得到了广泛的推广和应用。

现代战场中，电磁环境错综复杂。人为电磁干扰使无线电装备的生存和应用能力受到极大的威胁。在这种场合中，激光探测技术为无线电探测提供了必要的补充。激光工作于光频段，波长极短，其角度分辨率和距离分辨率可以达到极高。主动激光探测发射的信号波束窄，不易被敌方接收，发射波束旁瓣小，对地、海杂波的干扰抵抗能力较强。由于接收视场有限，敌方的干扰机瞄准激光信号困难，且激光信号发射峰值功率较大，方向性好，其探测作用距离较远。激光单光电子探测可以达到激光雷达直接探测的灵敏度极限，这依赖于激光探测系统的信号处理能力，它能对接收的一个光电子信号进行处理，以取得目标距离信息，主要用于人造卫星和月面的距离测量。

当然，激光探测技术也有缺点，与无线电波探测相比，激光探测技术的大气穿透能力较差，即烟尘、云雾、雨雪等对激光的吸收和散射要比微波大得多。因此，激光探测的性能受天气和环境影响。但主动激光探测系统要比被动光学探测系统的天候适应能力强，因为主动激光探测技术可以通过信号处理技术拒绝接收已经被确定为杂乱波的回波信号。

激光还可以用于激光诱导击穿光谱分析技术，分析目标物质的成分与浓度。激光聚焦到目标上时，会产生局部等离子体，目标电子跃迁至高能态，再返回初始能态时会发出特定光谱辐射。每一种物质都有各自的特征光谱，用高分辨率光谱仪对该光谱进行分析，在1~3分钟甚至几秒内就可以得到被测目标物质的成分与浓度。

第4章

雷达侦察与监视技术

在军事领域中，雷达是侦察与监视中最常用、运用最广泛的装备。雷达是英语 radio detecting and ranging 的缩写 radar 的音译，即“无线电探测与测距”。雷达是通过发射电磁波信号，接收来自其威力覆盖范围内目标的回波，并从回波信号中提取位置和其他信息，以用于探测、定位以及目标识别的电磁系统。因此，雷达的特点可归纳为：依赖电磁波进行探测；本质上是一个检测系统；功能主要是获取目标的距离、角度和速度信息，也就是用于测距、测角、测速。

4.1 雷达侦察与监视原理

4.1.1 雷达的工作频率

雷达类似蝙蝠，不同的是蝙蝠发出的是声波，而雷达发射的是电磁波。雷达利用物体对电磁波的反射（或称为二次散射）现象来发现目标并且测量目标的位置。因此，凡是能够发生电磁反射现象的物体都可以成为雷达的目标。这种反射包括散射、绕射、后向散射等，通常以后向散射为主。由于电磁波传播的特点，相比光学系统，雷达工作的波长较长，能够在远距离和烟、雨、雾等不利条件下工作，不受可见光照射条件的影响，具有能全天时、全天候工作的特点。

雷达的目标包括：飞机、导弹、车辆和舰船等运动目标；山丘、平原和沙漠等地形；江、河、湖、海等水系；机场、大楼等建筑。雷达的用途不同，探测的目标也不一样。目标在每个工作频段都有自身特有的反射特性，从而使得某些频段更适合某些特定应用。这意味着频率的选择对雷达的设计和实现有着重要影响。

1. 雷达的常用工作频率

雷达的工作频率指在空间中传播的电磁波频率。雷达的主要性能和技术指标，如检测距离、角度分辨率、多普勒性能、尺寸、质量、成本等，在很大程度上取决于工作频率的选择。

雷达工程师习惯将雷达工作频率划分为许多个波段，每个波段都有专用的字符来标识。表4-1是雷达波段名称和对应的频率范围。在频率低端工作的是高频（HF）、甚高频（VHF）、超高频（UHF）雷达，包括利用电离层反射来进行观测的超视距雷达、搜索雷达等。随着频率增加，天线的尺寸变小，容易达到较高的测量精度。但是当频率较高，达到Ku波段以上时，电磁波容易受大气、雨滴、烟雾等影响，产生较大的衰减。不同雷达的工作波段的特征与应用如表4-2所示。

表4-1 雷达波段及其对应的频率范围

波段名称	频率范围
HF	3~30 MHz
VHF	30~300 MHz
UHF	300~1 000 MHz
L	1 000~2 000 MHz

续表

波段名称	频率范围
S	2 000 ~ 4 000 MHz
C	4 000 ~ 8 000 MHz
X	8 000 ~ 12 000 MHz
Ku	12 ~ 18 GHz
K	18 ~ 27 GHz
Ka	27 ~ 40 GHz
V	40 ~ 75 GHz
W	75 ~ 110 GHz
毫米波波段	110 ~ 300 GHz
太赫兹波段	0. 1 ~ 10 THz

表 4 – 2　雷达工作波段的特征与应用

波段	特征	应用
HF	天线尺寸庞大，受电离层折射等影响	超视距雷达等
VHF、UHF	天线尺寸庞大，受电离层影响大	搜索雷达等
UHF、L	天线尺寸很大	搜索雷达等
S、C	天线尺寸中等	目标指示雷达等
X、Ku、K	天线尺寸小，容易达到较高的测量精度	跟踪雷达、机载火控雷达等
Ku、K、Ka	天线尺寸很小，容易达到很高的测量精度，大气和雨滴对电磁波衰减很大	短距离雷达、精确制导雷达等
V、W、毫米波	天线尺寸很小，容易达到很高的测量精度，大气、雨滴对电磁波有非常严重的衰减	空 – 空雷达、汽车雷达等

• 知识延伸

－雷达工作频率的命名来源－

雷达在应用之初，并没有严格的频率划分标准，很多波段划分和命名方法显得比较随意。二战后期，美国牵头成立北大西洋公约组织，对波段进行了重新划分，并且按照英文字母的顺序对军用雷达频段进行了重新命名。电气与电子工程师协会（IEEE）结合这些命名，也对频段进行了重新划分，这个划分一直沿用至今。

最早的雷达大量使用过米波，被称为P波段。P为英语Previous的首字母，表示“以往”的意思。P波段一般包括了高频（HF）、甚高频（VHF）和超高频（UHF）。这里的V对应Very，U对应Ultra，都是英语中表示比较级的单词，比较级程度增加，表示波长越来越短。

二战期间，英国人率先在战场上使用了雷达。英国人的雷达采用23厘米波长电磁波，对应频率约为1.30吉赫兹。这个波段后来被命名为L波段（L为英语Long的首字母）。再后来，这一波段的中心波长变为22厘米。L波段电磁波在大气层中的传播特性非常好，不仅传播距离远，而且不会被大气层吸收，因此非常适合雷达和移动通信。

后来，工程师又研制出了波长为10厘米的雷达。由于这个波段是比L波段短一点的波，故被定义为S波段。S是Short的首字母，用于表示短波。

火控雷达主要使用3厘米波长的电磁波，这个波段被称为X波段。这是因为该波段一开始就用于飞机、导弹的火控系统，火控系统会使用“十”字瞄准，而瞄准镜的准心和字母X相似，所以就用X来代表这个波段。

为了结合X波段和S波段的优点，科研人员又研制出了中心波长为5厘米的雷达。该波段被称为C波段，C即Combined的首字母。

二战期间，德国人也在研发雷达。德国人为自己的雷达选择了20吉赫兹的频率，对应波长为1.5厘米，远远短于英国人选择的23厘米波长。因此，该频段也被称为K波段。K是德语Kurtz（“短”的意思）的首字母。

但是，20 吉赫兹的电磁波会被水蒸气严重吸收，遇到雨雾天气就成了“瞎子”。这个问题困扰了德国人很久，直到二战结束也没有解决。由于这个问题是电磁波的传播特性决定的，技术手段基本无能为力。因此，二战后雷达研发中都避开了 20 吉赫兹这个频率。与之相比，更高的波段被称为 Ka 波段，表示 K-above，更低的波段被称为 Ku 波段，表示 K-under。

进一步的研究表明，除了水蒸气对 20 吉赫兹电磁波存在吸收衰减，氧气对 60 吉赫兹电磁波也有一个吸收峰，会造成严重的传播衰减。于是科研人员使用 V 形象地表示了这个衰减。新增加的 V 波段频率通常为 40 ~ 75 吉赫兹。

由于字母表中 W 排在 V 的后面，W 波段频率比 V 波段稍高，就用 W 表示 75 ~ 110 吉赫兹。

毫米波波长在毫米量级，波段频率为 110 ~ 300 吉赫兹，太赫兹波段频率为 0.1 ~ 10 太赫兹。

2. 影响雷达频率选择的因素

雷达工作的最佳频率取决于它所要完成的任务，在具体选择频率时，需在多个因素之间进行权衡，考虑的典型因素包括雷达系统的物理尺寸、发射功率、天线波束宽度、传播衰减、环境噪声等。

（1）物理尺寸

用来产生和发射信号的物理尺寸一般和波长成正比。例如，如果雷达的发射机在较低的频率上，那么波长较长，物理尺寸较大，发射机通常又大又重；如果在较高的频率上，那么波长较短，物理尺寸较小，发射机也较轻。因此，工作在米波段的超视距雷达，通常占据很大的阵地；而工作在毫米波段的雷达天线可以做到只有一枚硬币那么大。

（2）发射功率

一部雷达发射机能合理承受功率电平的能力受到电压梯度（即单位长度上的电压）和散热要求的限制，也与其物理尺寸有直接关系。物理尺寸较大，发射机能承受的功率电平就比较大。因此，工作在米波段范围的雷达虽然又大又重，但其发射机却可以发射兆瓦量级的平均功率，能探测到地球曲率下的目标；而毫米波雷达通常只能发射几百瓦的平均功率，探测的距离远小于米波雷达。

（3）天线波束宽度

雷达天线波束宽度与工作波长成正比，与天线宽度成反比。为了得到所要求的波束宽度，获得一定的角度分辨能力，波长越长，天线就必须越宽。因此，当雷达工作在低频波段时，为了得到可使用的窄波束，天线的物理尺寸需做得很大；而在高频波段上，雷达天线的尺寸可以做得很小。

（4）传播衰减

电磁波穿越大气时，大气会对电磁波产生两种衰减：吸收与散射。吸收是由大气中的氧气和水蒸气等引起的，散射主要是由大气微粒（如水滴、冰粒和尘埃）引起的。整体上，吸收和散射都随着频率的增加而增加，造成衰减的增加。在10吉赫兹以上，大气衰减，尤其是对流层的衰减，变得严重。类似红外光透过大气，电磁波中会有对大气衰减相对较弱的部分波段，称为“窗口”。在0.1吉赫兹以下，大气对电磁波的衰减可以忽略不计，电磁波容易穿越大气，甚至穿透叶簇等产生绕射、衍射。当电磁波频率较低时，如P波段，虽然穿透、绕射、衍射能力突出，却容易受大气中电离层的影响，发生折射、散射。

（5）环境噪声

外部环境噪声是选择雷达频率时需考虑的重要因素。在HF波段，来自雷达外部的电噪声通常很大。电噪声随着频率的升高而减小，在0.3～10吉赫兹之间的某个地方达到最小值，这取决于随太阳情况而变化的天体背景噪声电平。在10吉赫兹以上时，大气噪声占主导地位；在K波段以及更高的频率上，环境噪声会变得更为严重。

综上所述，雷达工作频率的选择要考虑多种因素。雷达工程师在设计雷达时，要结合雷达所要完成的任务、雷达的使用环境、雷达工作的物理平台条件限制和成本等多方面因素，综合考虑后才能最终确定雷达的工作频率。

4.1.2 雷达系统的基本构成

雷达作为一种由机械与电子部件构成的复杂系统，具有强大的功能。典型雷达系统的基本组成包含发射机、接收机、发射天线、接收天线、信号处理机和显示终端等，如图4－1所示。

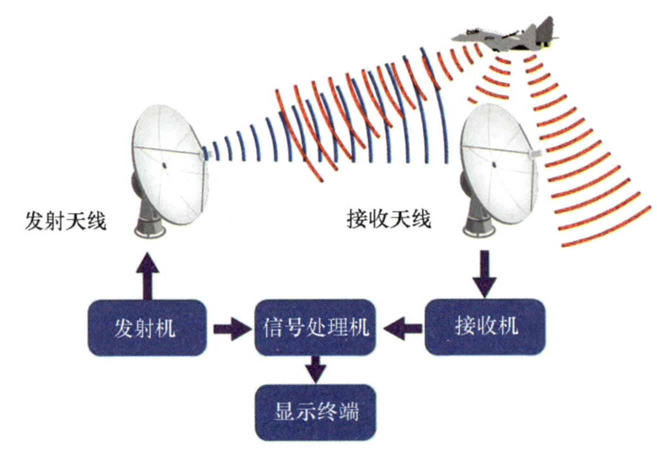

图4－1 典型雷达系统的基本组成

发射机一般由波形产生器和功率放大器两部分构成。波形产生器在低功率电平上产生高性能雷达系统需要的特定波形，且易于实现波形调制，即俗称的信号源。功率放大器将其放大到需要的功率水平，增大雷达的作用距离。综合波形产生器和功率放大器的功能，发射机可以产生大功率、高稳定的特定波形，使信号波形和功率满足雷达工作的要求。实际上，根据不同的应用需求，雷达发射波形的平均功率变化范围很大，地面对空预警监视雷达发射的平均功率可达兆瓦量级，而近程手持式雷达的平均功率可能仅几毫瓦。

天线是辐射或接收无线电波的装置。它有两个作用：一是将发射机输出的电磁波形成波束，实现定向辐射；二是接收天线波束范围内目标反射回来的电磁波。大多数雷达天线所具有的定向窄波束不仅能将能量集中到目标上，而且能测量目标的方位。但是如果收发天线靠得太近，就会产生耦合，这时雷达的收发天线之间就需要做隔离，如连续波体制的雷达。发射机和发射天线并不是必需的，例如，无源雷达不需要主动发射电磁波，就没有发射机和发射天线。天线有很多形式，如偶极子天线、八木天线等，图4－2所示即为偶极子组成的阵列天线。

图4－2 偶极子组成的阵列天线

如果雷达发射与接收的信号可以从时序上分开，则收发天线可以共用，如脉冲体制雷达，如图4－3所示，此时，发射机和接收机之间存在一个收发转换开关，在发射期间，收发转换开关将天线与发射机相连，断开接收机，以免大的发射信号进入接收机，使接收机饱和，甚至烧毁接收机；在接收期间，将天线与接收机相连，断开发射机，避免微弱的接收信号旁路进入发射机，减小信号能量。对于收发共用同一天线的雷达，收发转换开关是必需的。

由于电磁波在空间传播中有损耗，实际通过天线进入雷达的接收信号功率相比发射信号要小得多。因此接收机接收的信号通常要经过前置的低噪声放大或者滤波，再对信号进行解调等一系列信号处理过程，最终显示给操作

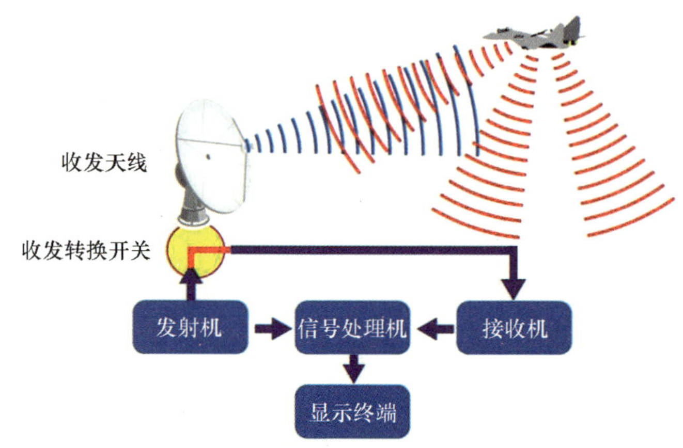

图 4－3 脉冲体制雷达系统的基本组成

人员相关的检测结果。

实际上雷达发射电磁波探测目标时，不仅会收到目标的回波，也会收到目标所处环境中的杂波、干扰和噪声，需要对这些不想要的回波信号进行抑制与滤除，检测感兴趣的目标。从这个意义上看，雷达也是一个检测系统。典型的雷达检测采用的是门限方法，通过设计一个门限，筛检出超过门限的回波信号，如图 4－4（b）所示的红色虚线。如果门限设置过高，如图 4－4（a）所示，那么雷达有可能发现不了目标，产生漏警。如果门限设置过低，如图 4－4（c）所示，那么雷达有可能把杂波、干扰、噪声等信号误认为是目标，产生虚警。

检测到目标后，雷达系统可以采用后处理对目标进行参数估计、跟踪定位、识别具体等，以获取相关的情报信息。目标跟踪是最常见的检测后处理步骤之一，典型的跟踪包括对检测到的目标位置进行测量和轨迹滤波。跟踪是长时间尺度的处理，为获得目标随时间变化的完整轨迹，会对一系列的测量数据进行积累、分析。因此，跟踪滤波偏“数据处理”而不是“信号处理”。由于可能存在多个目标轨迹交叉或者非常接近的情况，跟踪滤波还须解决测量与被测目标关联的问题，以便正确地分辨接近的或交叉的轨迹。

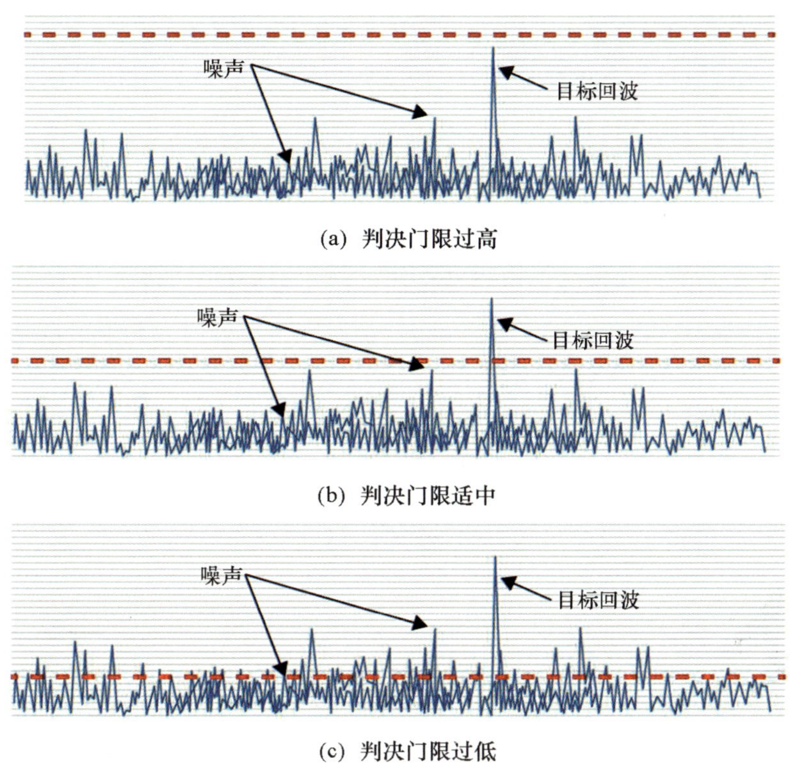

(a) 判决门限过高

(b) 判决门限适中

(c) 判决门限过低

图4-4 门限检测示意图

4.1.3 雷达目标测量原理

雷达在工作时，首先要探测目标，即在整个空间中搜索、发现目标，判断目标是否存在，解决目标“有无”的问题。其次要对目标的基本参数进行测量。在此基础上，最后还需要进一步识别目标，分辨目标的形状、尺寸，通过目标的特征测量判断目标类型，甚至对它的威胁等级进行评估。所有的雷达在设计的时候，都希望能够尽可能实现这三大任务中一种或者几种。第一个任务属于检测问题，第三个任务属于识别问题，而第二个任务是测量问题，也是雷达最重要的功能。那么雷达需要测量哪些物理量呢？雷达可以获得目标的距离、角度和速度信息，即俗称的测距、测角和测速。

1. **测距**

测距是指测量目标的斜距 R，它可以通过测量雷达发射信号往返于目标和雷达之间的时间进行估算。

假设雷达发射一个信号，这个信号以电磁波的传播速度，即光速，在空间中传播，遇到目标后信号会发生反射，形成反射回波，回波再被雷达接收。如图 4－5 所示的红色虚线，电磁波传播经历了发射机到目标、目标到接收机两段路程。如果已知电磁波传播速度 c，通过测量反射回波和发射信号之间的延迟时间 Δt，就可以获得目标到雷达的距离 $R=\frac{1}{2}c\cdot\Delta t$。如果雷达和目标不在一个水平高度上，这个距离就在一个斜平面上，因此，R 称为斜距。通过测量回波的延迟时间得到目标与雷达的距离，这就是雷达的基本测距原理。

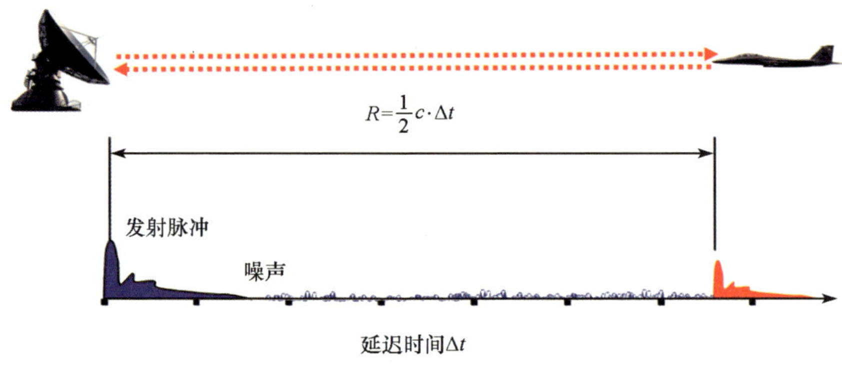

图 4－5　目标距离的测量

真空中光速 $c=3\times10^8$ 米/秒，也就是 30 万千米/秒。如果延迟时间 Δt 为 1 秒，则雷达到目标的距离 R 为 15 万千米。如果延迟时间 Δt 为 1 微秒，则雷达到目标的距离 R 为 150 米。在雷达测量中一般以千米为距离单位，以微秒（μs）为时间单位（1 微秒 $=10^{-6}$秒）。

雷达距离分辨率本质上是由发射信号的带宽 B 决定的，距离分辨率 $\rho_r=\frac{c}{2B}$。要满足高距离分辨率，即 ρ_r 要足够小，信号只需要满足有大带宽。带宽

B 与脉宽 τ 成反比，这意味着一个 0.01 微秒脉冲宽度的带宽应为 100 兆赫兹左右，但是窄脉宽意味着雷达信号携带的能量有限，且雷达的探测距离有限。对于一般的信号，如果发射信号是大时宽带宽积信号，即 $B \cdot \tau \gg 1$，那么就有望同时获得远作用距离和高距离分辨率。实现这一功能的典型技术是脉冲压缩技术。这个技术在发射时用宽脉冲，以增大探测距离；而在接收时，将宽脉冲压缩成窄脉冲，以提高距离分辨率。

2. **测角**

目标的角度信息包括目标的方位角和俯仰角。雷达测角的物理基础是假设电磁波在均匀介质中沿直线传播。利用天线的方向性，雷达将无线电波聚集成很窄的波束。这一过程类似手电筒的照射，手电筒将光线聚集成一束，向某一个方向射去。

天线波束在空间中搜索目标的时候，当波束逐渐靠近目标，回波信号的幅度会逐渐增加；这意味着当波束对准目标时，目标回波信号的能量最大；当波束逐渐偏离目标时，回波信号的能量又会逐渐减小。这一过程意味着，当天线波束扫过目标时，雷达回波在时间顺序上先从无到有，再由小变大，然后由大变小，最后消失，即天线波束形状对雷达回波幅度进行了调制。在天线扫描过程中，只有当天线波束的轴线对准目标，也就是天线的法线方向对准目标时，天线接收到的目标能量最大，这时天线波束轴线的指向就是目标的方向，这就是最大回波法的测角原理，如图 4－6 所示。这一角度可以是方位角，也可以是俯仰角。

天线方向图中辐射功率最强方向或期望方向的波束称为主瓣，与之相对的波瓣称为背瓣或后瓣，其他波瓣称为副瓣或旁瓣。一般来说，主瓣能量最大，总是指向期望辐射或接收的方向。

主瓣波束宽度越窄，可以区分的角度越小；而宽的主瓣天线波束难以直接区分方向或俯仰向上比较靠近的目标。天线波束的宽度决定了角度的测量精度，即角度分辨率，指在方向上所能区分开两个目标的最小角度差。通常，雷达天线的波束宽度 θ 正比于天线发射电磁波的波长 λ 与天线孔径 D 之比，

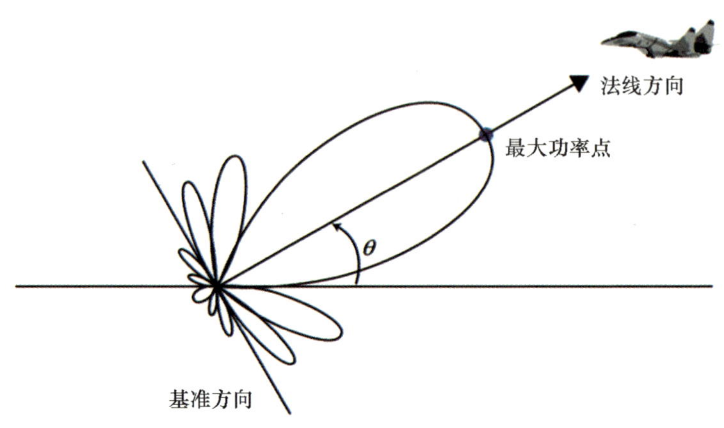

图 4-6 最大回波法的测角原理

可以用公式 $\theta=\frac{\lambda}{D}$ 进行粗略估计，增加天线尺寸或减小发射波长都可以提高天线的角度分辨率。

3. **测速**

雷达不仅要测量目标的位置，还需要测量运动目标的速度，如飞机的飞行速度。雷达测速，主要利用多普勒效应，通过测量发射和接收回波之间的频率差计算出目标的相对速度。

假设雷达不动，目标飞机朝着雷达飞行。通常，飞机运动的速度会比电磁波的传播速度慢很多，目标在一个脉冲中近似不动。但是如果雷达再次发射信号，运动的目标会发生细微移动，它的相位会发生变化，会引起回波信号频率的相对增加或减少，这种现象就是多普勒效应。

如图 4-7 所示，假设在时刻 1，目标与雷达的距离为 R，目标与雷达连线方向上的径向速度为 v_r。如果雷达经过时间 T_m，在时刻 2 重新发射一个脉冲进行相同场景的测量，那么雷达和目标的距离可以表示为 $R-v_rT_m$。这里 T_m 称为慢时间，或者脉冲重复周期（pulse repetition interval，PRI），也称为脉冲重复间隔，它的倒数称为脉冲重复频率（pulse repetition frequency，PRF）。

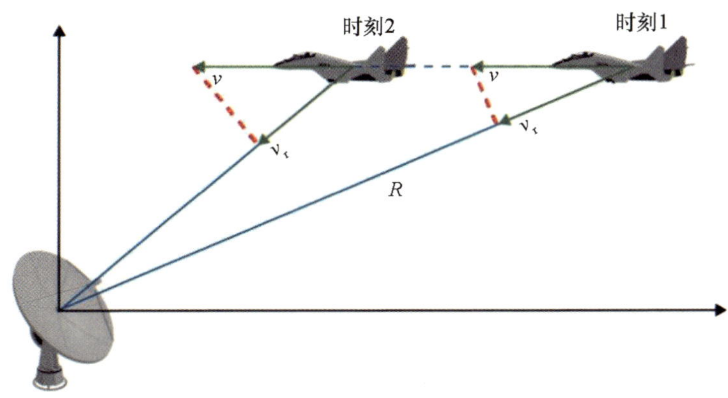

图4－7　飞机相对探测雷达的位置关系图

根据多普勒效应的基本原理，可以利用两个时刻的相位差对 T_m 求导，进而获得多普勒频率 $f_d = \frac{2v_r}{\lambda}$。这里 λ 为载频波长。这意味着当目标和雷达之间存在相对运动时，目标回波的频率中就会包含和目标径向速度有关的多普勒频率。根据多普勒频率 f_d 的数值，能够判断出目标相对于雷达的运动方向和运动速度。

需要注意的是，雷达利用多普勒效应测量的目标速度是径向速度，而实际空间中目标做的是三维运动。如果要测量目标真实的速度与运动方向就需要利用多部雷达在不同的方向同时进行测量；或者采取连续跟踪的方式，通过不同时间的测量来跟踪目标的速度。

· 知识延伸

－脉冲重复频率的选择－

对于脉冲雷达，脉冲重复频率的选择将决定是否会引起雷达产生距离模糊和多普勒频率模糊。

产生距离模糊的原因是雷达无法区分某个特定回波属于哪个发射脉冲。如果脉冲重复频率 f_{PRF} 足够小，即脉冲重复周期 T_m 足够长，雷达就能在发射下一个脉冲之前完全接收上一个发射脉冲的所有回波。此时，雷达能接收每一个距离单元上的回波，信号不会发生模糊，即没有距离模糊。但是，如果脉冲重复频率f_{PRF}增大，脉冲重复周期T_m变短的话，某个时刻的回波就有可能属于上一个脉冲的回波。此时，雷达无法区分这个回波到底来自哪个脉冲发射的信号，雷达观测距离就会产生模糊。对于给定的f_{PRF}，单程回波能被接收到的最远距离，也就是最大不模糊距离为$R_u = \frac{c}{2f_{PRF}}$。因此，从不产生距离模糊的角度考虑，脉冲重复频率低一些为好。

产生多普勒频率模糊的根本原因是脉冲信号数字采样后是离散的信号，导致频谱的周期性。这意味着在这个频谱上采用滤波器组来提取多普勒频率时，目标信号只能从特定频率的滤波器输出。如果脉冲重复频率小于可能遇到的目标多普勒频率，目标的多普勒信号就会折叠进入小于脉冲重复频率的特定频率滤波器再输出。此时，没有直接的方法可以分清目标的多普勒信号是否发生了折叠，即产生了多普勒频率模糊。例如，若目标的多普勒频率为$f_{dt} = f_d + f_{PRF}$，此时目标输出的多普勒频率为f_d，与实际的多普勒频率f_{dt}不同。因此，对多普勒频率而言，脉冲重复频率越高，模糊越小。通常脉冲重复频率应大于被检测目标最大多普勒频率f_{dmax}的两倍。

4.1.4 常用雷达体制

为了满足多种用途，雷达系统出现了多种体制，具备多种分类方式。例如，按测量目标的参量，雷达可以分为测高雷达、两坐标雷达、三坐标雷达、测速雷达、目标识别雷达等；按角跟踪方式，可以分为单脉冲雷达、圆锥扫描雷达、隐蔽锥扫雷达等；按信号处理方式，可以分为相参雷达和非相参雷达；按雷达技术原理，可以分为超宽带雷达、相控阵雷达、动目标指示雷达、合成孔径雷达、超视距雷达、无源雷达等；按天线扫描方法，可以分为机械扫描雷达、电扫描（相控阵）雷达、频扫雷达等。

按照雷达信号形式，常用的雷达体制可以分为两类——连续波雷达和脉冲雷达。连续波雷达发射连续波信号，如单频的正弦信号。脉冲雷达发射脉冲信号，按一定的或交错的重复周期工作，是目前使用最广的雷达信号体制。

1. 连续波雷达

连续波（continue waveform，CW）意味着雷达发射机发射波形时是持续进行的，中间不会中断。因此，连续波雷达发射波形的时间与发射机开机持续工作的时间之比为100%，即占空比为100%。连续波雷达的发射信号主要有非调制的单频或多频连续波和调频连续波信号。

如果连续波雷达发射非调制的单频信号，如正弦信号，信号的带宽几乎为0。此时，雷达只能测速，不能测距。如果连续波雷达发射非调制的多频信号，那么信号有一定带宽，雷达既能测距也能测速。这里测量的速度是指雷达和目标沿线方向的速度，即径向速度。

调频连续波是典型的线性调频（linear frequency modulation，LFM）信号。这种信号在频率上随时间单调增加或者下降，具有线性调频的特点。由于这种信号听起来就像鸟类的啾啾声，也称为“啁啾”（chirp）信号 。

图4-8给出了一个脉冲宽度内的线性调频信号时域波形。在脉冲宽度内，频率随时间线性递增。调频连续波信号有一定带宽，因此也可以测距，并能够分辨出静止和运动的目标。连续波雷达除了线性频率调制，还有步进频率调制等多种调频方式。

连续波雷达的发射频谱窄，系统设备简单，信号的预选、滤波等处理也相对容易。单频连续波雷达测速时，没有多普勒频率模糊问题，无论目标速度有多大，距离有多远，都可无模糊测速，这是它的突出优点。同时，连续波雷达峰值功率和平均功率几乎是一样的，即在发射所需平均功率时有最小峰值功率。此外，由于有很高的频率分集性，不容易被侦察设备探测。但是连续波雷达的发射机一直在发射信号，无法用一个天线收发开关的方式工作，必须使用两个分置的收发天线，且发射信号容易直接泄露到接收机，从而对接收机形成干扰。

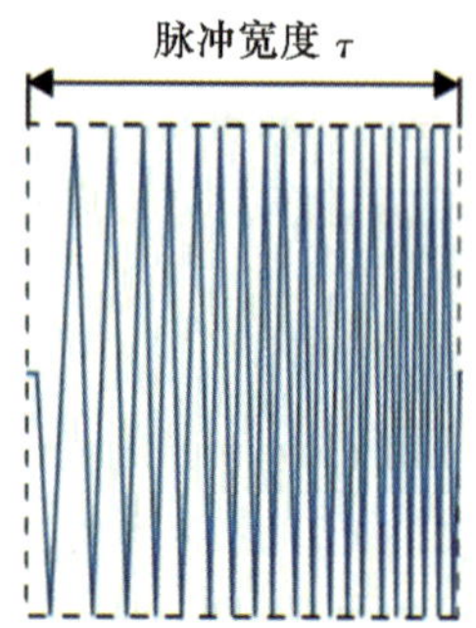

图 4-8 线性调频信号（chirp 信号）

2. 脉冲雷达

脉冲雷达以窄脉冲形式间断地发射无线电波，并在两次发射间隔内接收回波，通过测量收发脉冲间的延迟时间来测量目标到雷达的径向距离。典型的脉冲雷达发射波形如图 4-9 所示，其中 τ 为发射脉冲宽度，T_m 为脉冲重复周期，$\frac{\tau}{T_m}$为占空比，即脉冲宽度占脉冲重复周期的比例。

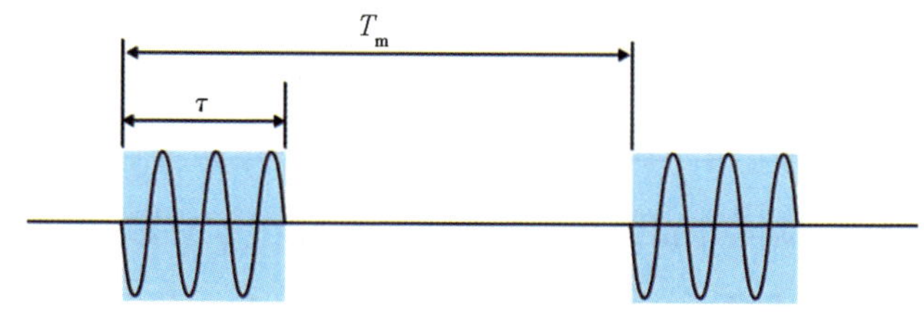

图 4-9 脉冲雷达发射波形

脉冲雷达的发射波形有多种形式，线性调频信号是其常用的波形。线性调频信号在连续波雷达中已作介绍，这种信号有一定带宽，可以测距，也能够分辨出静止和运动的目标。

脉冲雷达发射的窄脉冲不能无限窄，因此探测的距离相对连续波雷达而言较远。同时，发射线性调频信号可以达到较宽的频谱和较高的发射功率，是常用的雷达体制。例如，大部分的警戒雷达都采用脉冲信号体制。脉冲雷达中，信号发射与接收的时序是分开的，它的收发天线可以共用。但是大功率的发射机在复杂战场中容易成为反辐射导弹攻击的对象。此外，脉冲重复频率的高低决定了观测距离和多普勒频率是否模糊，以及模糊的程度，如表4－3所示。由于距离模糊和多普勒频率模糊对脉冲重复频率的要求是相反的，脉冲重复频率的确定需要在两者之间折中。多数情况下，脉冲体制雷达会选择相对较高的脉冲重复频率，因此容易导致产生距离模糊，需要后续采用解距离模糊技术将模糊消除。

表4－3　不同脉冲重复频率的模糊程度

脉冲重复频率	观测距离	多普勒频率
高	模糊	不模糊
中	模糊	模糊
低	不模糊	模糊

· 人物介绍

－中国雷达工业的重要创始人与先驱者：申仲义、张直中－

314 甲中程警戒雷达是我国第一部自行研制的国产雷达；314 乙中程警戒雷达是我国第一部投入批量生产的雷达；406 米波远程警戒雷达是我国第一部米波远程警戒雷达；402 微波低空海岸警戒雷达是我国第一部微波雷达。这些“第一”都诞生在中国电子科技集团公司第十四研究所（简称十四所）的申仲义和张直中手中。他们是中国雷达工业的重要创始人和先驱者。

申仲义、张直中在炮火中立下鸿鹄志，投身军工国防，挺起中国雷达之脊梁，开创了中国自行设计雷达的历史。

1937 年，年仅 15 岁的申仲义来到了延安，进入军委三局通信学校学习无线电技术。而此时的张直中也正在浙江大学刻苦钻研先进的电机技术。三年后，张直中以优异的成绩从浙江大学电机系毕业，先后到重庆电信机械修造厂任助理研究员、赴英国学习超高频雷达技术，成为国内最早接触英国雷达技术的人员之一。与此同时，申仲义坚守在敌后战场，面对我国通信设备极其落后的情况，他不断钻研通信技术，成功研制多种战争急需的通信设备和器材，被誉为“技术与政治、科学原理与技术经验相结合的青年技术家”。

1950 年，申仲义进入华东军区航空处雷达研究所（现十四所）工作，不久后，任该所所长。次年，张直中调入该研究所工作，任工程师。在中国雷达事业的起步时期，申仲义与张直中携手带领十四所从最初的修配仿制阶段跨越到自主设计、自主研制阶段，开创了中国雷达发展的新局面。即使到了晚年，他们也仍然坚守在雷达事业的岗位上。申仲义离休后不顾严寒酷暑，拖着年迈带病的身体坚持深入华东、华北、西南等地区的厂所进行调查，形成了珍贵的报告材料；张直中在 90 岁高龄时仍然坚持每天到办公室工作，从未停下探索雷达新技术的脚步。1993 年为纪念已故的申仲义，中国电子学会雷达分会特设立“申仲义奖”。这是目前中国雷达行业的最高荣誉，而张直中正是此奖项的首届获得者。

4.1.5 雷达探测性能分析

确定雷达究竟能“看”多远，即判断能够有效探测目标的最大距离是多少，是雷达研制者和用户最关心的问题，通常这一问题可以借助雷达距离方程来分析。

如果雷达工作在理想环境下，即没有干扰、杂波和噪声，那么只要目标在雷达视线距离范围内，不管目标多小，距离多远，雷达一旦接收到目标回波信号，就能看到这个目标。这时雷达的最大探测距离只受视线距离的限制。但实际上，雷达工作的环境充满了各种干扰、杂波和噪声。雷达距离方程为突出问题的本质，通常不去讨论干扰和杂波的影响，重点考虑有电噪声情况下的雷达距离性能，即假设雷达工作在“良好”的环境下。此时，雷达是否能探测到目标，主要取决于目标回波与背景噪声能量之比，即信噪比。

1. 背景噪声

雷达中的背景噪声通常指的是电噪声，即具有随机幅度和随机频率的电能量。雷达的背景噪声分为接收机内部噪声和外部噪声两类。

内部噪声是指接收机内部产生的电噪声，主要来源于接收机的输入级，这并不是因为输入级比其他各级会产生更多的噪声，而是因为接收机的增益放大掩盖了其他各级所产生的噪声。

外部噪声主要为大地、大气和太阳辐射的无线电波。虽然这些辐射极其微弱，但仍可能被灵敏度很高的雷达接收机所接收。地面辐射的强度不仅取决于地面温度，而且与地面的损耗或吸收有关。由于水是良导体，而陆地不是，因此如果水面与陆地的温度相同，则水面辐射的噪声要少些。大气噪声既取决于大气的温度和衰减影响，也与雷达波束照射的大气密度和雷达工作频率有关。此外，太阳噪声会随太阳状态和雷达频率变化。当外部噪声不可忽略时，外部噪声和接收机内部噪声的总和可以用一个等效的系统噪声温度来描述。

2. 目标回波能量

当雷达波束照射到目标时，雷达能接收到多少目标能量取决于四个基本因素：雷达向目标方向辐射的无线电波的平均功率、被目标截获并向雷达方向散射的功率、被雷达天线捕获的目标功率，以及天线波束照射目标的时间。

根据雷达距离方程

$$P_{\mathrm{r}}=\frac{P_{\mathrm{t}}G_{\mathrm{t}}\sigma}{(4\pi R^{2})^{2}}\cdot A_{\mathrm{e}}$$

接收天线获得的总的后向散射功率 P_{r} 与雷达天线的有效孔径面积 A_{e}、天线增益 G_{t}、雷达截面积（radar cross section，RCS）σ、平均辐射功率 P_{t} 成正比，与目标到雷达的距离 R 的四次方成反比。

这里的后向散射是指目标接收雷达照射后，有一部分入射能量被再次辐射向雷达。面积为 σ 的目标能够将这些能量无方向性地再次辐射出去，σ 即为目标的雷达截面积，单位是分贝 · 米^2。

• 名词解释

- 雷达截面积 -

雷达截面积反映了目标在雷达接收方向上反射雷达信号的能力，它不等于目标的物理截面积，而是将目标受到的照射功率密度和接收机收到的反射功率密度相联系的一个等效面积，与目标几何截面积、反射率和方向性有关。

目标雷达截面积取决于目标结构（形状和材料）、雷达工作频率、雷达极化方式和雷达观测角。通常情况下，平面目标具有较强的镜反射回波，通过赋形、涂覆雷达吸波材料和采用非金属材料等隐身技术，可以大大降低目标雷达截面积。隐身飞机就是根据这个原理进行隐身设计的。

简单金属形状的雷达截面积可以通过公式估算，但对于像飞机这样非常复杂的目标，其表面与雷达截面积之间没有固定的关系，它会随照射雷达的方向而发生显著变化。如图 4 – 10 所示，复杂目标存在边缘绕射、爬行波绕射和行波绕射等散射情况。目标雷达截面积除与目标类型、雷达工作频率和观测角（飞行姿态）密切相关外，还与目标的起伏特性、雷达极化方式、隐

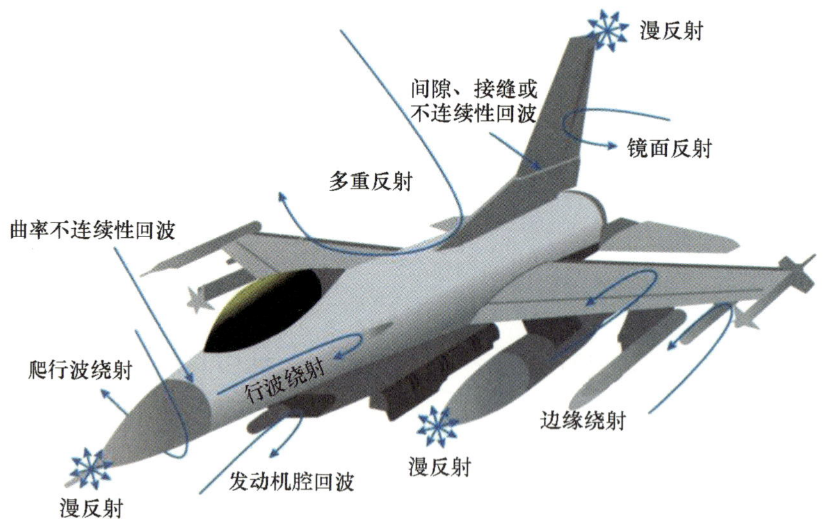

图 4 – 10　复杂目标的散射情况

身技术等相关。

目标雷达截面积可通过实验测量或计算机建模得到，但需要目标的详细信息，并且需要根据雷达工作频率和雷达观测角生成大量数据。表4－4给出了几种常见目标雷达截面积典型值。虽然这些数值不能完全反映复杂目标的雷达截面积，但也能从一定程度上反映雷达截面积的统计平均值。

表4－4 常见目标雷达截面积典型值

目标	RCS典型值/（dB·m^2）
小型单引擎飞机	0
小型战斗机或4座喷气式飞机	3
大型战斗机	8
中型喷气式客机	13
大型喷气式飞机	16
小型敞舱船	－17
小型游挺	3
观光游艇	10
零擦地角情况下的大型船只	40
小汽车	20
轻型货车	23
自行车	3
人	0
鸟	－20

3. 检测过程

雷达作用距离还与雷达对目标的检测有关，即雷达需要在噪声背景下将目标信号鉴别或筛选出来。脉冲雷达通常使用相参处理自动检测目标，当天线波束每次扫过目标时，雷达会接收到一串回波脉冲，雷达信号处理机把包含这个脉冲串的能量累积起来。相参，意味着不同脉冲之间信号的相位是相同的，相互叠加后能量会逐渐增加；同时，不同脉冲之间噪声是随机的，相位不同，叠加之后噪声能量不易积累。因此，随着积累脉冲数目的增加，信号强度随之增加，但噪声平均强度变化不大。当积累后的信号加噪声超过某一设定的门限时，检波器就会将其检测出来，判定有目标。这种雷达信号处理技术称为相参积累。

门限的设置直接影响到雷达探测距离。一般设置门限时尽可能保持检测器的虚警率为最佳值。虚警率就是指实际没有目标时，检测器谎报目标的概率。如果虚警率太高，就应提高门限，但是门限太高时容易发生漏警；如果虚警率太低，就应降低门限。在实际中，一般会保持一定的虚警率，尽量不漏警。因此，自动检测器也称为恒虚警率（constant false alarm rate，CFAR）检测器。

在相参积累中，一定积累时间内脉冲信号是相参的，这些脉冲通过滤波器时会有效叠加。每个积累周期结束时，积累的信号幅度接近各个脉冲的幅度之和。噪声是非相参的，所以在这个积累时间内，噪声的幅度围绕着平均值随机变化，噪声能量无法积累起来。所以，随着积累时间的增加，信噪比得到显著改善。信噪比改善越大，就越能检测出微弱的目标回波信号，因而探测距离就越远。

就平均而言，信号超过检测门限的最小能量是检测门限与噪声平均能量之差。该差值通常用最小可检测信号能量 S_{min} 表示，如图 4－11 所示。根据雷达方程，联合雷达平均发射功率 P_{av}、接收天线总的后向散射功率 G、相干积累时间 t_{int} 以及最小可检测信号能量 S_{min} 等因素，可以获得雷达最大探测距离的估计

$$R_{max} \cong \sqrt[4]{\frac{P_{av} G \sigma A_e t_{int}}{(4\pi)^2 S_{min}}}$$

通过上述分析，可以得到一些有益的启迪。其一，提高平均功率，可以增大雷达作用距离，但成倍提高平均功率，并不能得到成倍增大作用距离的

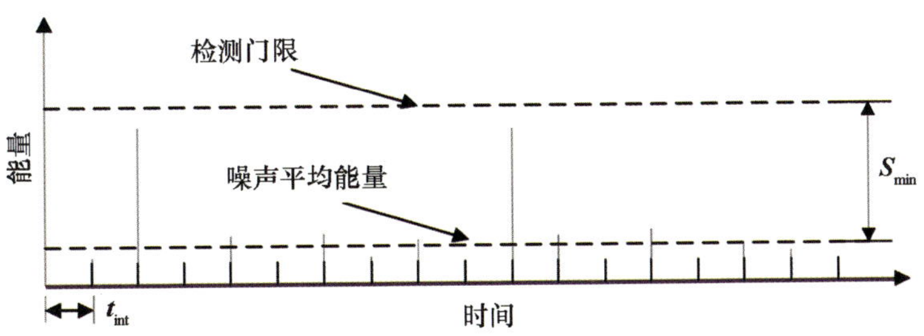

图4－11　检测门限与噪声平均能量

效果。例如，将发射功率增加3倍，探测距离仅增加约30%。其二，减小噪声能量与提高雷达发射功率具有同样的意义。例如，将噪声减少50%时，探测距离的增加量与将发射功率加倍时的效果相同。其三，如果增加目标被照射时间，只要目标回波可被相参积累，就可以达到与增加发射功率相同的效果。其四，目标尺寸也会影响雷达探测距离。其五，如果一个目标的雷达截面积为另一个目标的4倍，则在其他条件不变的情况下，探测距离约为另一个目标的1.4倍。因此，不能单纯地靠改变某一个因素来提高雷达探测距离，而必须综合考虑和折中处理。

4.2　超宽带雷达技术

4.2.1　基本概念

1. 超宽带雷达的概念

信号的时域与频域分析是雷达信号处理常用的手段。本质上是从不同的数据域（时域、频域）观察同一个信号，因此，不论从时域还是频域观察，信号的能量都是相同的。对于脉冲体制雷达发射的简单矩形脉冲而言，脉冲宽度 τ 越窄，距离分辨率越高，分辨能力越好，对应的信号带宽越大。

但如果脉冲宽度越宽，信号的能量和雷达的输出平均功率将越高。在雷达系统中，通常规定发射机送至天线输入端的功率为发射机的输出功率。这里实际包含两个概念：一个是峰值功率，指脉冲期间射频振荡的功率 P_t。峰值功率通常与雷达系统的硬件器件有关，工作频率确定后，这个功率值的上限也确定了。另一个是平均辐射功率或者平均功率 P_{av}，指脉冲重复周期内雷达输出功率的平均值。

对于脉冲体制雷达发射的简单矩形脉冲列来说

$$P_{av} = P_t \tau T_m$$

如果雷达系统的脉冲重复频率或者脉冲重复周期 T_m 确定，那么雷达的脉冲宽度 τ 越大，雷达发射的平均功率 P_{av} 就越大，即

$$W = P_{av} T$$

因此，在相同的发射时间 T 下，平均功率越大，雷达发射能量 W 越大。平均功率 P_{av} 是决定雷达潜在探测距离的一个关键因素，直接影响雷达的威力和抗干扰能力。

在实际中，通常既希望雷达的距离分辨率高，又希望雷达的信号能量大，输出功率高。所以这里就存在一个矛盾，对于脉冲体制的雷达系统，要能看得清，就需要脉冲宽度较窄，要能看得远，又需要脉冲宽度较宽，这就无法同时获得很高的时域或者频域测量精度。

幸运的是，通过观察距离分辨率的频域表达可以发现，如果距离分辨率要高，则窄脉冲的要求可以理解为信号的大带宽，即信号的带宽要宽。因此上述矛盾就可以化解为希望雷达信号的时宽带宽积较大。在发射功率一定的情况下，通过发射大带宽的雷达信号，可以提高雷达探测的距离分辨率。

信号带宽通常是设计雷达系统的信号源时考虑的。它受器件的影响，有设计的上限。信号的带宽能达到的上限主要取决于雷达的工作频率。对任何一个频率来说，带宽增加会存在一个平衡点，超出这一点后，硬件就变得难以设计和制造，费用也变得非常高昂。对于常规雷达，这一点处在工作频率的 3% ~10% 的某个频率上。超过这个宽度的雷达，就属于宽带或者超宽带雷达。

1990 年 3 月，在美国新墨西哥州的洛斯阿拉莫斯国家实验室召开了超宽带雷达会议。会上提出了“超宽带（ultra wide band，UWB）雷达”的概念：把相对带宽（fractional band width，FBW）大于 25% 的雷达称为超宽带雷达。2002 年 2 月，美国联邦通信委员会批准超宽带技术进入民用领域。为了促进并规范超宽带技术发展，美国联邦通信委员会发布了超宽带无线设备的初步规定，并将超宽带定义为信号在 -10 分贝处的绝对带宽大于 500 兆赫兹或相对带宽大于 20%，即

$$f_H - f_L \geqslant 500\ \text{MHz} \quad 或 \quad \frac{2(f_H - f_L)}{f_H + f_L} > 20\%$$

其中，f_H、f_L 分别为功率较峰值功率下降 10 分贝时对应的高端频率和低端频率，而不是通常所定义的 3 分贝带宽。信号功率谱密度函数如图 4-12 所示。

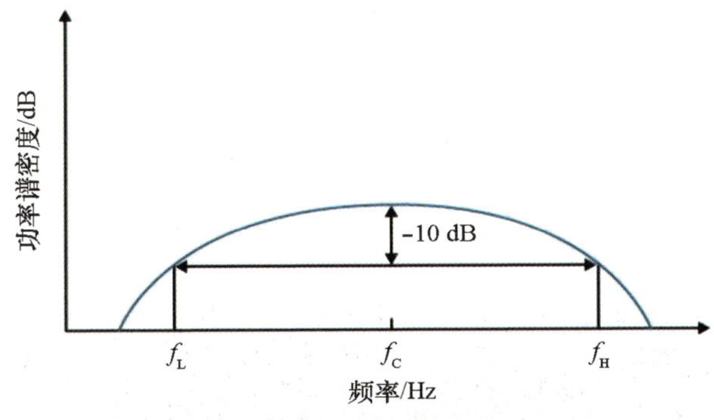

图 4-12 功率谱密度函数

典型的超宽带雷达可以是单个脉冲的冲激信号雷达，也可以是采用调制的雷达，如线性调频信号雷达。只要雷达的发射信号符合超宽带的定义，就都可以称为超宽带雷达。

2. 超宽带雷达的优点

随着研究工作的逐步深入，人们很快就发现，除极高的距离分辨率使得该类雷达可分辨目标上的微小结构外，其获取目标和环境信息的能力也将大幅度扩展，同时雷达能获取目标瑞利区、谐振区及光学区散射特性，进而使

提取目标和环境更为丰富的电磁波谱信息成为可能。

超宽带雷达是雷达技术领域的一个革命性发展，与常规窄带雷达系统相比，超宽带雷达具有高距离分辨率、良好的目标识别能力和抗干扰能力，低频系统还具有良好的穿透能力、一定的反隐身能力。

如图 4－13 所示，雷达采用超宽带信号后，距离分辨率可大大提高，目标接收到的不再是点回波，而是沿距离向分布的一维距离像。由于目标的雷达回波与目标本身的形状、结构和材料构成有关，是目标的固有属性，因此利用这种高分辨率的一维距离像，可以有效进行目标的识别。

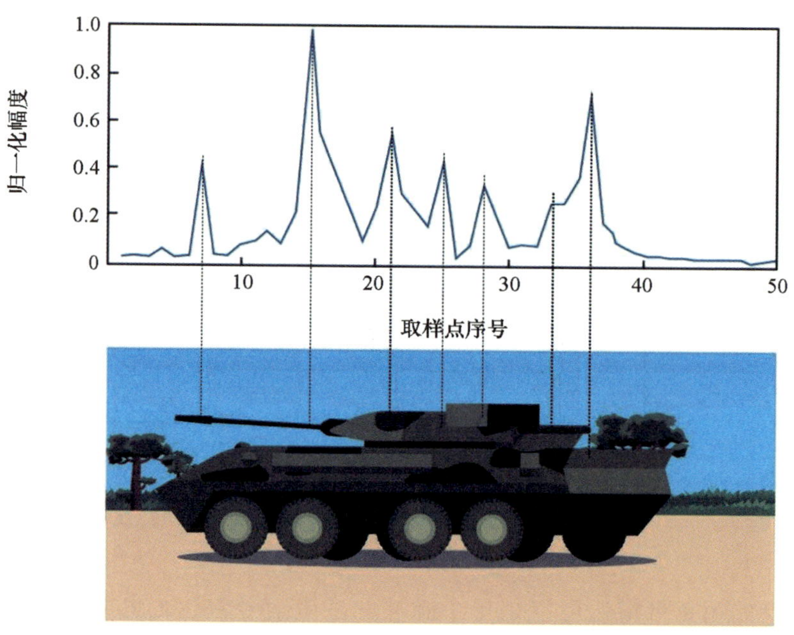

图 4－13　超宽带雷达下目标回波的散射特性

4.2.2　基本原理

1. 冲激脉冲超宽带雷达

冲激脉冲雷达，是一种发射无载频纳秒级脉冲的超宽带雷达，是一种典型的瞬态雷达。它发射类似简单脉冲的信号，只是这个信号的脉宽非常窄，一般在 10^{-9}秒（即1纳秒）量级。对于1纳秒的脉冲宽度，其距离分辨率可达到0.15米。

这种极短脉冲不易受电磁干扰和假目标的欺骗，具备很高的距离分辨率。在常规窄带雷达中的“点”目标，对冲激脉冲雷达来说，已成为“体”目标。冲激脉冲超宽带雷达的目标响应通常可分为后时响应与前时响应，分别蕴含着目标的极点特征和散射中心特征，二者均可用于识别目标。

· 知识延伸

– 极点特征与散射中心特征 –

目标极点特征是迄今为止所发现的唯一与入射波形、极化、姿态无关的目标本征特征量。与极点特征不同，目标散射中心特征与目标的姿态角有关，同一目标在不同姿态角下可供观测的散射中心特征往往变化很大，能够刻画目标的细节信息。对于常见的军事目标，散射中心特征比极点特征更易提取。

2. 非冲激脉冲超宽带雷达

非冲激脉冲的超宽带雷达采用一些常用的雷达信号，如线性调频、伪随机编码、频率步进信号等。在雷达接收机中，对线性调频信号处理主要采用脉冲压缩技术，即将较宽的线性调频信号压缩成一个窄脉冲，满足信号距离分辨率的要求。

采用脉冲压缩技术时，雷达会让接收的线性调频回波信号通过一个匹配滤波器。匹配滤波器与发射信号频率的变化特性刚好相反，如图4－14所示。线性调频信号经过匹配滤波器时，低频分量通过时间长，高频分量通过时间短。所有频率分量的信号通过滤波器后，在同一个时刻输出，即在时间上被压缩了。此时信号能量集中，脉冲宽度比其输入时窄了许多，信号幅度比其输入时大了许多，实现脉冲压缩，如图4－15所示。

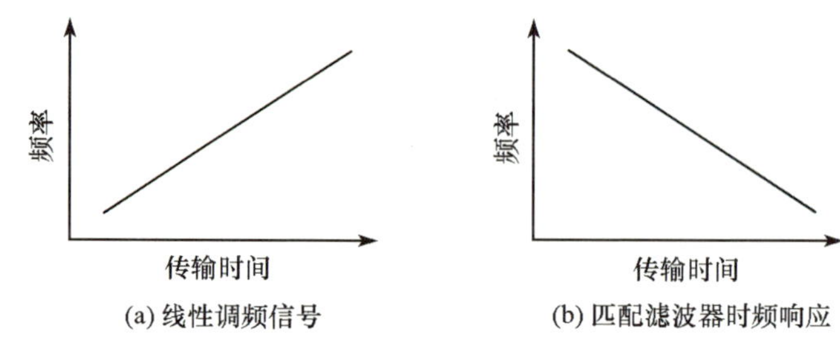

图 4－14　与发射信号频率的变化特性相反的匹配滤波器

图 4－15　脉冲压缩

为了理解脉冲压缩过程，线性递增的 LFM 回波信号可以看成由许多等时间长度的片段组成，各个片段的频率是递增的。如图 4－16 所示，第一个片段的频率最低，其通过滤波器所花费时间最长，第二个片段所花费时间比第一个片段略短，第三个片段所花费时间比第二个略短，依次类推。于是，在

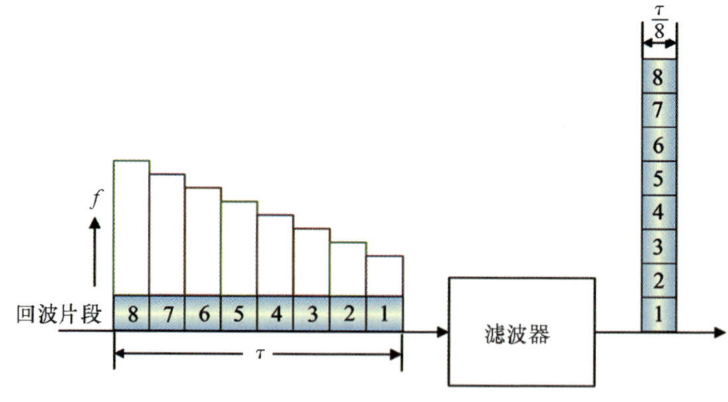

图 4－16　脉冲压缩概念演示

通过滤波器时，第二段赶上第一段，第三段赶上第二段，依次类推。滤波器输出时，各个片段垒叠在一起，脉冲宽度减小，幅度增加。

图4－17进一步说明了怎样通过脉冲压缩将两个在空间距离上靠得很近的目标分开。A和B代表两个目标回波脉冲，因为间距小，在脉冲压缩之前回波A和B在时域上是混叠的，两个目标的回波无法分开。通过脉冲压缩，每个目标回波的脉冲宽度被压窄了，回波A和B被区分开，从而可判断出两个目标。

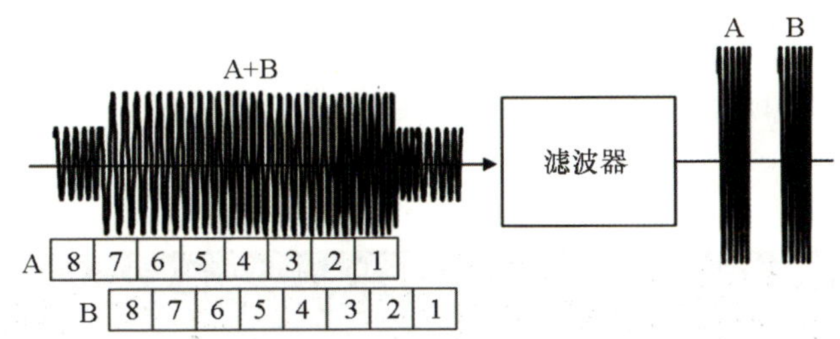

图4－17　脉冲压缩的本质

除脉冲压缩/匹配滤波技术外，还可以通过去斜获得线性调频信号的高距离分辨率。去斜时采用与发射信号相同的线性调频信号作为本振信号，将接收的回波信号与本振信号在混频器中混频，混频后输出的差频信号为单一频率的正弦信号。这一正弦信号的频率本质上体现了目标的时延，经过傅里叶变换后可获得目标的一维距离向。

4.2.3　应用范围

由前面提到的超宽带雷达的优越性可推知，超宽带雷达在军事方面有着良好的应用前景，主要有以下四个方面的重要应用。

1. 探测隐身飞机

从目前服役的隐身飞机性能来看，如果探测雷达使用的频率超过隐身目标使用的频率范围，雷达探测能力就会得到显著增强，从而有效应对目标的隐身性能。超宽带雷达的信号带宽比隐身飞机覆盖的吸波材料的频带大得多，虽然入射脉冲的能量有较大衰减，但吸收频带外的分量仍然占主导地位，能获取的目标信息相对来说也更丰富。

超宽带雷达还可用于反隐身，如由一个发射站和多个接收站构成双/多基地雷达、利用网络把各独立雷达站组合起来的组网雷达等，通过超宽带信号可充分发挥雷达体制的反隐身优势。

2. 探测森林中的隐藏目标

图 4 – 18 为采用机载超宽带合成孔径雷达对隐蔽于叶簇底下的卡车进行目标探测的试验结果。结果显示该雷达能够探测到被树木所遮蔽的卡车，达到了 1 米的方位和距离分辨率。此外，超宽带合成孔径雷达还可以用于地面地雷的探测。

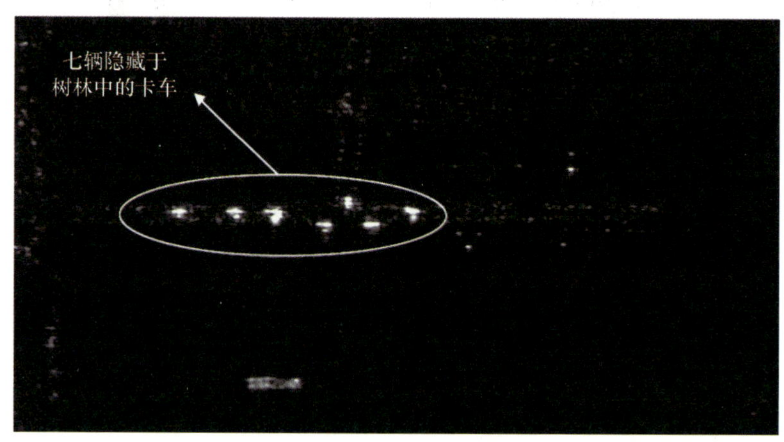

图 4 – 18　机载超宽带合成孔径雷达叶簇穿透成像结果

3. 目标识别

目标的几何形状和材料决定了目标的超宽带雷达信号特性。因为不同目标有不同的形状和材料，所以可以根据被测量到的超宽带雷达信号特性来识别目标。

超宽带雷达分辨率高，可小于目标尺寸的十分之一。高空间分辨率和宽频谱的结合为目标识别提供了雷达回波的两个特征。不同于雷达窄带产生的集中回波，从目标散射中心返回的超宽带雷达回波是一系列回波，这些回波携带了不同角度的信息。超宽带雷达不仅可以形成一维距离像，还可通过逆合成孔径处理进行目标成像，所成的像具有足够多的细节，可用于区分不同类型的目标。

4. 抗反辐射导弹能力

反辐射导弹是利用雷达信号的到达角度、到达时间及载波频率等参数来对雷达信号做出测向、识别的。超宽带雷达信号呈现低截获概率特性，反辐射导弹难以对其进行截获，很难进行有效的寻的制导。

4.3 相控阵雷达技术

4.3.1 基本概念

1. 相控阵雷达的概念

相控阵雷达（phase array radar，PAR）是指通过控制阵列天线中各个天线单元的相位，得到所需的天线方向图和波束指向的电扫描雷达，即使用相控阵天线的雷达。相控阵的天线是由大量相同的辐射单元组成的雷达面阵，如图4－19（a）所示。天线单元就好比昆虫复眼的视觉单元，如图4－19（b）所示，每个天线单元就像昆虫的复眼一样可以将能量辐射出去、接收目标回波，多个天线单元在空间进行功率合成，形成需要的波束指向。其快速而精确转换波束的能力可以使雷达能够在几分钟内就完成全空域的扫描，赋予了雷达更强的性能和更多的功能。

相控阵雷达综合了天线阵列、微电子、信号及数据处理等多种技术，已发展为一种具有多功能、多目标、远距离、高数据率、高可靠性和高自适应能力的雷达，可同时完成预警、跟踪、火控、制导等多种任务，已成功应用于地面防空、舰船防御、导弹制导、炮位侦察、机载火控、靶场测量、预警探测等领域，是现代作战体系依赖的重要装备。

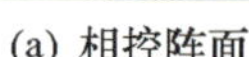

(a) 相控阵面

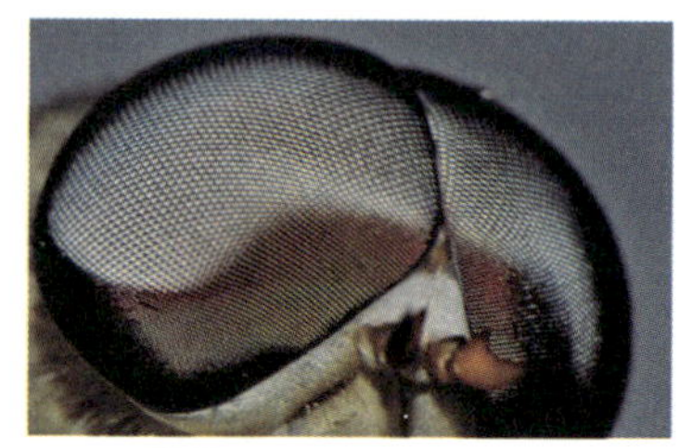

(b) 昆虫复眼

图 4-19 相控阵面和昆虫的复眼

· 人物介绍

-我国第一部相控阵雷达的主持者-

我国第一部相控阵雷达为20世纪六七十年代研制的7010大型地面远程预警相控阵雷达。1979年，7010凭借收集到的信息精准预报美国绕地航天站“天空”实验室的坠落，这一信息与美国的雷达系统预测只差了5分钟；1983年预报了苏联核动力卫星残骸的坠落点，一度引起国际社会的广泛关注。这部雷达的研制由张光义院士、贲德院士等雷达专家率队完成，它的成功研制标志着中国雷达技术达到一个新水平。

张光义，中国工程院院士，雷达专家。1962年，张光义毕业于苏联莫斯科动力学院，毕业后担任中国电子科技集团公司第十四研究所所长，2001年，担任十四所科技委员会主任。20世纪60年代，作为主要技术负责人之一，研制我国第一部电扫描三坐标雷达；从60年代中期起，从事相控阵雷达的研制工作，积累了宝贵的相控阵雷达工程经验，有较深的理论造诣。他曾负责我国第一部大型相控阵预警雷达的总体设计，参加多项国家重点工程研制工作，解决多项关键技术难题。1994年，获电子工业部科技进步奖特等奖，1995年，获国家科学技术进步奖二等奖。出版专著《相控阵雷达系统》《空间探测相控阵雷达》，发表多篇相控阵雷达论文。1997 年，张光义当选为中国工程院院士。

贲德，中国工程院院士，雷达专家。1962 年，贲德毕业于哈尔滨工业大学。曾任中国电子科技集团公司第十四研究所副所长。20 世纪 60 年代中期，开始从事相控阵雷达课题研究。70 年代初，作为主要技术负责人之一，承担了我国第一部大型相控阵雷达 7010 的研制任务，参加了方案论证、工程设计、组织生产、安装调试全过程，出色地完成了任务，为突破相控阵体制，掌握相控阵技术做出了突出贡献。80 年代初，贲德担任机载脉冲多普勒火控雷达的总设计师。在其带领下，经过艰苦的探索，我国突破了脉冲多普勒雷达的关键技术，解决了雷达在地面试验和飞行试验中出现的多种技术上和工程上的难题。1989 年，贲德帮助样机试飞成功，一举填补了中国在该领域的空白，这部机载雷达被誉为“争气雷达”。贲德先后获得电子工业部科技成果特等奖两次，国家科学技术进步奖一等奖一次，并荣获光华基金特等奖和南京市第二届十大科技之星称号。2001 年，贲德当选为中国工程院院士。

2. 相控阵雷达的优点

传统的机械雷达利用整个天线系统或某一部分的机械运动来使天线波束扫过一定的空域、地面或海面，实现对监视区域的目标搜索，但其天线惯性大、转动缓慢、功能单一、机械误差大。由于相控阵雷达具有多阵元和电扫描结构，所以具有常规机械扫描雷达所没有的优点。

其一，相控阵雷达的天线阵由众多阵元组成，即使其中一个或几个阵元不能发射或接收，也无碍于雷达整体性能，具有较高的可靠性。典型的有源相控阵雷达去掉了整个天线驱动系统，个别部件发生故障时，仍保持较高的可靠性，平均无故障时间为 10 万小时；而机械扫描雷达天线的平均无故障时间小于 1 000 小时。

其二，采用数控移相器的相控阵雷达，一般可在几个微秒内实现雷达波束形成和波束位置转换，其快速扫描能力缩短了雷达对目标信号检测、录取、信息传递等所需的时间，具有较快的反应速度。

其三，相控阵雷达利用电子扫描的灵活性、快速性能同时形成多个独立控制的波束，搜索、探测和跟踪不同方向和不同高度的多批目标，适用于多目标、多方向、多层次空袭的作战环境。例如，同时制导多枚导弹攻击多个空中目标，实现探测、识别、引导、制导、战果评估等多种功能。

其四，相控阵雷达抗干扰能力强，探测性能好。利用多个辐射单元能合成非常高的输出功率，易于控制主瓣增益，实现自适应旁瓣抑制和自适应的干扰对消，有利于发现远离目标和小雷达反射面目标，如隐身飞机，还可提高抗反辐射导弹的能力。

4.3.2 基本原理

1. 相控阵雷达的波束形成

相控阵雷达的命名来自天线阵列。相控阵雷达天线的辐射单元可以是偶极子、开口波导、波导上的裂缝或其他类型的天线。所有辐射单元排列在一条直线上称为线阵，如果阵元间距相同，就称为均匀线阵，如图 4－20 所示；所有辐射单元排列在一个面上称为面阵；排列在空间中则称为立体阵，例如，球面上的共形阵列天线各个辐射单元分布于球面，是一个典型的立体阵。

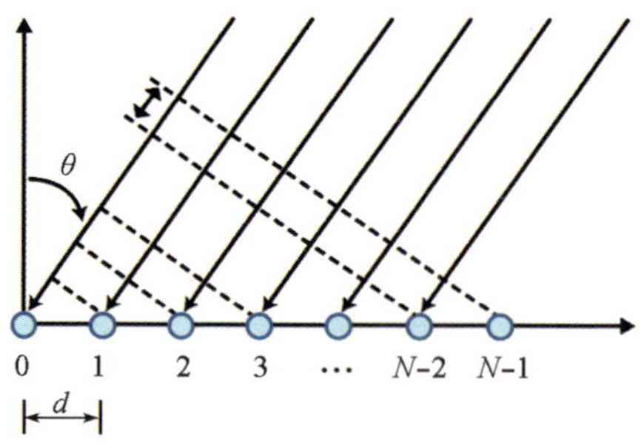

图 4－20　均匀线阵

与机械扫描雷达通过转动进行波束照射不同，相控阵雷达利用移相器控制天线阵列中的每个单元，通过快速改变相移来实现波束扫描。这一扫描方式称为“电扫”，这种形成指定方向波束的技术称为波束形成。在典型的相控阵天线中，每一个天线的辐射阵元都与一个射频收发模块及移相器相连。阵元通过移相器得到加权调整，最终合成波束方向图。波束方向图体现了阵列在不同方向上的天线增益，增益最大的地方即合成的波束指向。

如图4－21所示，波束方向图中展现了八元均匀线阵的归一化阵列增益。此时方向图在0°方向上有比较高的增益，即阵列波束方向对准了0°。调整移相器的加权值，可以让波束指向不同的方向。方向图增益最高的部分形成了一个主瓣，这个主瓣的宽度与天线能区分的角度有关，即对应角分辨率。主瓣宽度越窄，雷达能区分的角度就越小，角分辨率就越高。通常这一宽度与雷达工作波长成正比，与阵列天线有效孔径的尺寸成反比。

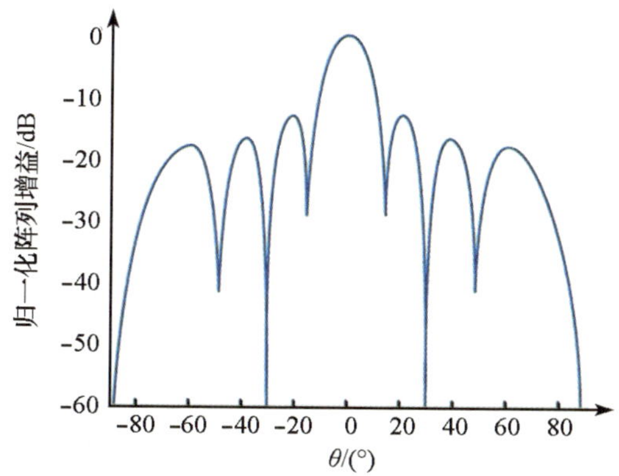

图4－21 波束方向图

图4－21中，波束方向图在某些角度附近还有比较深的凹口，将这些凹口对准干扰方向，就可以实现该方向上的干扰抑制。相控阵雷达的波束形成就是通过设计阵列每个阵元的复数加权值，对目标信号方向进行增强，对干扰方向进行抑制，以达到方向图主瓣对准期望信号、零陷对准干扰的效果，从而提高系统性能。

波束形成技术的运用通常要结合对空间中可能的来波方向进行估计，会应用到达方向估计（direction of arrival，DOA）技术。这种估计技术通常需要克服常规瑞利限带来的角分辨限制，让有限的阵元数目实现高分辨的角度估计，是一种超分辨谱估计技术。

2. **发射/接收组件**

相控阵雷达的天线阵面有成百上千个体积非常小的发射/接收（T/R）组件。这些组件分布在一个大的天线口径平面上，就像是钢琴的键盘。相控阵雷达通过各种组合实现对目标的搜索、跟踪、识别或者对敌电子干扰。

T/R 组件是构建有源相控阵雷达的基础，具有功率放大、移相、幅度调整、低噪声放大等功能。在构建有源相控阵雷达时，重点和难点在于必须做出体积非常小、质量非常轻、具有一定发射功率电平和足够低接收机噪声系数的 T/R 组件。

单一高功率发射机的雷达和配置 T/R 组件的有源相控阵雷达，就像是一匹马来拉车和成千只老鼠来拉车。T/R 组件类似老鼠拉车，虽然一只老鼠的力气很小，但一群老鼠却能形成很大的合力，关键问题是要使它们都朝同一方向走。在有源相控阵中，这意味着要使 T/R 组件保持同相。需要注意的是，T/R 组件间轻微的温度差会影响每次发射的信号相位，如果对此不加以补偿，就会出现明显的波束指向精度损失和信号失真，导致距离和方位数据精度差。此外，频率改变也会产生相移，雷达的频带愈宽，问题愈严重。

T/R 模块成本约占整个有源相控阵雷达成本的 50% 以上，因此降低 T/R 模块的成本是有源相控阵雷达工程化的关键。T/R 组件形式多样，但基本结构相同。T/R 组件的发射通道主要由数控移相器、数控衰减器、功率放大器等单片微波集成电路（monolithic microwave integrated circuit，MMIC）芯片组成。MMIC 是组成 T/R 模块的核心，具有体积小、质量轻、成本低、可靠性高、一致性好等优点，但成品率较低，其技术水平与微电子技术水平直接相关。

微波 T/R 组件的小型化取决于两大关键技术：一是成熟的固态 MMIC 技

术，二是组装多个 MMIC 的微波毫米波多芯片组件封装技术。改进 T/R 组件通常会结合相控阵天线的微电子机械系统（micro-electro mechanical system，MEMS）、射频光电子技术等，以提升相控阵雷达的性能、减小尺寸和降低成本。MEMS 在相控阵雷达中的应用有多种，例如，用 MEMS 实现移相器的相移功能、实现宽带相控阵雷达要求的实时延迟线（true time delay，TTD）或时间延迟单元（time delay unit，TDU），或用于低损微带传输线、微机电天线和相控阵可重构天线等。

这些 T/R 组件技术进一步促进了相控阵雷达接收机技术的发展，催生了数字化接收技术、软件无线电技术、超宽带技术、超导技术、一体化技术等多种新兴的关键技术，使得相控阵雷达充分具备了宽频带、低噪声、大动态和高稳定性等显著优势。

• 知识延伸

– 单片微波集成电路 MMIC 的发展 –

1980 年以后，美国军方开始研发从 L 波段到 X 波段的 MMIC，相继推出 WBGS – RF、ABCS、SMART、ISIS – CTD 和 SWIFT 等诸多计划。据估计，与世界其他国家相比较，美国在 MMIC 技术方面大约领先 5 ~ 7 年。推动 MMIC 技术的关键因素为基础物理及集成电路的发展，包括：砷化镓、磷化铟和氮化镓等一代又一代半导体材料的应用与开发；光学光刻、远紫外光刻和电子束光刻等光刻技术对微细加工技术的促进；砷化镓 MESFET、HEMT 和 HBT 技术提供的高性能的有源器件；表征有源器件和无源器件的模型以及微波电路 CAD 的开发；先进封装技术和在片测试等支撑技术的应用等。

传统模拟 T/R 组件内含 6 ~ 8 颗砷化镓 MMIC 和 1 ~ 2 颗 CMOS 芯片，体积和功耗都较大。随着 T/R 组件工作频率的升高和单通道输出功率的增大，离散的元器件不能满足系统的使用需求。为了进一步降低功耗和减小体积，T/R 组件芯片化成为发展主流，其中，瓦片式封装是 T/R 组件未来发展趋势之一。

随着第三代半导体材料关键技术的不断突破，以硅锗、氮化镓和碳化硅等新材料为基底的技术在 T/R 组件中得到了越来越多的应用。目前氮化镓功率 MMIC 的研究主要集中在 X 波段、毫米波及宽带等热门应用上。此外，采用宽禁带氮化镓和碳化硅 MMIC 芯片可使 T/R 组件的功率增加 1 个量级，有利于提高有源相控阵雷达的性能。

3. 相控阵雷达的资源调度

相控阵雷达天线波束扫描的快速与灵活性，使相控阵雷达具有灵活强大的资源调度能力。通过对传感器的分配调用，能够实现不同工作模式的切换和调用，使相控阵雷达能够同时工作于多种模式，合理安排雷达的时间、能量等资源。

基本的资源调度与雷达的边搜索边跟踪（track while scan，TWS）和搜索加跟踪（track and search，TAS）的工作模式有关。在边搜索边跟踪工作模式下，搜索功能占主导地位，占用大量雷达资源。相控阵雷达的搜索是多波束同时搜索，可以使用分区搜索和重点区域搜索、同时远区和近区搜索等策略。雷达通过对搜索信息进行处理，实现目标跟踪。因此，在该模式下，雷达可提供的跟踪数据精度较低，通常无法满足火控状态下的数据精度。机载相控阵雷达的边搜索边跟踪工作模式通常用于搜索指定空域，找到目标后，将切换到其他工作模式继续跟踪目标。

搜索加跟踪是相控阵雷达最重要、最复杂的工作模式。机载相控阵雷达在边搜索边跟踪模式下发现目标后，一方面要对该目标进行截获和跟踪，另一方面还要维持对指定空域的搜索。为了节省发射功率，降低通道数目的使用，搜索数据率应尽可能放宽，允许较大的搜索间隔。为了保证跟踪的可靠性和准确性，实现多目标跟踪的相关要求，跟踪间隔应该较小，即跟踪数据率要适当提高。

为了实现搜索加跟踪模式，相控阵雷达将跟踪任务插在搜索任务内，两种工作状态交替进行、互不影响。对目标的跟踪可以按照事先设置的数据率进行，而不必等到下一帧搜索开始。这种跟踪模式使得相控阵雷达可同时完成高数据率的跟踪和低数据率的搜索，具有很强的灵活性。

例如，在搜索时间内，雷达采用多种类型的信号样式对指定空域进行搜索；在跟踪时间内，采用多种信号波形对多个目标进行跟踪，每一种波形的脉冲宽度与重复间隔均可以不相同。通过这种灵活的波束控制方式，相控阵雷达可以跟踪和处理空域中的多批目标，为不同的跟踪状态分配不同的跟踪采样间隔和跟踪波束驻留时间，也可以根据跟踪状态改变信号波形，形成一系列复杂的雷达脉冲序列，对抗侦察设备。

4.3.3 应用范围

随着微电子技术、光电子技术、计算机和信号处理技术的发展及批量生产工艺的成熟和成本的降低，相控阵雷达技术的发展及推广使用将更为广泛。因此，相控阵雷达具有较强的“四抗”潜力，即抗电子干扰、抗反辐射导弹、抗隐身目标和抗低空突防潜力。相控阵雷达技术的发展必将使现代雷达在以下几方面得到广泛应用。

1. 实现雷达的低可截获和隐身目标探测

雷达有良好的低可截获性能意味着雷达要具有较好的抗干扰和抗反辐射导弹的能力，能够对抗敌方的电磁侦察。相控阵雷达在这方面具有较大潜力。相控阵雷达天线波束扫描不规则、不连续，通过对雷达能量和时间的合理调度，可以保证雷达在不降低探测威力的情况下，大部分时间处于低峰值功率工作状态，大大降低了敌方截获和识别雷达信号的概率。

相控阵雷达探测反隐身目标时能够采用相对单天线雷达较大的雷达天线孔径和发射机平均功率，馈线系统的损耗有一定降低，功率在空间能够得到合理分配，大幅增加了雷达辐射信号的有效功率。结合低频段、多站等特殊体制，相控阵雷达在探测隐身目标方面有着不俗的表现。

2. 实现探测和武器控制一体化

相控阵雷达的反应时间短、数据率高，其多功能特性不仅适用于对多目标、多方向、多层次空袭作战环境的探测，也适用于对各种高技术武器系统的制导和控制。各主要发达国家中的战术三坐标雷达，即防空系统中目标指示与导弹制导的三坐标雷达、炮位侦察雷达、舰载三坐标雷达均已普遍采用相控阵技术。例如，美国的防空导弹“爱国者”的目标指示与制导雷达AN/MPQ－53和炮位侦察雷达 AN/TPQ－37，在海湾战争中显示了很大的优越性。雷达探测与武器控制的一体化，大大提高了防空系统的实时性和有效性，也为雷达对抗反辐射导弹提供了硬防御途径。

3. 实现探测和电子对抗一体化

电子战是现代战争的重要组成部分，雷达若缺乏电子对抗手段，就不能发挥其应有的作用。相控阵雷达不仅可以采用常规的反电子干扰措施，还可以利用雷达的能量、时间管理和自适应波束形成等技术抑制干扰与杂波。例如，“笔”形窄波束探测有利于对电子干扰进行无源定位和跟踪，集中波束能量的“烧穿”工作方式可以对威胁目标实施电子干扰；结合超宽带 T/R 组件，可以在雷达探测的同时，完成电子侦察、电子干扰等多种功能，大大提高了雷达的电子对抗能力。目前，相控阵雷达的一个重要发展趋势是采用固态有源相控阵技术和数字波束形成（digital beamforming，DBF）技术，以获得更强的多波束自适应控制能力，使雷达具有更高的数据采样率、更强的电子对抗能力。

4. 实现作战平台智能化

相控阵雷达不仅具有灵活的电扫描波束，而且可以设计成共形阵，使各类作战平台（如战车、舰艇、飞机、飞船等）在不影响机动性能的前提下，获得对远距离目标探测、跟踪和制导的能力，提高各类作战平台的战斗力。相控阵雷达的计算机控制中心易与各种侦察、探测设备进行数据融合，使作战平台保持坚固、机动性强、威力大的优势，同时向着大数据、人工智能方向发展，实现作战平台的智能化。

总体上，相控阵雷达技术是新体制雷达的重要技术基础。不少新体制雷达均以相控阵雷达技术为基础，如双/多基地雷达、分布式雷达要求雷达接收天线具有多波束形成与扫描的能力，需要采用相控阵雷达技术中的数字波束形成技术；短波超视距雷达的巨大天线阵只有采用相控阵雷达技术，才能实现波束扫描；具有相控阵天线扫描的成像雷达，可以获得更高的横向分辨率及成像质量等。相控阵雷达一方面催生着半导体、材料、人工智能等技术的发展，另一方面带动了这些技术对新型雷达的促进发展，这必将使新一代雷达在性能、可靠性及费效比诸方面产生质的飞跃。

4.4 合成孔径成像雷达技术

4.4.1 基本概念

1. 合成孔径雷达的概念

合成孔径雷达（synthetic aperture radar，SAR）通过合成孔径处理获得目标的高分辨率图像，能够精确测定目标位置，对目标进行分类识别。它突破了光学和红外成像侦察受天气和光照条件的限制，可以穿透云层、薄雾和硝烟，对感兴趣的区域和目标进行全天时、全天候的侦察与监视。随着多波段、多通道、全极化、分布式等各类合成孔径雷达系统的发展，合成孔径雷达在战场侦察、地形测绘、灾情监测、海事服务、交通管制、缉私、难民控制、反恐活动等领域受到高度重视，已经成为一种不可或缺的探测装备，发挥着越来越重要的作用。

如图 4－22 所示，合成孔径雷达的工作模式可以分为条带、聚束、扫描等。条带合成孔径雷达是最常见的合成孔径雷达工作模式。在该模式下，天线波束指向保持不变，随着平台的运动，天线波束均匀扫过目标区域，形成一个扫描带，如图 4－22（a）所示。聚束合成孔径雷达在平台运动过程中，天线波束始终指向某一固定区域，因此该区域能够得到长时间的照射从而获得更高的方位分辨率。该模式的缺点是只能对某一个区域进行成像，对于整个区域来说，图像是不连续的，如图 4－22（b）所示。扫描合成孔径雷达在平台运动的过程中，天线波束沿距离方向周期性扫描，形成多个扫描条带，扩大了扫描区域。但由于每个条带波束停留的时间有限，因此，方位分辨率有所下降，如图 4－22（c）所示。

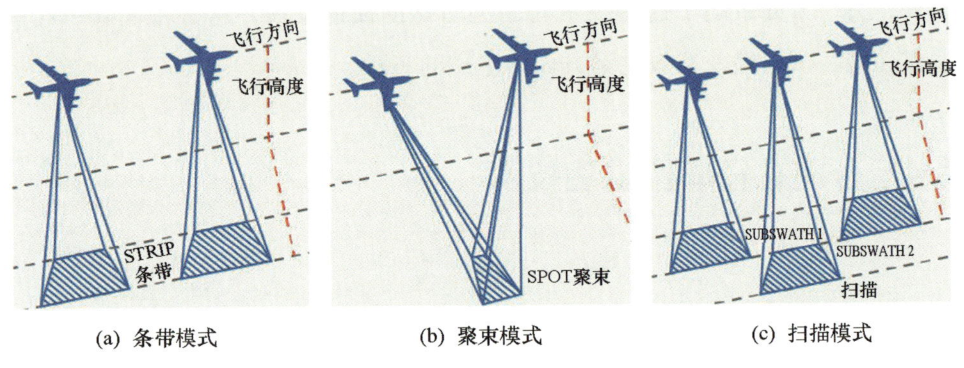

(a) 条带模式　　(b) 聚束模式　　(c) 扫描模式

图 4－22　SAR 的不同工作模式

按照发射机和接收机的安装位置，合成孔径雷达可以分为单基合成孔径雷达和双基合成孔径雷达。单基合成孔径雷达的发射机和接收机安装于同一平台；双基合成孔径雷达的发射机和接收机安装于不同平台，为收发双置。

合成孔径雷达也可以根据功能分为高分辨率合成孔径雷达、干涉合成孔径雷达（interferometric synthetic aperture radar，InSAR）、多极化合成孔径雷达等类型。高分辨率合成孔径雷达使用宽带或超宽带信号，以实现亚米级或厘米级的高分辨率；干涉合成孔径雷达由两个不同位置的接收机对同一区域进行观测，或是同一接收机在不同位置对同一区域进行两次观测所获得的复图像进行处理，获取区域的高程信息，进行三维成像；多极化合成孔径雷达使用不同的极化方式对区域进行成像，区分出具有不同散射特性的物体，对地面进行精细分类。

2. 合成孔径雷达的优点

成像作为雷达的一个新功能在国内外已被广泛应用。与光学照相机等传感器相比，合成孔径雷达不受雨、雪、云、烟等不利气候条件的影响，也不受不同时段光照的影响，能够全天候、全天时地提供探测数据。与一维距离像雷达相比，合成孔径雷达能够提供远距离、宽幅、高分辨率的图像，大大提高雷达的信息获取能力，特别是信息感知能力。现在国外对信息感知要求高的雷达均配有二维成像功能，对战场侦察、目标识别、对地攻击等军事应用和天体观测、地形测绘、海洋观测、灾情预报、农作物评估等民事应用均有重大实用价值。

合成孔径雷达使用的频段主要集中在 L、S、C、X、Ku 等波段。随着军事侦察和民用微波遥感应用对合成孔径雷达的性能要求越来越高，雷达工作的频段不断拓展。L 波段以下的电磁波具有较好的穿透性，工作在这个波段的合成孔径雷达可以实现森林、植被等覆盖下的目标成像与检测。X 波段以上的雷达，特别是毫米波合成孔径雷达，体积小、质量轻、分辨率高、俯视角好、目标轮廓效应明显、电子对抗性能强，容易搭载在各类平台上实现便携式探测，也是合成孔径雷达的重要优势。

4.4.2 基本原理

1. 光学图像的名义分辨率

要检测一个长度为 L 的目标，需要多少分辨率才可以看清呢？可以采用 $L/5$、$L/10$、$L/20$ 的小方块依次去覆盖这样的目标，这样的小方块称为名义分辨率。以图 4－23 所示的飞机为例，用不同尺寸的小方块覆盖目标，对名义分辨率进行估计。通过覆盖结果可以判断，要检测目标一般需要 $L/5$ 的名义分辨率，要辨识目标的形状大概需要 $L/20$ 的名义分辨率。

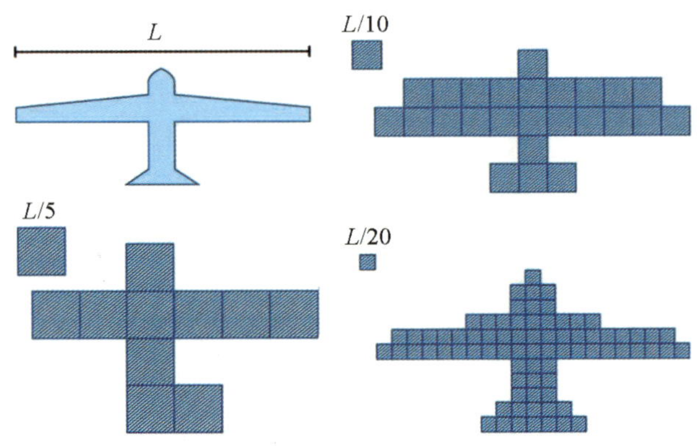

图 4-23 名义分辨率的估计

总体上，要检测高速公路、农田、机场，雷达的名义分辨率要达到 25～35 米；检测街道结构、大建筑物形状、小型机场需要 10～20 米的名义分辨率；检测船只、车辆、房屋建筑需要 2～6 米的名义分辨率；而要分辨人这样的目标，需要 0.1～0.4 米或更低的名义分辨率。

2. 实现孔径成像的二维分辨率

雷达要获得类似光学图像的分辨率，需要具有距离与方位的二维分辨率。雷达距离分辨率取决于发射信号的简单脉冲宽度或经过脉冲压缩处理后的脉冲宽度。距离分辨率 ρ_r 的计算方法为

$$\rho_r = \frac{c}{2B}$$

其中，c 为光速，B 为信号频带宽度。如果雷达的距离分辨率要求为 1 米，则信号发射的带宽为 150 兆赫兹。对于脉冲雷达，可以采用脉冲压缩技术获得距离向高分辨率。发射信号频带越宽，脉冲压缩后的脉冲宽度越窄，雷达的距离分辨率越高。

雷达垂直于波束指向的分辨率，即横向分辨率（或方位分辨率），取决于波束宽度，即天线方向图的半功率宽度。由前文可知，天线的波束宽度 θ 近似为

$$\theta = \frac{\lambda}{D}$$

其中 λ 为信号波长，D 为天线孔径。由上式可知，天线波束的宽度与信号波长、天线孔径有关。则方位分辨率 ρ_a 可表示为

$$\rho_a = R \cdot \theta = \frac{R\lambda}{D}$$

这里 R 是雷达到目标的斜距。对于给定波段的雷达，天线孔径 D 越大，角度分辨率越高，对应的方位分辨率也越高。为了获得较高的方位分辨率，就需要较高的雷达方位角测角精度，也就是较小的天线波束宽度。例如，如果方位分辨率 ρ_a 为 1 米的雷达对 10 千米以外地方的目标进行照射，则天线的波束宽度 θ 需要为 1/10 000 弧度；如果雷达工作在 X 波段 10 吉赫兹，对应 0.03 米的波长，则需要天线孔径长度 D 为 300 米。探测距离越远，相同方位分辨率下要求的孔径长度就越长，但是飞机、卫星等平台载荷有限，难以搭载如此巨大的天线。因此，人们就萌生了设计合成孔径雷达的想法。

3. 合成孔径原理

20 世纪 50 年代，人们提出了利用平台运动虚拟出一个大天线孔径获得高方位分辨率思想，即合成孔径。雷达通过搭载平台沿一个固定的轨迹运动，把在不同位置的回波集合起来处理，等效成一个巨大的孔径，这种虚拟孔径随着平台运动的轨迹可以达到上千千米，获得了高方位分辨率所需的大孔径，这种雷达称为合成孔径雷达，如图 4－24 所示。

本质上，合成孔径雷达就是沿着慢时间维构成了一个虚拟大阵列。此时，雷达的每一个慢时间时刻都对应了空间中的一个位置。合成孔径雷达的成像就是利用距离向与方位向的二维相干处理获得最终类似光学图像的聚焦像。通常合成孔径雷达采用侧视成像，如图 4－25 所示，波束从机身侧面照向地面，即条带模式。由于飞机不必飞到目标正上空，可以对战场实施远距离侦察与监视，具备较广的探测范围。理论上，通过合成孔径技术，方位分辨率可以接近实际天线尺寸的 1/2。

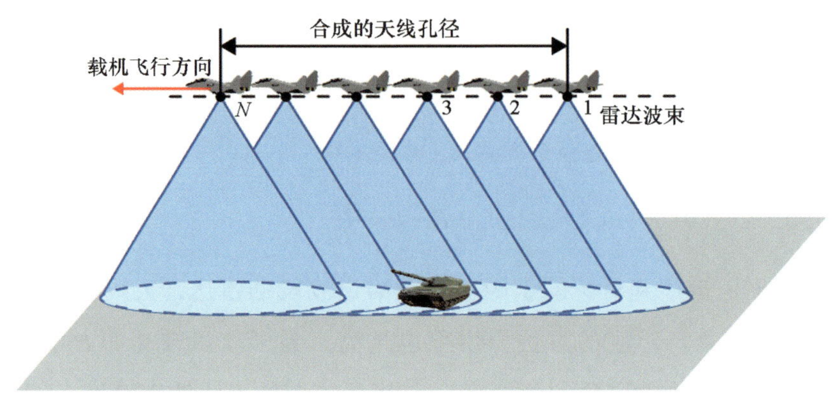

图 4-24　合成孔径雷达

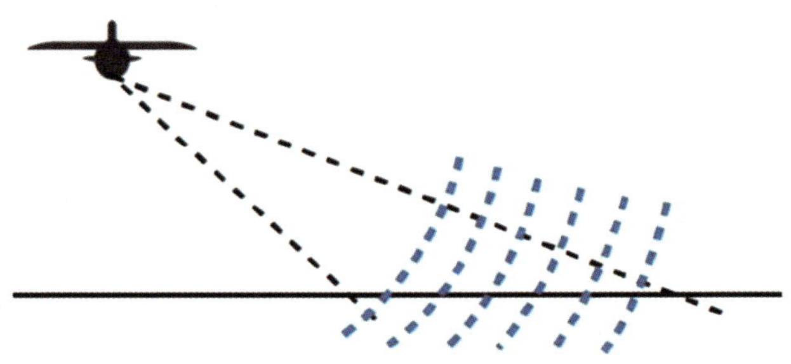

图 4-25　条带模式下的侧视成像

4.4.3　应用范围

合成孔径雷达能够搭载在飞机、导弹、无人机、车辆、卫星、飞艇等多种运动平台上执行侦察与监视任务。在军事领域，合成孔径雷达常用于探测对方阵地、了解对方的兵力部署情况。在民用领域，合成孔径雷达可用于绘制地形图、资源勘探、灾情监测等方面，以获得地质、地貌、土壤、植被的相关资料。

1. 多参数（多频段、多极化和多视角）合成孔径雷达系统

当合成孔径雷达系统发射不同波段、不同极化的电磁波或电磁波以不同入射角照射地物时，多参数合成孔径雷达系统会接收到不同的地物微波散射信息，可以进行深入的地物测绘。高波段合成孔径雷达有类似光学的细节探测能力；低频合成孔径雷达能够穿透叶簇，照射到隐蔽在叶簇下的目标。图4-26为合成孔径雷达在X波段0.1米分辨率成像结果，从图中可以看到丰富的地物信息。在合成孔径雷达技术迅速发展的今天，能够得到更大信息量的多参数合成孔径雷达系统越来越受到人们重视，成为今后发展的方向。

图4-26 合成孔径雷达在X波段0.1米分辨率成像结果

2. 动目标检测及其应用

战场上存在大量的运动目标，因此需要对战场地面进行连续、及时与清晰的监视，为态势评估、指挥与控制提供更多的信息。利用合成孔径雷达的运动目标检测能够侦察与监视感兴趣的目标。但是在常规合成孔径雷达图像上，运动目标会出现位置偏移、散焦和模糊等现象。要确定运动目标真实的位置、速度，并聚焦动目标，就必须进行专门的信号处理。

3. 定标技术及其应用

合成孔径雷达定标的目的是确定合成孔径雷达图像中目标的真实位置，并确定灰度值与地物后向散射系数的精确关系。定标技术是实现合成孔径雷达对地定量观测的关键技术，它涉及的“定量”包含了遥感技术的信息获取、信息处理和信息应用，是多学科、多种技术有机组成的高技术集成。随着合成孔径雷达技术的发展，定标技术已成为新一代合成孔径雷达系统必不可少的组成部分，广泛应用于合成孔径雷达的精密定量产品。

4. 合成孔径雷达图像信息提取与目标识别

合成孔径雷达回波包含丰富的地面目标的物理特性、几何形态特性等众多信息，这些信息的提取将推动微波遥感、电磁散射理论和信息处理等方面的研究。图 4－27 为不同分辨率合成孔径雷达的 M47 坦克图像，图像分辨率越高，目标的细节越清晰。

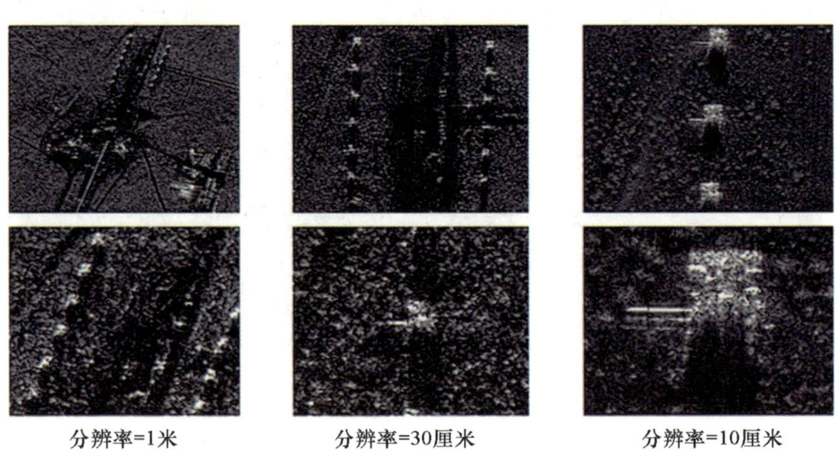

图 4－27 不同分辨率合成孔径雷达的 M47 坦克图像

与光学图像相比，合成孔径雷达能在云、雨、雾、沙尘等恶劣天气下实现全天时、全天候成像，雷达的穿透性使得其能够得到一定的目标结构特征。获得的雷达图像反映了目标的电磁散射特性，具备与光学图像不同的信息，如图 4－28、图 4－29 所示。

作为战场侦察与监视中的利器，合成孔径雷达一直朝着更高、更快、更强的方向发展。更高是指安全性、可靠性更高，图像分辨率更高，图像解译准确性更高，测高、测速、定位等应用的精度更高；更快是指成像处理速度

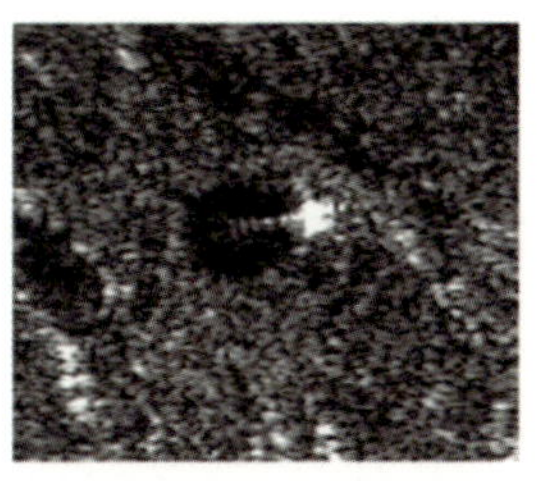

(a) 条带合成孔径雷达图像

(b) 光学图像

图 4-28 水井区域的 P 波段图像

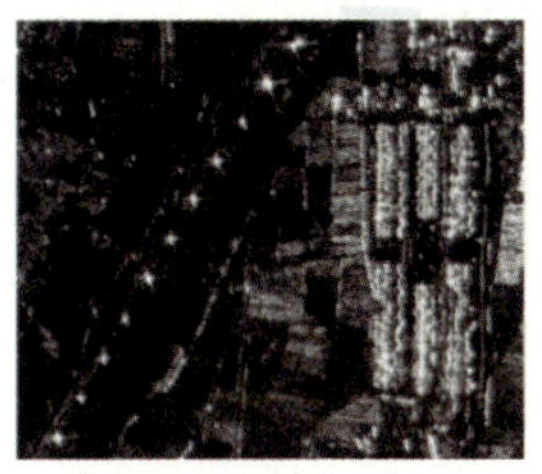
(a) 条带合成孔径雷达图像

(b) 光学图像

图 4-29 在建高铁区域的 P 波段图像

更快，图像解译速度更快，情报生成速度更快，侦察探测反应速度更快；更强是指侦察探测和制导能力更强，抗干扰能力更强，其他应用功能更强。

4.5 运动目标探测雷达技术

4.5.1 基本概念

1. 运动目标探测雷达

运动目标探测雷达是指利用多普勒频移从背景杂波中检测运动目标，或通过抑制杂波来提高运动目标检测及显示性能，或应用动目标指示信号处理技术来获取运动目标信息的雷达。其中，运动目标信息包括目标的速度、位置等。杂波或者背景杂波是指由地物、海面、云雨、箔条等物体反射所形成的雷达回波。

事实上，只要目标与杂波的径向速度不同，雷达就具有检测运动目标的能力。常用的运动目标探测雷达有运动目标指示（moving target indication，MTI）雷达、脉冲多普勒（pulse doppler，PD）雷达、地面运动目标指示（ground moving target indication，GMTI）雷达等。

运动目标指示雷达采用提高运动目标检测与显示能力的技术，在多普勒频域上抑制静止杂波；脉冲多普勒雷达利用多普勒效应，对运动目标相对于雷达的径向速度分量进行测定或提取。两者都是利用多普勒效应在杂波环境中提取出运动目标，利用 MTI 高通滤波器或脉冲多普勒处理的带通滤波器可以获得运动目标的多普勒信息。此时，待检测运动目标的多普勒频谱在地杂波频谱的主瓣之外，如图 4－30（a）所示。

地面运动目标指示雷达则比较复杂。有的时候雷达平台的运动会使地杂波展宽，影响甚至覆盖了运动目标的多普勒频谱，如图 4－30（b）所示。此时就要先抑制杂波，再检测运动目标。常用的杂波抑制技术有天线相位中心偏置（displaced phase center antenna，DPCA）技术、空时自适应处理（space time adaptive processing，STAP）技术等。

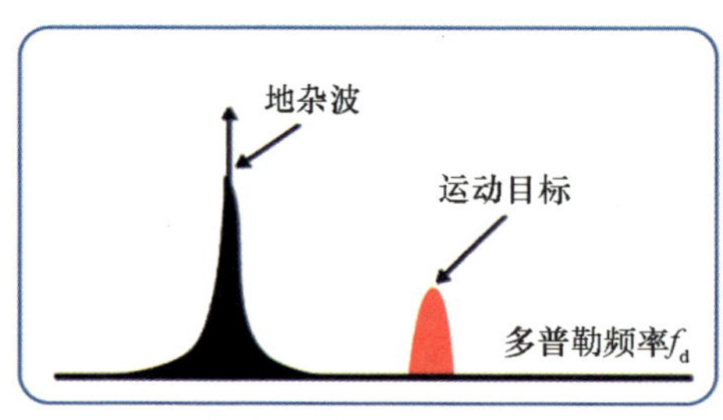

(a) 动目标频谱位于地杂波区外

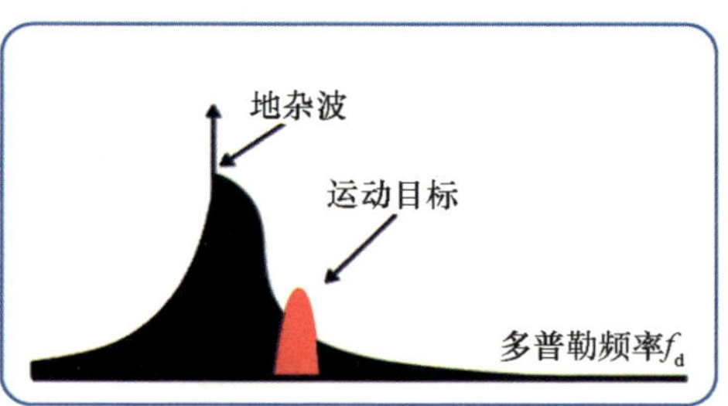

(b) 动目标频谱位于地杂波区内

图 4－30　地杂波和运动目标的多普勒频谱关系

利用多普勒处理是实现运动目标探测的一种常用的重要方法。除此以外，雷达还可以结合运动目标的回波数据图像、信号处理图像等对运动目标进行检测估计。

· 名词解释

– 天线相位中心偏置技术 –

天线相位中心偏置技术源于地面雷达的两脉冲相消 MTI 技术。在机载/星载雷达中，由于平台的运动使杂波多普勒频谱展宽，地面雷达的两脉冲相消 MTI 技术无法有效抑制杂波。DPCA 方法通过偏置运动天线的相位中心，使天线相位中心在相继的发射脉冲时间里相对地面静止不动，这样采用两脉冲或多脉冲相消就可以抑制地杂波。

经典的 DPCA 方法往往采用两个相位中心，在相位中心间距、脉冲重复频率和载机速度之间满足一定的关系基础上进行动目标检测。DPCA 是机载雷达运动补偿的主要方式，尤其在低重频主杂波区目标的检测问题中应用更为广泛。

2. 雷达杂波

雷达杂波是指除感兴趣的目标以外的其他物体的雷达散射回波，通常会干扰雷达的正常工作。雷达杂波主要由地面覆盖物、海面、云层、迁移的鸟群等物体组成。只要会对雷达的发射信号形成反射，就会产生杂波。

一直以来，人们对雷达杂波问题进行了大量的理论研究和实验测定，并不断探索新的方法，以较为准确地反映各种杂波的分布。如图 4－31 所示，通常目标的能量大于噪声，杂波的能量远远超过目标，比目标强 10^6 倍。由于杂波谱常常接近于目标，雷达杂波的有效抑制是一个难点。

除了常见的点目标杂波，雷达杂波还可分为：面杂波，如地面、海面、云层等；体杂波，如昆虫、飞鸟、箔条、人造飞行器等。需要注意的是，每个杂波单元的幅度和相位都是随机的，由于杂波强度远大于雷达的内部噪声，雷达的性能主要取决于信号与杂波的能量比，即信杂比。

图 4－32 模拟了海军防空场景，舰船上的雷达回波包括：感兴趣的飞机、导弹目标的散射回波，接收机噪声，环境噪声，来源于其他雷达的干扰，以及地面建筑、地面山丘、雨滴、干扰箔条、鸟群等杂波的散射。

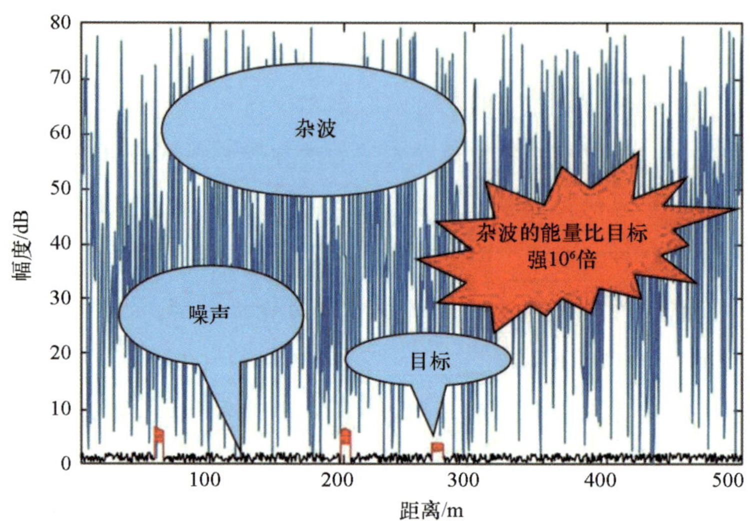

图 4－31　杂波信号与目标信号对比

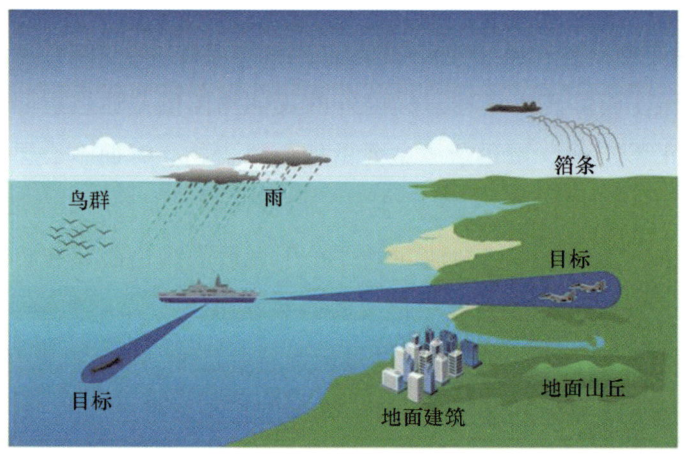

图 4－32　海军防空场景

不同杂波有各自的特点，可用对应多普勒的径向速度将其与目标区分开，如图 4－33 所示。地杂波强度高且统计离散，通常比目标回波高 50～60 分贝，但对于常规的固定站雷达而言，地杂波的径向速度为零且多普勒展宽小。海杂波强度比地杂波低 20～30 分贝，由于海面有起伏，通常海杂波径向速度会随平台速度与风速变化，多普勒频谱会有展宽；雨杂波可比目标回波高 30

分贝以上，平均多普勒频谱也会随风向和雷达速度变化；鸟杂波常常为数百至数万的点目标，单只鸟的回波比较弱，但鸟群可以呈现一定的多普勒变化。

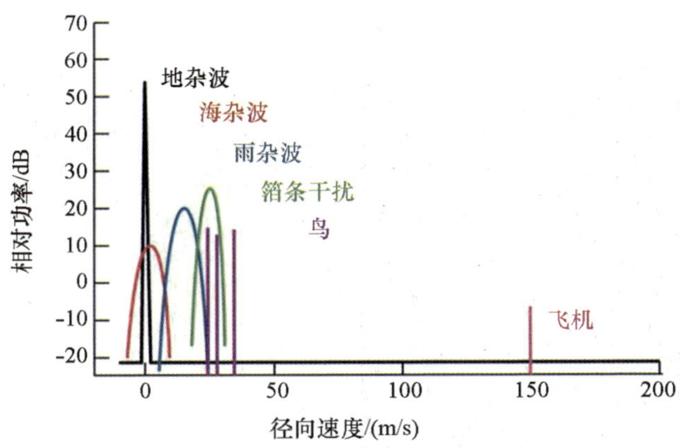

图4－33　利用径向速度区分目标与杂波

· 名词解释

－箔条－

箔条是使用最早也是使用最为广泛的无源干扰。美国电子电气工程师协会对箔条的定义是一种轻型的空中反射目标云，通常由铝箔条或涂覆金属的纤维组成，能在一定的空间范围内产生干扰回波。箔条干扰是指在空中投放箔条，以干扰雷达的探测。在箔条云团的干扰下，在雷达显示器上会产生大片回波亮点，从而达到掩盖目标信号、破坏雷达正常工作的目的。

自从二战以来，箔条就成为一种重要的干扰手段。由于箔条干扰具有成本低廉、制作简单等优点，所以在防空、反舰、反导等领域均获得了广泛的应用。近年来随着雷达侦察技术和导弹制导技术的发展，特别是毫米波制导技术、复合制导技术、变极化雷达的发展和应用，传统功能单一的箔条材料已无法实施有效对抗。为应对这种变化，美国、英国等军事强国投入巨资研制新型干扰箔条，主要包括毫米波箔条、垂直极化箔条、光箔条三种新型干扰材料。

自然环境中的雷达杂波并不都是不感兴趣的目标，我们也可以对其加以利用。例如，云雨的反射对于飞机雷达来说是杂波，但却是气象雷达感兴趣的目标，可以用来测量降雨率，提升天气预报的准确性。图 4－34 为机载监视雷达在晴天和暴雨天的探测结果。

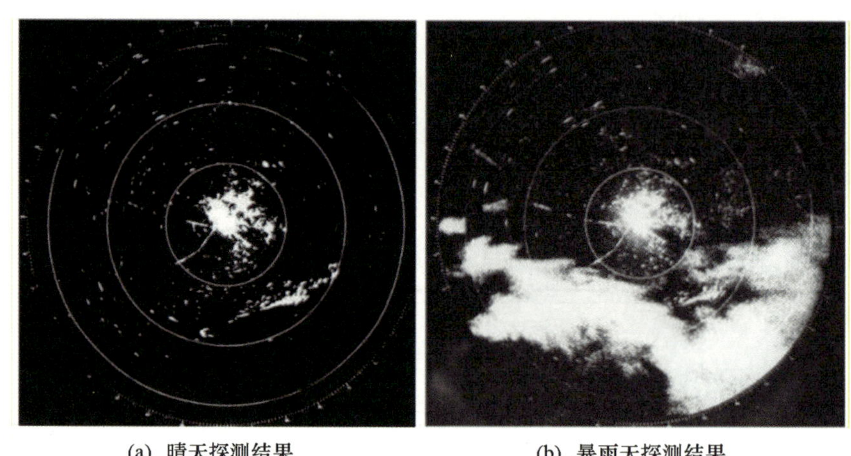

(a) 晴天探测结果　　(b) 暴雨天探测结果

图 4－34　机载监视雷达在晴天和暴雨天的探测结果

4.5.2　基本原理

1. 脉冲对消

杂波抑制是提高雷达运动目标信杂比的关键技术。在脉冲雷达中常用脉冲对消实现杂波抑制。引入雷达回波的数据矩阵，如图 4－35 所示。雷达在固定的位置发射一个脉冲的回波，获得快时间的采样数据。快时间对应了雷达斜距的测量。在不同的时刻发射脉冲，就能进行多次快时间的测量。由于脉冲重复周期的时间相对目标回波的延迟时间慢，对应的时间就是慢时间。对慢时间维的数据求导可以得到多普勒频率。

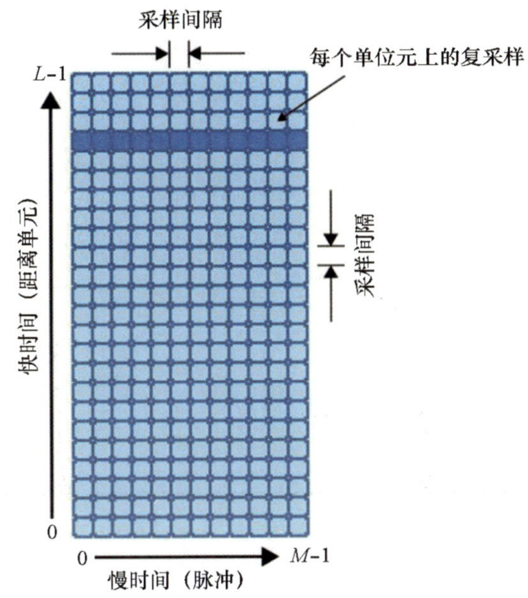

图4-35 雷达回波的数据矩阵

考虑某一个快时间对应的距离单元上，两个慢时间对应的脉冲回波数据，如图4-36（a）所示。在这两个慢时间的时刻上，运动目标的移动未超出一个快时间的距离单元。这两个时刻的回波既包括场景中的静止杂波，如房屋等，也包括含有多普勒变化的运动目标。可以注意到，前后两个时刻中静止杂波没有变，但目标由于运动会有相位的变化。二者相减，可以获得运动目标回波的变化。这就是二脉冲对消器的原理，它也称为一次对消器。图4-36（b）

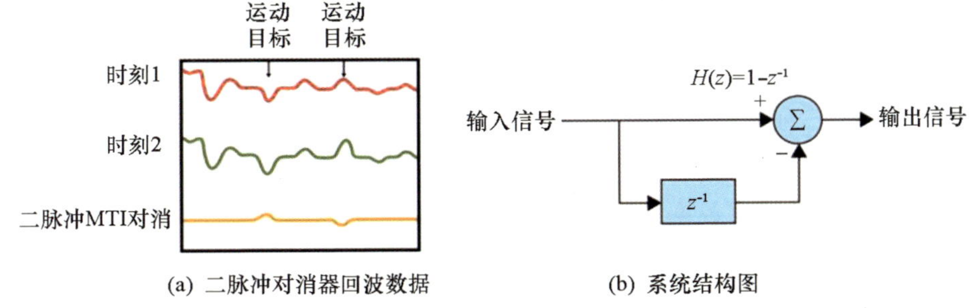

(a) 二脉冲对消器回波数据　(b) 系统结构图

图4-36 二脉冲对消器

为二脉冲对消器的系统结构图，其系统函数为 $H(z)=1-z^{-1}$。

脉冲对消器又称为 MTI 滤波器。从慢时间域对应的频域——多普勒域上看，MTI 滤波器是一个高通滤波器。它滤除了杂波所在的零频附近的信号，保留了无杂波区可能的运动目标信号，从而实现了运动目标的指示，如图 4－37 所示。

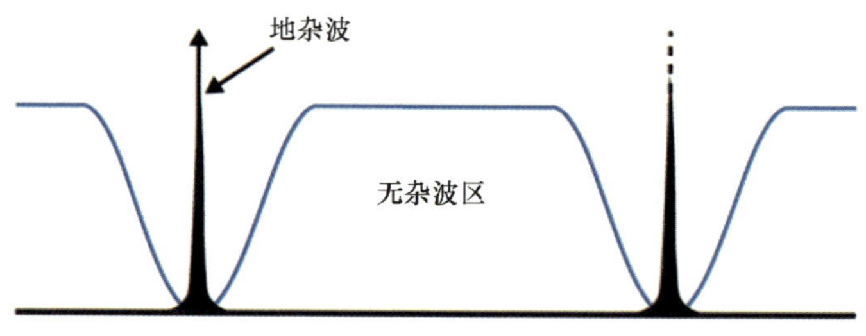

图 4－37　MTI 滤波器信号

脉冲对消器已获得了广泛的应用，但其并未考虑目标信号的损失情况。如果采用前面提到的匹配滤波器的概念来设计 MTI 滤波器，则可获得比二脉冲对消器更优化的性能，即通过使用多个脉冲数目，获得较好的杂波抑制性能。

2. **脉冲多普勒处理**

MTI 滤波器从高通变为多个带通滤波器，就能实现利用滤波器组检测不同多普勒速度的运动目标。每个多普勒滤波器所设计的目标响应都是其多普勒频带中的非重叠部分，可以抑制其他多普勒频率内的所有杂波源，如图 4－38 所示。这种检测技术称为脉冲多普勒处理，在脉冲多普勒雷达中应用广泛。

脉冲多普勒处理是另一种多普勒处理方法。MTI 滤波器处理是沿慢时间维对快时间－慢时间数据矩阵进行高通滤波，得到一个新的快时间－慢时间数据矩阵，以此来衰减其中的杂波分量。而脉冲多普勒处理直接对每一个距离单元内的慢时间数据序列进行谱分析从而替代滤波处理。目标检测直接在距离－多普勒矩阵数据上进行。因为距离－多普勒矩阵是脉冲多普勒处理的

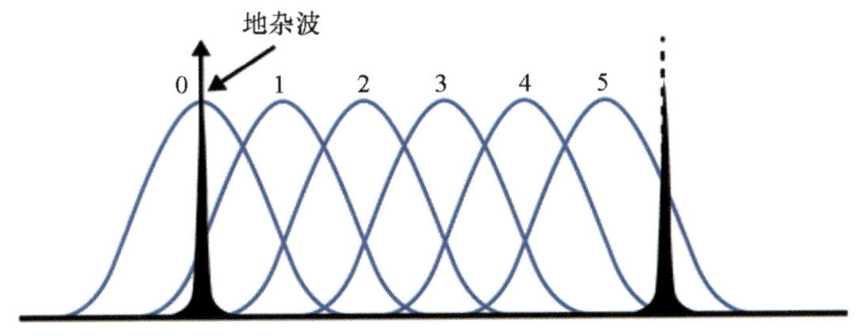

图4－38　脉冲多普勒处理的滤波器组信号

基础数据，所以第一步是通过计算每个距离单元慢时间信号的一维频谱，从快时间－慢时间数据矩阵中得到它。最常用的谱分析方法是计算数据矩阵中每一行慢时间数据序列的离散傅里叶变换（DFT）。

3. 地面运动目标指示技术

早期的MTI方法多用于地基脉冲多普勒雷达。它利用多普勒频偏检测运动目标，结合多个通道估计运动目标方位。但是，这种方法应用到机载GMTI雷达时，易受地杂波频谱展宽的影响。随后，起源于地基雷达两脉冲相消的DPCA技术得到了广泛应用。

DPCA原理简单，易于实现，但当天线间距和雷达速度存在较大测量误差、平台偏航明显时，杂波相消会产生较大剩余。

STAP技术是一种具有最优杂波抑制能力的GMTI方法，它对载机飞行不平稳、通道误差、杂波内部运动（internal clutter motion，ICM）等多种不理想情况均有较强的适应能力，能获得最大的输出信杂比和信噪比。STAP技术通常要求在一个相干处理间隔（coherent processing intervals，CPI）内，运动目标和载机之间的距离走动不超过一个距离采样单元，称为“短CPI STAP”。与传统的脉冲多普勒处理最多抑制30%的主瓣杂波宽度相比，短CPI STAP理论上能抑制90%的主瓣杂波宽度。

除了从多普勒频域的角度进行滤波，地面运动目标指示还可以同合成孔径雷达图像结合，形成SAR/GMTI技术。例如，运动目标在距离－多普勒频域可以近似成一个线性调频信号，使用时频分析获得运动目标的瞬时多普勒调频率，匹配运动目标的方位压缩函数，从而获得运动目标聚焦像并估计运动参数。很多先进的时频信号分析方法都被应用到运动目标检测中，如短时傅里叶变换、分数阶傅里叶变换、Radon 变换、小波变换等。

4.5.3 应用范围

运动目标探测是雷达的基本功能。随着无线电技术的发展，以及军事活动的影响，雷达具有全天候、全天时监测和运动目标探测的能力，可以作为侦察和预警的主要设备，被广泛应用于现代战争，以及公共安全和国防安全领域中。

例如，近年来，随着无人机技术的发展与普及，“黑飞”等现象屡见不鲜。2018 年，法国的核电站遭遇无人机入侵，对国家基础设施造成了严重威胁。又如运用雷达能全天时、全天候检测无人机目标，进行重点区域内的侦察与监视。再如汽车利用雷达进行行人或车辆的检测，以识别复杂路况。在这些典型的应用中，都涉及雷达对运动目标的有效检测。

合成孔径雷达地面运动目标指示将合成孔径雷达技术与地面运动目标指示结合。在军事领域中，可以对战场进行实时监控，可用于探测地面运动目标，为执行作战任务提供目标位置等各种类别信息，也为军事决策提供更多依据。战场上存在的运动目标，如坦克、低空飞行器、水面舰艇等，往往比静止目标更具有威胁性，监视这些运动目标可以获知敌方的军事意图。进一步对这些运动目标进行聚焦成像，可以清楚地获知运动目标的类型，为后续军事打击提供信息保证。

在民用领域中，SAR 运动目标处理可以实现地面交通流量监测、海面船只航行监测、低空飞行器的识别与监控、边境人员流动监控等，为交通管理和国土安全提供重要的信息支持。

随着运动目标类型、运动目标环境等的变化，运动目标探测雷达正进一步与深度学习等技术结合，开展认知学习，即能够根据实际环境的变化对目标检测进行实时调整，估计目标的多维参数。

4.6 超视距雷达技术

4.6.1 基本概念

超视距雷达（over the horizon radar，OTHR）是指发射和接收的电磁波沿地球表面弯曲的路径、非直线传播的雷达。与视距雷达不同，超视距雷达不受地球曲率影响，可以探测以雷达站为基准的水平视线以下的目标。

超视距雷达的来源可以追溯到二战期间的高频视距雷达。二战后，人们注意到高频传播的潜能，开始了大量的试验与研究。这种雷达具有重大的国防及经济效益。常用的超视距雷达有三类，即天波、地波及大气波导超视距雷达。天波超视距雷达，简称天波雷达，工作在短波波段（5～30兆赫兹），其发射的电磁波经过电离层折射，沿着后向返回散射路径实现超视距探测，可对覆盖区域内地（海）表面以上、电离层以下的各类运动目标实施预警监视。地波超视距雷达简称地波雷达，又称高频表面波雷达，工作在高频段。它的电磁波能量沿着地球海洋表面以绕射传播方式探测海面段低空目标。大气波导超视距雷达，也称为微波雷达，工作在微波段，利用海水和大气之间超折射效应在有限高度沿地球表面曲率传播，通常用于检测海面及低空目标。这三种超视距雷达的电磁波传播方式如图4－39所示。

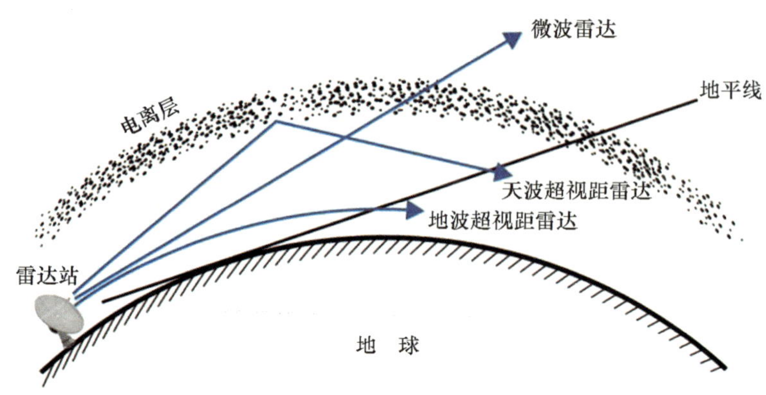

图 4－39　三种超视距雷达的电磁波传播方式

• 知识延伸

－电磁波传播的四种方式－

电磁波传播的主要方式有四种，如图 4－40 所示。

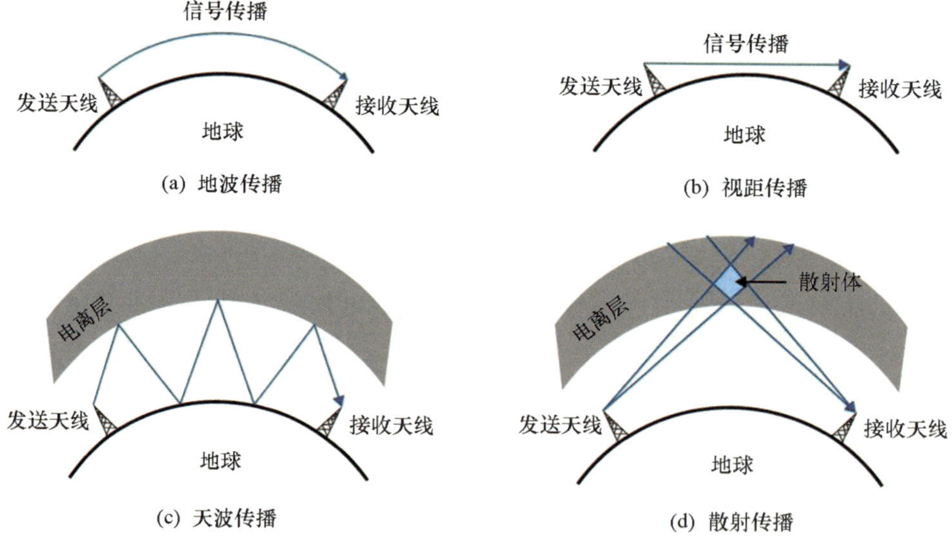

图 4－40　电磁波传播的四种方式

表面波传播（又称为地波传播）。此时，电磁波沿地球表面传播，传播路径是弯曲的，因而无视距的限制。利用地波传播观测视距以外目标的雷达常称为地波超视距雷达。

对流层传播（又称为视距传播）。对流层的高度通常在100千米以下，电磁波在对流层中的传播路径是直线，因而观测低空目标时受到视距的限制。常规微波雷达主要采用对流层传播方式。

电离层传播（又称为天波传播）。电离层的平均高度是300千米，天波超视距雷达一般工作在短波波段（3~30兆赫兹），而短波一般难以穿过电离层，碰到电离层就会折回地面。遇到目标后，经散射，一部分能量沿原路返回，且被设在相隔不远的接收机所接收。利用这种电离层折射效应观测视距以外目标的雷达，通常称为天波超视距雷达。

散射传播。由于大气或电离层的不均匀性，电磁波被散射，电磁波的散射效应也可用于雷达中。

超视距雷达最重要的优点是不受地球曲率的限制，可从电离层到地（海）表面全高度探测空中和海面目标。超视距雷达主要用于早期预警和战术警戒，是对地地导弹、部分轨道武器和战略轰炸机的早期预警手段。它能在导弹发射后1分钟内发现目标，3分钟内提供预警信息，预警时间可长达30分钟。与微波雷达相比，超视距雷达对飞机目标的预警时间约增加10倍，对舰艇目标的预警时间增加30~50倍。它还能探测4 000千米以内的核爆炸，通过测量电离层的扰动情况估计核爆炸的当量和高度。

4.6.2 应用范围

超视距雷达的电磁波传播方式主要有三种，天波返回散射波传播方式、地（海）面绕射波传播方式和大气波导传播方式，分别对应天波、地波及微波超视距雷达。天波和微波超视距雷达主要利用了电磁波在电离层或大气中的折射原理，而地波雷达还结合了电磁波沿地球表面传播时的绕射原理。

天波超视距雷达主要用于战略预警，对超低空飞行的飞机、导弹的探测距离远、预警时间长，是低空防御的一种有效探测手段。试验证明，它还具有探测隐身目标的能力。这种雷达利用电离层对高频电磁波的反射传播特性来完成超视距探测，可分为前向散射型和后向散射型两种。

地波超视距雷达又称表面波雷达，是利用高频电磁波沿地球表面绕射传播来完成超视距探测的雷达。地波超视距雷达同样具有反隐身能力和抗反辐射导弹攻击能力，在预警探测系统中起着重要作用。它采用了先进的高分辨率多普勒检测技术，能从强海杂波中超视距发现微弱目标。通常架设在海岸滩头，主要担负对海上目标和超低空飞行目标的超视距警戒任务。由于该技术体制的雷达还能测量海洋表面参数（风速、风向、海浪等级等），因此也用于海态遥感。

微波超视距雷达体积小、质量轻、精度高，可为水面战斗舰艇超视距导弹攻击提供精确的目标指示，是水面战斗舰艇重要的警戒探测装备。根据工作机理，微波超视距雷达可分为利用大气波导传播的主动微波超视距雷达和利用对流层散射传播的被动微波超视距雷达。

· 名词解释

- 电离层 -

电离层是太阳高能电磁散射、宇宙射线和沉降粒子作用于地球的高层大气，使这一部分地球大气分子发生电离，而产生大量的自由电子、离子和中性分子，从而构成能量很低的准中性等离子体区域。电离层高度范围为 60 ~ 1 000 千米，其含有足够多的自由电子，能显著影响无线电波的传播。

电离层按电子浓度的高度变化可分为 D、E、F 层，如表 4 – 5 所示。电离层各层的物理和化学变化与太阳散射、离子散射、磁层扰动、电磁场变化及高层大气运动密切相关。由于电离层主要是由太阳辐射和地球磁场大气相互作用而形成的一种随机、色散、不均匀和各向异性的媒质，因此，电离层的状态必然随昼夜、季节及太阳活动等产生周期性规则变化，同时也存在由于太阳非周期性活动而产生的随机变化。周期性规则变化包括F层和E层的昼夜、季节及太阳黑子周期的变化，日出、日落效应，中纬度槽等；随机变化包括突然电离层骚扰、行波扰动、电离层暴、极光、流星余迹、偶发E层等。不同的电离层现象会对天波雷达产生不同的影响，严重时直接影响天波雷达的正常工作。

表4-5　电离层各层的电子浓度与高度

区域	近似高度/km	层	最大电离高度/km	电子浓度/cm^3	备注
D	60~90	D	75~80	10^3~10^4	夜间消失
E	90~140	E_1	100~120	2×10^5	浓度和出现时间均不稳定
		E_s	100~120	不稳定	
F	>140	F_1	160~200	3×10^5	夏季白天多出现
		F_2	250~450	2×10^5~10^6	

4.7　新体制雷达技术

4.7.1　新体制合成孔径雷达成像技术

1. 逆合成孔径雷达

合成孔径是利用雷达与目标之间的相对运动形成的，即目标不动，而雷达平台做直线运动。如果反过来，雷达平台不动，而目标（如飞机）运动，那么当以目标为基准时，也可将雷达视为反向运动，并在虚拟的运动中不断发射和接收信号，进而用合成孔径技术得到目标图像，这种成像技术称为逆合成孔径雷达（inverse synthetic aperture radar，ISAR）技术。合成孔径雷达和逆合成孔径雷达在原理上是相同的，不存在原理上的“逆”问题，只不过是运动方向的倒置。图 4－41 是逆合成孔径雷达获得的飞机图像。由于目标是非合作的，逆合成孔径的阵列在空间通常会形成复杂的阵列流型。

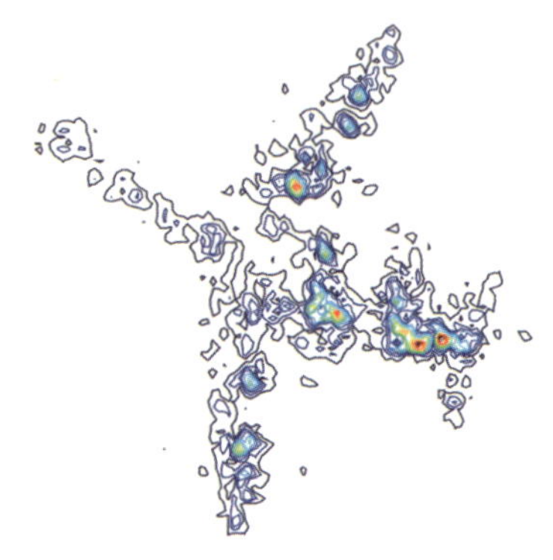

图 4－41　飞机的逆合成孔径雷达成像

如图 4－42 所示，当目标从 A 运动到 B，通常可以将目标的运动分解成平动和转动两个分量。转动是指目标围绕该参考点转动，对应目标从 A 到 C 的过程；平动是指目标上的参考点沿目标运动轨迹移动，而目标相对于雷达射线的姿态（可用目标轴向与雷达射线的夹角表示）保持不变，对应目标从 C 到 B 的过程。

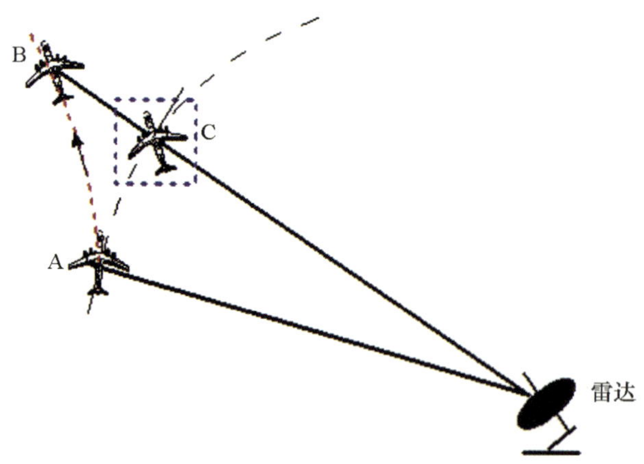

图 4－42　逆合成孔径雷达成像示意图

以散射点模型表示目标，若目标处于雷达的远场，雷达电磁波可用平面波表示，在只有平动分量的情况下，目标上各散射点回波的多普勒完全相同，对雷达成像没有贡献。如果能将目标的平动分量补偿掉，就相当于把目标上的参考点移到转台轴上，变为对转台目标进行成像。

一般的逆合成孔径雷达成像算法是按距离单元将许多周期的数据序列做多普勒分析得到高分辨率图像的。若在此期间产生了越距离单元徙动，则该散射点的子回波序列将分段分布在两个或多个距离单元中，且在每个距离单元的驻留时间缩短。实际中，由于所观测的目标为非合作目标，相位多普勒在成像时间内可能存在复杂的变化。因此，复杂运动目标逆合成孔径雷达成像技术也是目前雷达成像研究领域的热点。

• 典型案例

– 逆合成孔径技术对空间目标成像 –

距离林肯实验室32千米的雷达试验场是美国一处主要用于空间目标探测和弹道目标监视的地基雷达外场。美国军方在该雷达试验场建造和部署了多部宽带测量雷达，组成了著名的林肯空间监视系统（LSSC）。LSSC主要包括磨石山雷达、“干草堆”超宽带卫星成像雷达（HUSIR）和“干草堆”辅助雷达（HAX）3部大型雷达。其中，HUSIR（图4－43）是第一部具有实用价值的高分辨率成像雷达系统，早期工作在X波段，带宽1吉赫兹，距离分辨率0.25米，最远可实现对40 000千米处地球同步轨道卫星的ISAR成像，HUSIR是目前世界上距离分辨率最高的地面监视雷达，距离分辨率可达1.87厘米。而1993年建成的HAX工作在Ku波段，是一部带宽达到2吉赫兹的ISAR成像雷达，距离分辨率达到0.12米。2010年5月，林肯实验室再次着手对“干草堆”雷达进行升级改造，增加了一个92～100吉赫兹的高功率毫米波天线，同时工作在X波段（频率10吉赫兹，带宽1吉赫兹）和W波段（频率96吉赫兹，带宽8吉赫兹）。如图4－44所示，卫星ISAR仿真数据成像结果展示了“干草堆”雷达分辨率提高带来的好处。从图中可以看出，随着分辨率的提高，成像结果能够展现目标更加丰富的细节，为后续的目标特征提取和识别提供了更为有利的支撑。

图 4－43　HUSIR 雷达

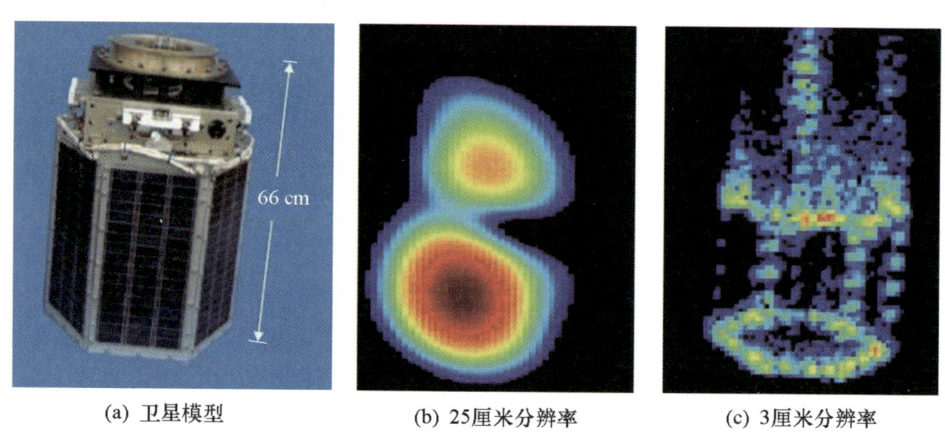

(a) 卫星模型　(b) 25厘米分辨率　(c) 3厘米分辨率

图 4－44　"干草堆"雷达对卫星的 ISAR 仿真图像

2. 干涉合成孔径雷达

干涉合成孔径雷达能够获得观测区的数字高程模型（digital elevation model，DEM）。最早由美国宇航局的 Graham 于 1974 年提出。随着数字处理技术和硬件的快速发展，InSAR 处理能方便地提取出干涉图的相位，并把相位转换成地面的高度，生成地面三维信息，是成像雷达的一个重要应用方向。

InSAR 数据处理可以划分为几个主要步骤：图像配准、平地相位去除、干涉相位滤波、干涉相位解缠和 DEM 反演。其中前四步都属于干涉相位估计过程。

根据干涉相位，结合 InSAR 几何关系，可以得到合成孔径雷达观测区的高程图，如图 4－45 所示。

图 4－45 DEM 图像

3. 圆周合成孔径雷达

圆周合成孔径雷达（circular SAR，CSAR）作为一种新兴的合成孔径雷达成像模式受到越来越多的关注。与直线轨迹合成孔径雷达（linear SAR，LSAR）相比，CSAR 成像具有很多独特优势。首先，在 CSAR 成像中，雷达搭载平台围绕观测场景做 360°的圆周运动，同时天线波束始终指向观测场景，这使得 CSAR 能够实现最高达亚波长量级的二维空间分辨率，从而获得更加精细的观测目标信息；其次，CSAR 的圆周成像模式能够获得观测目标的全方位散射信息，可避免常规 LSAR 成像中存在的目标遮挡、阴影等情况，从而获得更加全面的目标成像信息；最后，与单基线 LSAR 相比，单圆周 CSAR 可实现对观测目标的三维图像重构，获得更多维度的目标成像信息。近年来，随着多基线 CSAR－全息合成孔径雷达（holographic SAR，HoloSAR）三维成像技术的出现与不断发展，人们能够获得高分辨率的目标全方位三维图像，这将有助于实现更高精度的雷达图像解译处理。

CSAR 的成像几何如图 4－46 所示，在成像探测过程中，雷达系统搭载平台在与 xOy 坐标系相平行的平面内，以高度 H 绕着 z 轴，做半径为 R_{xy}、切向速度为 V 的 360°圆周轨迹飞行，其间雷达天线波束始终指向场景中心 O，从而实现对场景的全方位观测，获取观测目标的全方位散射信息。

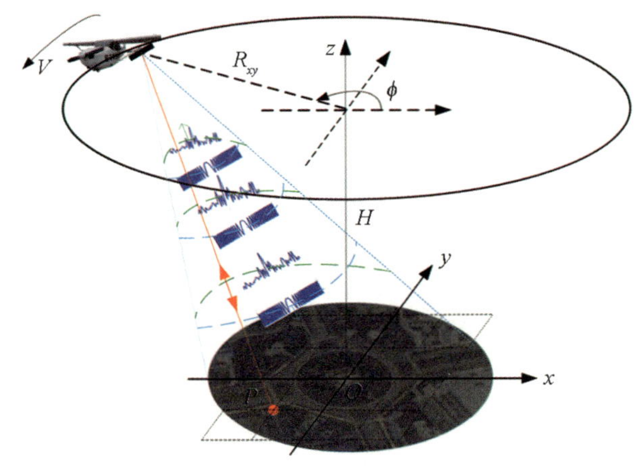

图 4－46 CSAR 成像几何

在实际外场飞行试验中，相比直线轨迹 SAR，CSAR 的标准圆周飞行轨迹更难以控制，同时波束控制误差等会使雷达波束覆盖区发生偏离，减小有效观测范围，因此需要高精度的天线伺服系统保证波束指向的稳定性。在成像方面，基于线性孔径 SAR 模式的传统成像方法，尤其是大量频域类算法，不再适用 CSAR 非线性轨迹的模式，需要开发与之相适应的高效率成像算法；运动补偿技术对于机载 CSAR 成像处理是更严峻的挑战，CSAR 的长合成孔径对传感器精度提出了更高的要求。图 4－47 给出了 LSAR 与 CSAR 实测数据的处理结果图像对比。通过图像对比可见，CSAR 图像的目标轮廓明显较 LSAR 更清晰和完整。

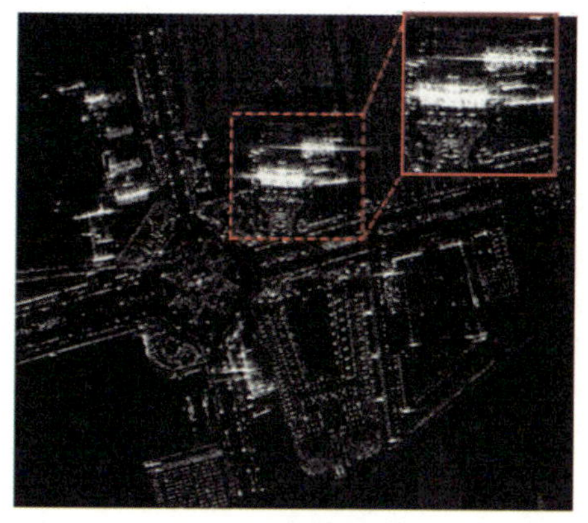

(a) LSAR图像

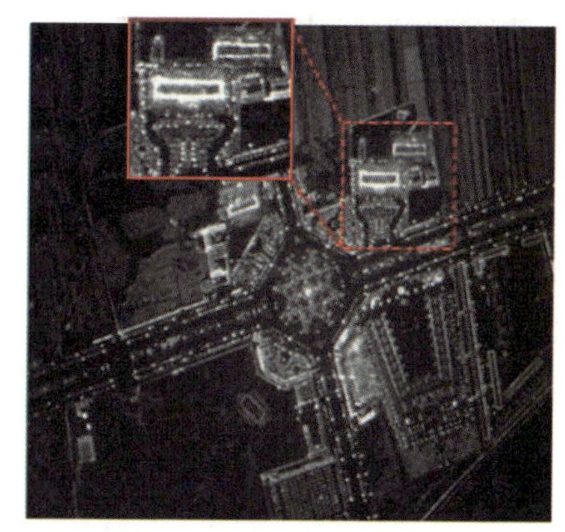

(b) CSAR图像

图4-47 LSAR图像与CSAR图像对比

图4-48给出了某架次飞行试验录取的实测数据初步处理结果，为同一场景对应的不同波段成像结果图。由于Ku波段天线波束窄于L波段，故成像场景相对较小，但是获取的图像分辨率远高于L波段。图4-48（c）表示场景中的停车场成像结果与俯视光学图像的对比，在成像结果中，车辆轮廓清晰完整，具有较高的辨别性，较容易区分图中的卡车等目标。

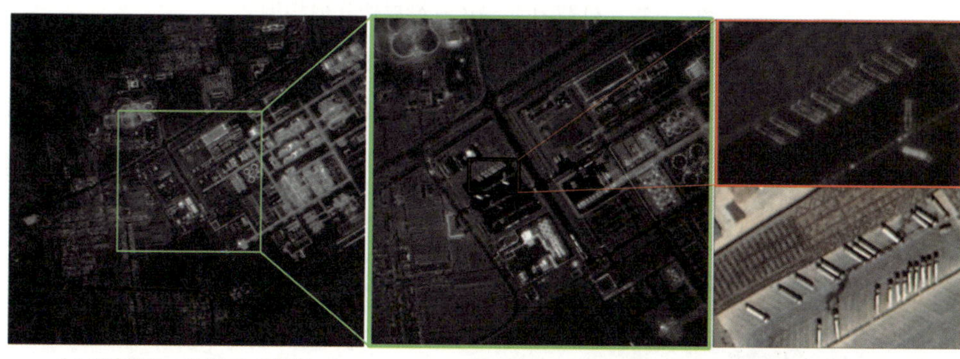

(a) L波段(2.4千米×2.4千米)　(b) Ku波段(1千米×1千米)　(c) 停车场区域局部

图4-48 双频CSAR成像结果

• 知识延伸

- 全息 SAR 三维成像技术 -

将 CSAR 与多基线层析成像技术相结合，孕育出了全息 SAR 三维成像技术，其三维成像的几何构型如图 4－49 所示。

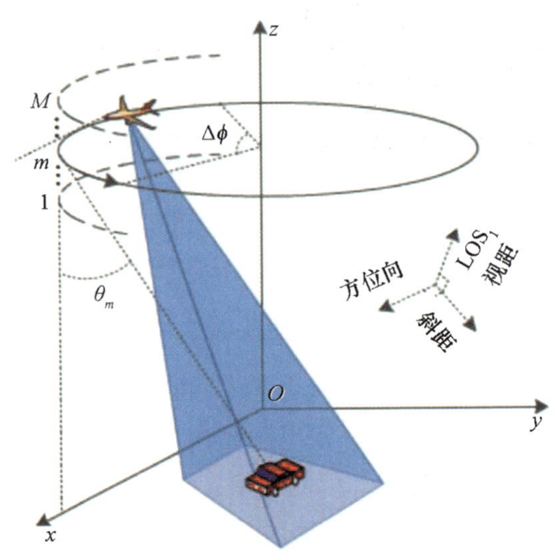

图 4－49 机载 HoloSAR 三维成像几何构型

与单圆周 CSAR 相同，HoloSAR 成像是一种具有宽方位角的合成孔径雷达成像模式。如图 4－50、图 4－51 所示，HoloSAR 对车辆进行三维成像，得到

(a) 实物照片

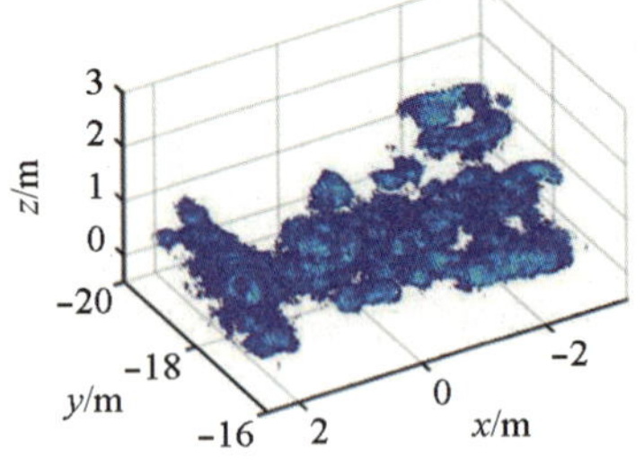

(b) HoloSAR成像结果

图 4－50 车辆的实物照片及三维成像结果

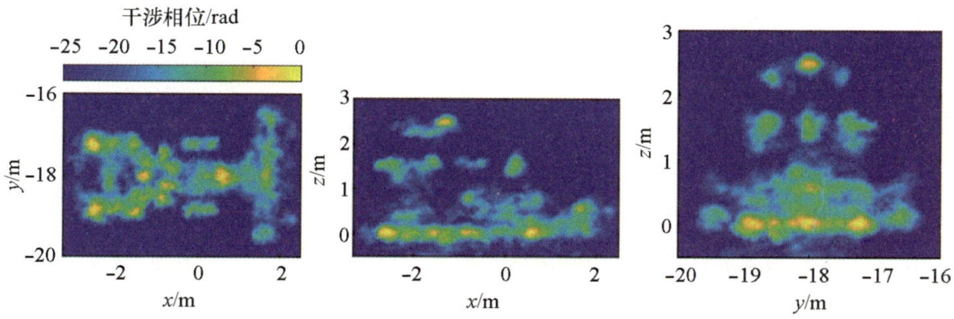

图4-51 车辆三维成像结果在不同平面上的二维投影图像

不同维度的投影图像。从视觉直观对比来看，HoloSAR三维成像技术可以较好地实现车辆的三维成像，图像与实际车辆外形结构非常吻合，从而证明三维图像具有较高精度。

与LSAR相比，CSAR还存在一些不可避免的缺点，如平台飞行轨迹复杂、平台及雷达系统操控难度大、成像区域小、成像观测时间长等。然而，伴随CSAR技术的深入研究，相信这些问题都将会逐步得到有效解决。在未来，以CSAR为代表的曲线SAR成像技术将会在指定区域的精细成像探测中发挥重要作用，与其他成像模式彼此扬长补短，形成优势互补，共同实现更高水平的雷达成像遥感。

4.7.2 多输入多输出雷达技术

1. 基本概念

多输入多输出（multiple-input multiple-output，MIMO）雷达是通过多个发射端发射特定波形、多个接收端接收信号，并进行联合处理的新体制雷达系统。它将无线通信系统中的多个输入和多个输出技术引入雷达领域，并和数字阵列技术相结合，开拓了雷达的发展空间。MIMO雷达解决了传统单基地雷达对目标的探测所获信息较为单一的问题，通过多维信息的联合处理获得目标更多、更本质的特征，已成为雷达领域的研究热点。

MIMO 雷达概念框图如图 4－52 所示。每个发射天线都是全向辐射天线，发射相互正交的信号；每个接收天线通过与发射波形相匹配的匹配滤波器组进行回波信号分选，对分选后的信号进行联合处理以获取目标信息。由于不同的收发组合代表不同的电磁波传播路径，回波信号内蕴含了目标时延、多普勒、角度和散射特性等信息。MIMO 雷达综合利用空间分集和波形分集的特点，能够在相同天线数目的条件下，获得更多的虚拟观测通道，而且由于多个发射信号相互正交，因此各个虚拟通道的数据相互独立。

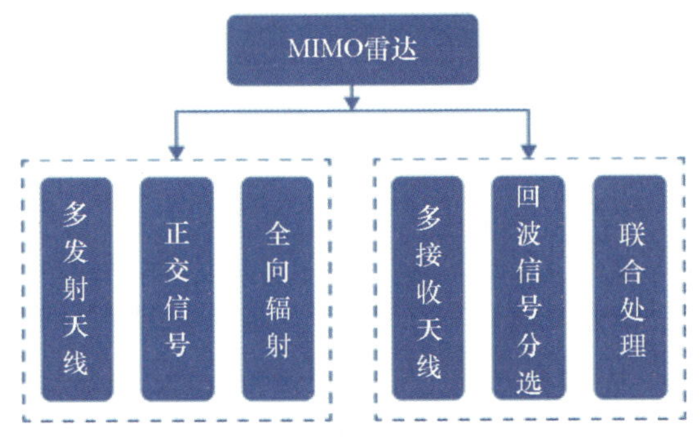

图 4－52　MIMO 雷达概念框图

图 4－53 为 MIMO 雷达的工作原理图。基于多阵元天线结构，M 发 N 收的 MIMO 雷达同时发射 M 个相互正交的信号，这些多波形信号经由目标散射被 N 个接收阵元接收。在空间中，由于正交关系，多个发射信号能够保持各自的独立性，因此从发射阵到接收阵就能够同时存在 MN 个通道，每个通道对应一条特定的发射阵元到目标和目标到特定接收阵元的路径组合。通道的时延与目标和收发阵元的位置有关，接收端的每个接收阵元都使用 M 个匹配滤波器分别对 M 个发射波形进行匹配。通过正交性分选可以得到 MN 个通道回波数据。

与单收多发（single input multiple output，SIMO）雷达相反，MIMO 雷达允许在每个天线单元上同时发射不同的波形，天线方向图不是指向唯一的方

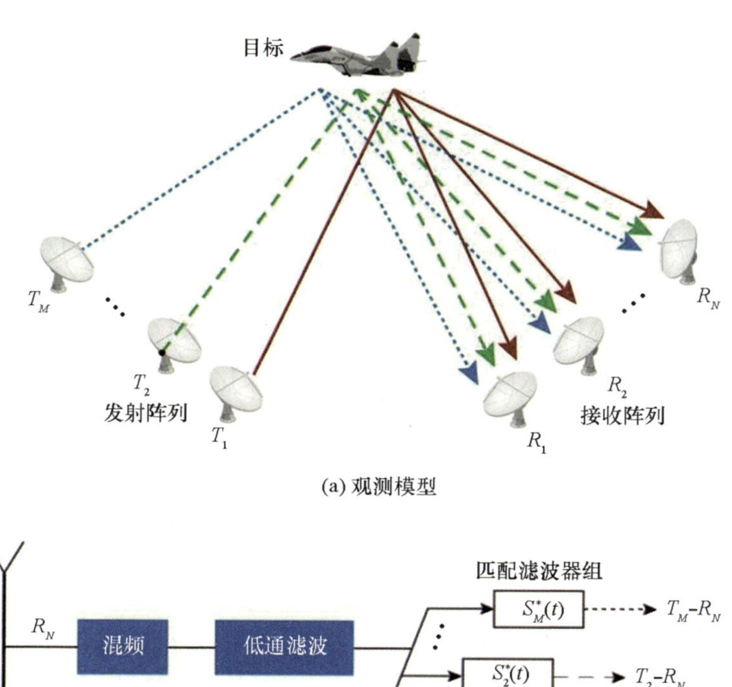

(a) 观测模型

(b) 接收端处理流程

图 4－53　MIMO 雷达工作原理图

向，它由每个单独发射机发射空时编码组成。一旦接收机捕获到这些波形，就可以通过一组匹配滤波器提取出编码信息，每个匹配滤波器都适合于特定的波形。所提取的每个分量包含一个传输路径的信息，将收集到的信息联合处理，就可恢复整个发射方向角的信号。

根据天线的配置方式，MIMO 雷达可分为两个主要类别。若发射天线和接收天线距离较近，各路径信道特征相近，则不同通道回波数据可进行相干处理，这种体制称为集中式 MIMO 雷达，又称为相干 MIMO（colocated MIMO，CMIMO）雷达；若雷达收发天线空间分布较远，目标在不同视角得到观测，各通道回波不再具备相干性，空间分集使得探测性能提升，这种体制称为分布式 MIMO 雷达，又称为统计 MIMO（statistical MIMO，SMIMO）雷达或非相干 MIMO 雷达。

MIMO 雷达系统的性能可以通过由发射和接收天线位置的卷积构造的虚拟矩阵来表征。如图 4－54 所示，可以使用构造的稀疏矩阵填充（插补）虚拟的阵元。原则上，在天线单元数相同的情况下，这种虚拟阵列可以比等效传统系统的阵列大得多。因此，与等效的实体阵列天线相比，MIMO 系统将以较小的代价获得更好的空间分辨率。

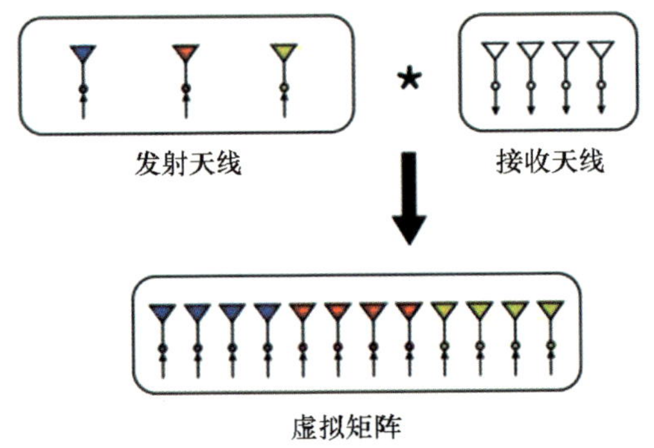

图 4－54　发射和接收天线卷积构造虚拟矩阵

MIMO 雷达发射的信号通常是正交波形，通过接收端的相参处理，可以实现 $N\times N$ 倍的信号处理增益。由于发射的是正交信号，各个阵元信号是全向的，在空间互不干扰，无法像相控阵雷达那样在空间进行功率合成，因此主瓣增益将降低 $1/N$。MIMO 雷达要达到和相控阵雷达相同的探测距离，需要进行长时间积累。常用的 MIMO 雷达正交信号有正交相位编码信号、频分线性调频信号、离散频率编码信号、多载波高斯脉冲串信号，即信号要满足在时间上互相关为零或者在频率上能分隔开。

2. 应用范围

MIMO 雷达在体制上的优势决定了其具有广阔的应用前景。分布式 MIMO 雷达优良的目标检测能力及反隐身、抗摧毁特性可用于构建岸基预警雷达系统，也可用于检测远距离弱小目标和应对日益发展的隐身技术。MIMO 雷达技术还可以应用于机载/星载雷达进行动目标检测，能够获得更小的最小可检测目标速度。在实际应用中，MIMO 雷达技术与现有雷达系统的结合是最具有直接应用价值的。

（1） MIMO 阵列对空成像雷达

目前的对空成像技术主要有逆合成孔径雷达（ISAR）和实孔径雷达。ISAR 成像需要一定的时间积累，实时性很差；还需要对目标进行运动补偿，而由于非合作高速机动目标运动状态具有不确定性，运动补偿较难实现。实孔径技术利用单发多收的大规模真实阵列成像，具有实时成像、不需要对目标进行运动补偿的优点；但阵列规模过大，造价昂贵。

MIMO 阵列则是解决上述问题的可行方法。MIMO 阵列对空成像雷达的虚拟阵元技术具有扩展实际物理接收阵列孔径长度的优点，可以通过合理的天线布阵形成大孔径的等效接收阵列，获得大的虚拟孔径，实现高分辨对空成像。由于 MIMO 雷达的并行多通道空间采样能力，MIMO 阵列对空成像具有实时性的优势。

（2） MIMO - SAR

传统 SAR 中方位向高分辨与大测绘带对脉冲重复频率（PRF）的要求是相反的。大测绘带宽要求低的 PRF 以避免出现距离模糊，而方位向高分辨要求高的 PRF 以避免出现多普勒模糊。MIMO 雷达技术与 SAR 系统结合的 MIMO - SAR 是解决这一矛盾的有效途径，能够实现以低的 PRF 同时满足大测绘带和方位向无多普勒模糊出现。

• 名词解释

- 分集 -

分集是无线电通信中采用的一种技术。发射端将同一消息的一个或多个信号传递出去，在接收端将该消息的两个或多个受扰不同的信号（或称复制品）通过选择或合并电路恢复传递消息，以获得比任何单个信号所得到的消息质量更好的技术，称为分集。

空间分集（又称为天线分集）是将同一信息进行编码后从多根天线上发射出去，接收端将信号区分出来并进行合并，从而获得分集增益。空间分集技术经常用于城市蜂窝系统中，它可以选择最好的接收信号或其合成信号以减少衰落的影响。

时间分集是将同一信号以超过信道相干时间的时间间隔进行重复发送，各次发送间隔出现相互统计独立的衰落。在实现抗时间选择性衰落时，就是通过时间分集，利用时间上衰落在统计上互不相关特性的差异达到目的，且重复发送的时间间隔必须保证发送出去的信号副本保持不相干的衰落。

频率分集是在多个载频上对同一信号进行重复发送，发送信号副本以频率冗余的方式到达接收端，形成独立的衰落，然后对接收信号进行合成或选择。频率分集需要利用不同频段的信号经衰落信道后在特性上的差异来实现。

4.7.3 太赫兹雷达技术

1. 基本概念

太赫兹（THz）技术是目前信息科学技术研究领域的前沿与热点之一，世界各国研究机构高度关注，并且开展了许多基础研究与实际应用方面的工作。太赫兹波是指频率为0.1～10太赫兹的电磁波，波长为0.03～3毫米，介于微波频段与红外之间，兼具二者的优点。

太赫兹雷达是太赫兹技术军事应用的一个重要发展方向。相比于常规雷达，太赫兹雷达具有频率高、带宽宽、波束窄的特点，这些特点赋予了太赫兹雷达巨大的应用潜力。

太赫兹波频率高，有较宽的多普勒带宽，多普勒效应明显，因此太赫兹雷达具有良好的多普勒分辨力，测速精度高。同时，太赫兹波散射特性对目标形状的细节敏感，因而可提高多目标分辨能力、对目标识别的能力和成像质量。目前隐身飞机等目标设计的隐身频率局限于1～20吉赫兹，又因为机体等不平滑部位相对毫米波来说更加明显，这些不平滑部位都会产生角反射，从而增加有效反射面积，所以太赫兹雷达具有较强的反隐身功能。

相同的相对带宽条件下，太赫兹波绝对带宽宽，当作雷达载波时，太赫兹波在单位时间内能承载更多的信息，这也有助于获取更多的目标信息，提高雷达性能。同时，太赫兹波宽谱特性还可以抑制雷达多径效应和杂波影响，消除系统之间的相互干扰。

在同等天线孔径下，太赫兹波的波束宽度相对较窄，所以它的方向性要好于微波和毫米波，具有极高的空间分辨力，跟踪精度高。另外，太赫兹雷达以窄波束发射，在电子对抗中难以被截获，再加上干扰机正确指向太赫兹雷达的干扰功率信号比指向微波雷达更加困难，所以太赫兹雷达具有低被截获性能，抗电子干扰性能好。

太赫兹雷达由于其工作频率和工作平台特殊性带来的成像角度受限和成像效率等问题，使得集成结构或者复杂结构混合布阵的太赫兹首发阵列成为太赫兹雷达的一个研究热点。美国研究了基于超外差结构的集成天线的收发阵列，并利用微型纳米机械加工等纳米级工艺制造技术研制了一个600吉赫兹接收机前端。该前端将100吉赫兹本振、InP功率放大器、基于GaAs肖特基二极管的三倍频器、次谐波混频器、中频配置电路与直流偏置电路集成一体，其集成封装尺寸仅为20毫米×25毫米×3毫米。该电路结构满足外差式阵列接收机设计，同时也为实现多频点成像阵列和波束控制外差式接收阵列提供了一定的可能性。随着半导体工艺的不断发展，太赫兹频段的晶体管集成也成为重要发展方向。

2. **应用范围**

地面附近的大气和建筑物等带来的衰减效应较大，因此太赫兹雷达主要在高空间的机载或星载平台上使用，应用于远距离目标识别。太赫兹雷达的发射机必须在保证体积和质量小的情况下实现比较大的功率传输，其基础取决于小型化单片机集成电路的固态电子学器件——电真空放大器件与固态器件的结合。

太赫兹雷达自诞生以来一直追求在空间或地面军事目标预警探测上的应用。早在 1992 年，美国就依托战略防御倡议（星球大战计划）探索了太赫兹雷达在动能武器中的应用，并提出太赫兹相控阵、超导混频等技术设想，在电子学计划中又明确寻求太赫兹技术在空间监视、导弹预警、反恐行动等领域的应用。并于 2012 年启动直接面向地面目标探测的 ViSAR 项目，于 2016 年启动天地协同一体化太赫兹雷达技术研究，通过地面和太空部署的太赫兹雷达与地面传统雷达协同，有效反制依靠涂层和外形隐身的五代战机。

在反导拦截方面，太赫兹主动雷达导引头通过独立或与红外复合，可作为弹头识别的有效手段：它采用主动方式工作，可以有效探测冷弹头；可以远距离对弹头二维高分辨成像，获得包括细微结构和粗糙表面在内的几何特征，据此识别真弹头和选择打击点；弹头的微动在太赫兹频段可产生显著的微多普勒效应，可据此识别真弹头。此外，它的高精度测距、测速能力还可以实现对机动弹头的高精度制导，并且不受星体杂波和地杂波影响。

此外，太赫兹雷达可搭载于飞艇或卫星用于对临近空间高超声速目标的探测，穿透等离子体对目标本体远距离成像，获取信息是高分辨本体像。天基太赫兹雷达能够近距离探测空间碎片并进行成像，得到其类型和轨道信息，从而为航天器的安全提供保障。

太赫兹雷达在引信与末制导领域也有广阔的应用前景。它的测角和测距精度高，引导信息精准；具备近距离快速成像和微多普勒测量能力，支持目标及其部位识别；功率小、大气衰减严重，具备天然抗干扰能力；对沙尘、烟雾有穿透性，优于激光制导。

4.7.4 微波光子雷达

1. 基本概念

除了工作频带的扩展，新体制雷达技术还希望能将信号带宽做得足够大，甚至能够覆盖整个微波频段。由此，人们开始考虑将微波调制解调到光频段上，研究出微波光子雷达技术。

微波可以提供低成本可移动的无线连接方式，而光纤则具有低损宽带连接和抗电磁干扰特性。在光纤中可以实现射频波或更高频段信号的无衰减、无信道间相互干扰的带通传输。与传统的微波传输系统比，光纤传输具有体积小、质量轻、成本低、损耗小、抗电磁干扰、大带宽、低色散、高容量等特点。微波信号的光处理技术则能提供更高的微波频率，克服电信号处理电路中信号取样有限的不足，并控制速度，因此可以实现微波信号的高速信号处理、宽带取样及并行操作，且相对实现成本较低。

· 知识延伸

– 微波光子雷达技术的发展方向 –

意大利芬梅卡尼卡集团认为微波光子雷达技术的发展要分四步走。第一步，采用光子技术辅助射频功能的完成，主要包括利用光纤进行射频信号的远距离传输等；第二步，采用光子技术完成复杂的射频功能，包括高频、高稳、高纯微波信号的光学产生，微波信号的移相滤波变频采样等处理；第三步，光子技术取代部分电技术在雷达系统中发挥作用，主要涉及光控波束形成在部分雷达系统中的应用；第四步，采用光子技术构建雷达系统，即实现全光子雷达收发样机。微波光子雷达不仅被学术界认为是新型雷达的未来，也被工业界视作切实可行的解决方案，其必将在未来的战场侦察与监视中发挥重要作用。

微波光子雷达具有多种关键技术。首先是光电振荡器技术。雷达系统中，本振信号质量很大程度上决定了发射信号和接收机中频信号的质量。随着微波光子雷达系统对载波频率的要求越来越高，光电振荡器作为一种产生高频谱纯度微波和毫米波的新型信号源，可产生数兆赫兹到数百吉赫兹的高纯度微波或毫米波信号，相位噪声接近量子极限，是一种非常理想的高性能微波振荡器。

其次是信号源的波形生成技术。发射信号的功率、时宽、带宽、编码形式等参数决定了雷达系统的探测距离、探测精度和抗干扰能力。电子技术生成与处理的信号带宽往往低于 2 吉赫兹。受益于光子技术的大带宽，微波光子雷达提供了超大带宽雷达信号产生的可能性，其波形生成主要有光频时映射法、光注入半导体激光器法、电光相位调制与外差法、微波光子倍频法和光数模转换法五种方法。

最后是微波光子信道化技术。微波光子信道化接收机在光谱上将宽带的接收信号分割到多个窄带的处理信道中，然后对每个窄带信道中的接收信号进行光电探测和信号处理。相比传统信道化接收机，微波光子信道化具有较强的抗电磁干扰能力、较大的承载带宽和瞬时带宽、极低的传输损耗等显著优势。而且信道化本质上是一个多通道并行处理系统，充分利用丰富的光谱资源和灵活的复用手段（如波分复用），因此微波光子信道化得到了广泛关注。

此外，光控波束形成网络、光模数转换等技术亦是微波光子雷达关注的关键技术。

2. 应用范围

相比于传统电子体制雷达，微波光子雷达在带宽上有显著优势，可获得高分辨率图像，从而可获得更加精细的目标结构信息。同时，光混频去斜接收使得系统最后需采集的信号为中频信号，相对应的模数转换采样率显著降低。光本振延时的采用可进一步减少采样数据量，实现目标信息的快速获取，进而提取目标实时运动信息。

微波光子雷达对目标结构特征的准确识别及对结构信息的量化提取具有显著军事和民用价值。图 4 – 55 给出了利用微波光子超宽带成像雷达对典型空天飞行目标的 ISAR 成像结果。图 4 – 55（a）为对 1.2 千米外民航客机成像的结果，从图中可看出整个飞机轮廓清晰，襟翼导轨和引擎等结构可清晰辨识。图 4 – 55（b）为对 150 米外六旋翼无人机成像的结果，从图中可以辨识出机臂（宽度为 1.9 厘米）、机腿（黄色虚线框所示，宽度为 1.8 厘米）、电池及旋翼等结构。除此之外，由于图像的高分辨率特征，可以从图 4 – 55（b）中准确辨识出旋翼的数量为 6。

微波光子技术凭借其低损宽带、抗电磁干扰等特性，将逐步取代部分传统电技术并在雷达系统中发挥作用。该领域的研究已经从单元研究向系统研究转变，全面进入了雷达样机研制和功能演示阶段。虽然微波光子雷达各关键技术的融合、系统指标的提升、转换能效、动态范围和可靠性等方面还需进一步满足实战系统的需求，尤其是光电集成技术不如纯电集成技术成熟，但通过研究人员在超低相噪光电振荡器研制、超宽带波形产生、多功能信号处理、光控真延时波束形成网络，以及各技术之间融合的探索，一定能推动微波光子雷达系统的大发展。

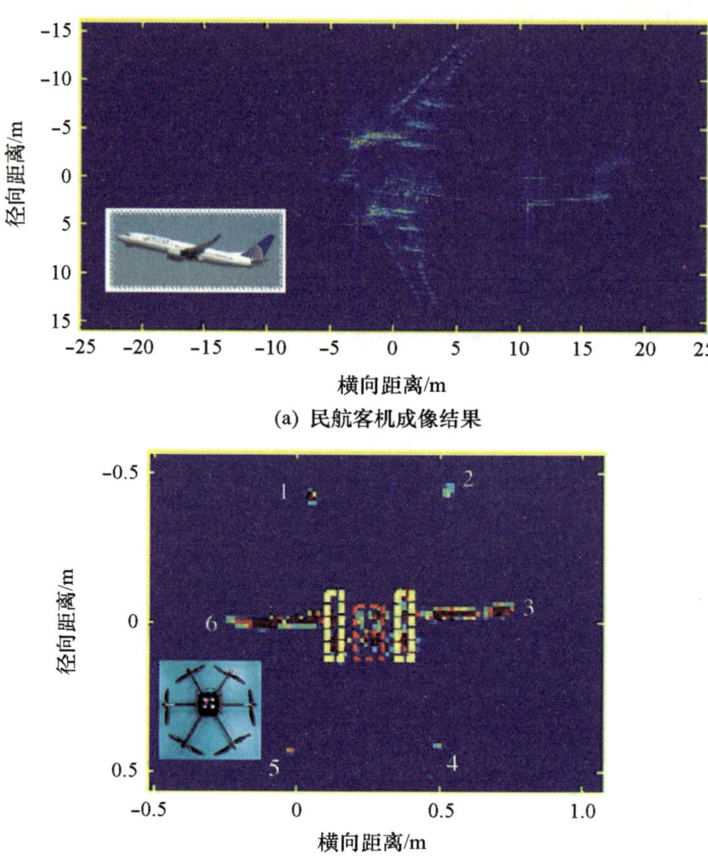

(a) 民航客机成像结果

(b) 六旋翼无人机成像结果

图 4-55 微波光子超宽带成像雷达的 ISAR 成像结果

第5章

水声侦察与监视技术

水声探测技术对人类认知海洋有巨大的潜力和价值。通过声波在水中的传播和反射，水声探测不仅可以获取海洋环境信息，探测水下目标，还可以实现海洋资源开发、海洋环境监测以及海洋灾害预警等多种应用。近年来，水声侦察与监视技术的应用备受关注，水声侦察与监视技术为海上及水下战场的探测感知、信息传递、指挥控制、决策交战以及综合评估等方面提供了可靠的情报信息，成为国防安全中不可或缺的一环。

5.1 水声侦察与监视原理

水声侦察与监视是为满足海军水下作战和海洋开发的需求而发展起来的新兴领域。它利用声音在水中传播的物理特性来获取信息，属于以水声学为理论基础的水媒质环境中的应用声学，是船舶与海洋工程学科的一个重要分支。

水声探测器一般统称为声呐（sound navigation and ranging，Sonar）。声呐的字面意思是声导航与测距，是利用声波在水中的传播和反射来进行导航和测距的技术或设备。近年来，人们将声呐的范围扩大，凡是用水下声波对目标进行探测、定位、跟踪、识别，以及进行通信、导航、制导、武器的射击指挥和对抗等方面的水声设备皆属声呐这一范畴。

· 知识延伸

– 奇异的动物声呐通信 –

声呐并非人类的专利，不少动物都有自己的声呐。海豚能通过口腔或鼻腔把从喉部产生的超声波发射出去，利用折回的声音来定向，这种空间定向的方法称为回声定位，如图 5 – 1 所示。海豚声呐的灵敏度很高，能在几米以外发现直径 0.2 毫米的金属丝和直径 1 毫米的尼龙绳，也能发现几百米外的鱼群，还能使海豚在眼睛被遮住的情况下，灵活迅速地穿行在插满竹竿的水池中而不会碰到竹竿。海豚声呐的目标识别能力很强，不但能识别不同的鱼类，区分黄铜、铝、电木、塑料等不同的物质材料，还能区分自己发声的回波和人们录下它的声音而重放的声波。海豚声呐的抗干扰能力也很惊人，如果有噪声干扰，它会提高叫声的强度盖过噪声，使自己的判断不受影响。海豚是一种有语言的动物，它们的“交谈”正是通过其具有感情表达能力的声呐系统。

图 5 – 1　海豚的回声定位

多种鲸类都用声波来探测和通信，它们使用的频率比海豚的低得多，作用距离也远得多。其他海洋哺乳动物，如海豹、海狮等，也都会发射出声呐信号，进行探测。

终身在极度黑暗的大洋深处生活的动物不得不采用声呐等手段来搜寻猎物和防避攻击，它们的声呐的性能是人类现代技术所远不能及的。解开这些动物声呐之谜，一直是现代声呐技术的重要研究课题。

俄罗斯科研人员利用海豚声呐的原理，开发出了新雷达定位法。研究人员指出，与传统的雷达定位法相比，新雷达定位法的主要不同之处是它可以同时测定物体的距离、移动速度或加速度。如果利用这种方法在大型码头安放多个雷达发射器，就可以更好地控制船只的移动，使其更加准确地靠岸。

声呐是一种特殊的水声设备，整个系统可以分为两大部分，在水中的称为湿端，不在水中的称为干端，如图5－2所示。湿端就是放在水下的部分，如发射基阵、接收基阵等；干端指在船、陆地、飞机等非水下平台上的电子设备，如信号处理机、显控终端等。这种划分并不是绝对的，有时界线模糊。例如，岸基声呐的传输电缆即使登陆后有一部分在岸上，也通常把它归入湿端；又如，拖曳式线列阵用的绞车，虽然有时在甲板上，但通常把它与拖缆一起归入湿端。所以，湿端与干端并不是绝对按水下与水上来划分的。

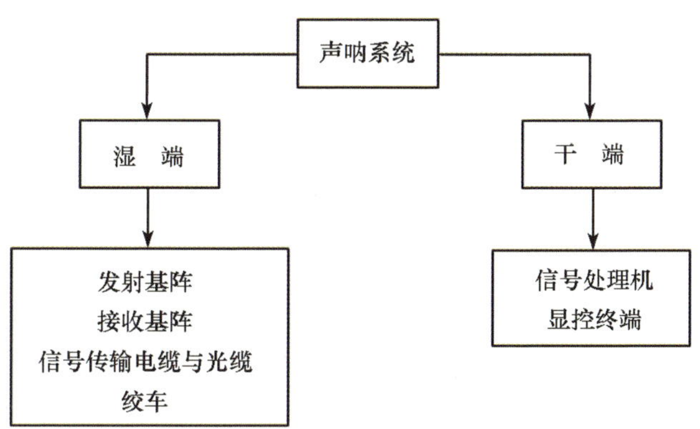

图5－2　声呐系统的湿端与干端

声呐是当今海军开展潜艇战、反潜战、水雷战和反水雷战不可缺少的装备，是水声探测与对抗系统中的重要装备。潜艇在水下的作战活动范围和攻击防御能力，水面舰艇的防潜、反潜能力和反鱼雷、反水雷能力，在很大程度上都取决于它们所装备的声呐的性能。可以说，没有先进的水声探测与对抗技术就没有牢固的海防，也将失去制海权。

• 典型案例

– 水声探测与对抗系统的应用 –

先进的水声探测与对抗技术是国家强大的象征。水声探测与对抗技术在现代海战中已得到广泛应用，并取得了显著效果。在1982年的英阿马岛海战中，阿根廷的“圣·路易斯”号潜艇在对英舰实施了第一次鱼雷攻击后，虽然遭到了反潜直升机和三艘护卫舰长达20小时的搜索和攻击，但仍然安全地返回了基地，很大一部分原因就是该潜艇有效地使用了水声对抗器材。在对付阿军潜艇的同时，英军也对阿根廷最大的巡洋舰“贝尔格拉诺将军”号发起了鱼雷攻击，由于该舰缺乏有效的水声对抗系统，英军只用了一枚直航鱼雷就将这艘巡洋舰击沉，这场战斗最终决定了整个战争的胜负。另外，阿军也对英舰进行了多次鱼雷攻击，但英军的水面舰艇上装备有先进的水声对抗系统，在发现鱼雷攻击后使用了有效的水声对抗器材，使得来袭鱼雷失去目标，并最终因航程耗尽而失去攻击能力。

声呐的工作原理类似于雷达，利用回波的幅度、相位等变化检测、识别目标，并根据接收信号的时延、多普勒、方向图等来计算目标的距离、速度、方位角等参量，如图5－3所示。根据搭载的平台，声呐可分为水面舰艇声呐、潜艇声呐、航空声呐、海岸声呐等；按照工作方式，声呐又可分为主动声呐、被动声呐等。

类似于有源雷达，主动声呐通过主动发射声波信号判断目标，其接收的信号既承受着双程传播损失，又有本舰噪声干扰，很难增大主动声呐的作用距离，如图5－4所示。混响是主动声呐的主要外部干扰之一，由发射信号经各种散射体（海底、海面、海水中不均匀水团等）产生。混响有时会严重妨碍信号的接收，使声呐作用距离减小。水体混响在频谱上与发射信号几乎相同，进一步增加了抑制的难度。例如，探测沉底目标特别是沉底小目标时，海底混响是主要干扰。

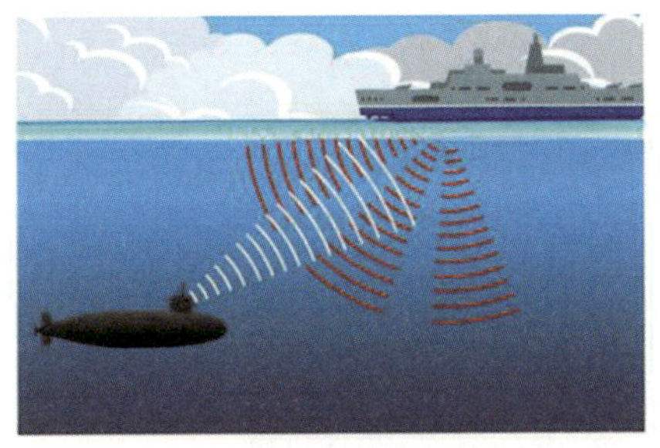

(a) 检测、识别目标

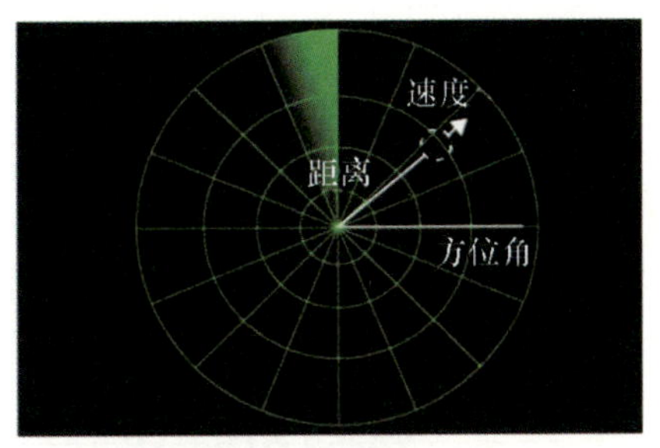

(b) 根据接收信号判断目标参数

图5－3 声呐的工作原理

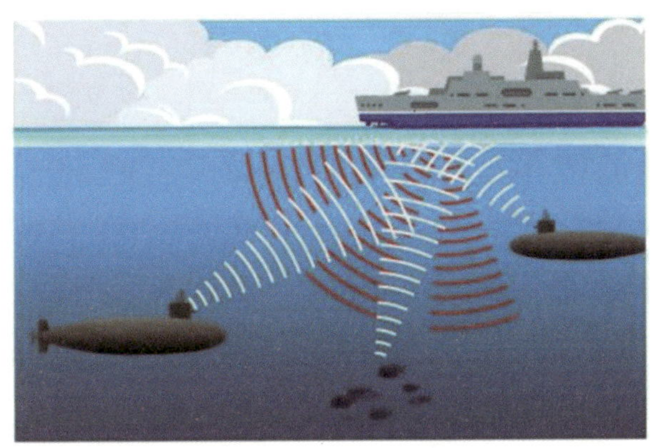

图5－4 主动声呐系统

类似于无源雷达，被动声呐本身不发射信号，通常可根据多个水听器接收信号的时间差异来判断目标位置和识别目标特性，目标不会觉察声呐的存在及其意图，特别适用于不能发声暴露自己而又要探测敌舰活动的舰艇，如图5－5所示。但目标发出的声音及其特征是未知的，声呐设计者只能对某类预定目标的声音进行设计。例如，如果目标为潜艇，那么潜艇自身发出的噪声，如螺旋桨转动噪声、艇体与水流摩擦产生的噪声、各种发动机的机械振动而引起的辐射噪声等就是设计者关心的信号。被动声呐通常需要在本舰噪声背景下接收远场目标发出的噪声，这个信号经过远距传播后变得十分微弱，需要采用比主动声呐更多的信号处理措施，才能保证低信噪比下的正常工作。

图 5－5　被动声呐系统

5.2　水声换能技术

声呐是各国海军进行水下监视使用的主要装备。声呐系统的组成与雷达系统类似，包括发射基阵、接收基阵、显示终端、信号处理机等几个部分。不同的是，声呐使用换能器基阵来替代雷达的天线，同时还具有定时中心控制等功能，如图 5－6 所示。

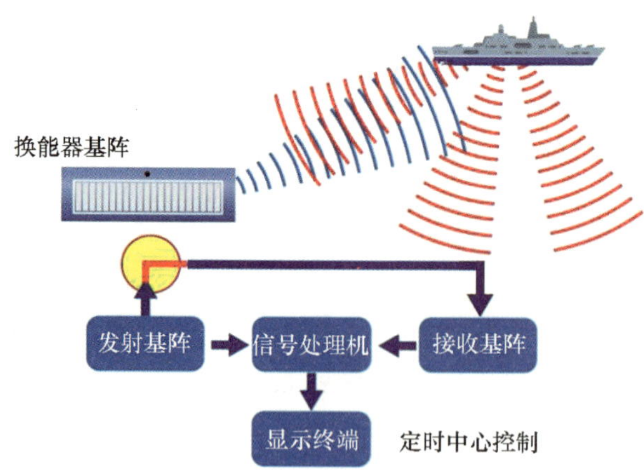

图 5－6　声呐系统组成

可以说只要装声呐的地方就会有换能器。换能器关注的是电能和声能间的相互转换，即能够发射或接收声波，并完成声波所携带的信息、能量与电的信息、能量转换的装置，称为电声换能器，简称换能器。它包括发射换能器与接收换能器，如光纤水听器等。

· 名词解释

- 光纤水听器 -

光纤水听器是建立在光纤、光电子技术基础上的一种新型水声传感器。因其具有灵敏度高、响应频带宽、抗电磁干扰、耐恶劣环境、结构灵巧、易于遥测和构成大规模阵列等特点，备受关注，成为现代光纤传感技术发展的重要方向。例如，美国的弗吉尼亚级核潜艇就装备了轻型宽孔径光纤水听器舷侧阵，极大增强了潜艇的探测能力。

光纤水听器的传感原理是利用声波调制光纤中光波的强度、相位、波长等参量来获取声波的频率、强度等信息。从传感器机理上看，光纤水听器主要分为强度型光纤水听器、相位干涉型光纤水听器和光纤光栅型水听器三类。强度型光纤水听器属于早期光纤水听器技术，其检测灵敏度远不如后来发展的相位干涉型光纤水听器；相位干涉型光纤水听器相对而言最为实用，如图5－7所示；光纤光栅型水听器技术出现最晚，光纤光栅型水听器是采用反

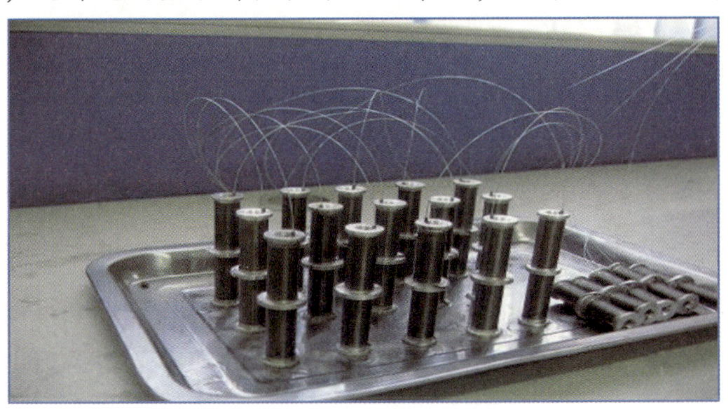

图5－7 相位干涉型光纤水听器单元

射镜、光栅、光纤等器件的混合型光纤水听器，也是目前研究的热点。

多个换能器按一定规律和形状排列起来形成一个阵列，就成为换能器基阵，简称基阵。基阵能实现或增强某些电声性能，如指向性、作用距离等。典型的基阵包括平面阵、圆柱阵、球形阵、共形阵等。弗吉尼亚级核潜艇上就装有多种类型的基阵，如图 5－8 所示。

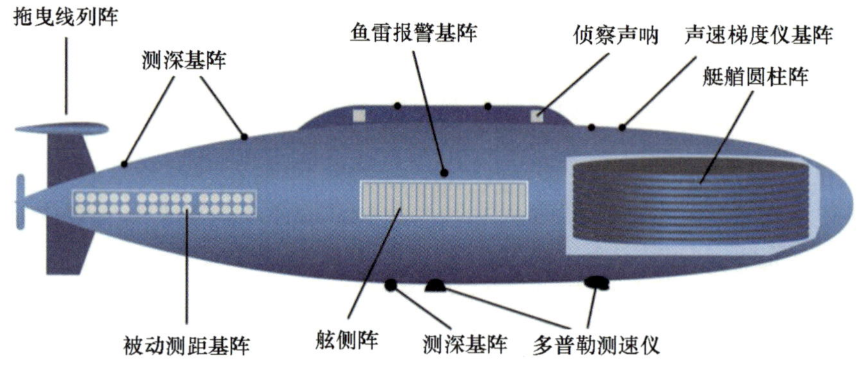

图 5－8　弗吉尼亚级核潜艇上的各种基阵

· 知识延伸

– 圆柱阵 –

圆柱阵指全部或部分具有圆柱形特征的声基阵。除了典型的圆柱阵，还有倒锥体阵、U 形柱阵，主要用于常规潜艇和早期的核潜艇。圆柱阵结构简单且轴对称，具有空间波束均匀、处理方便、平台噪声控制容易等优点，但存在复杂传播条件下适应性不足等弱点。典型的圆柱阵有法国 TSM2233 声呐系统艇艏阵、俄罗斯基洛级 400 声呐艇艏阵和俄罗斯 MGK－540 声呐艇艏阵，如图 5－9 所示。

(a) 法国TSM2233声呐系统艇艏阵

(b) 俄罗斯基洛级400声呐艇艏阵

(c) 俄罗斯MGK-540声呐艇艏阵

图5－9　典型圆柱阵

－球形阵－

球形阵指全部或部分具有球形特征的声基阵。除典型的球形阵外，还有U形球阵和碗形阵。其优势在于能够获得大孔径，特别是垂直和水平两维大孔径，这是声呐性能提升和功能扩展的基础。球形阵环境适应性强，能满足浅海和深海不同的海洋传播环境，但工程实现难度较大、费用较高。因其硕大的体积挤占了艇艏的全部空间，鱼雷发射只能采用肩部发射方式，发射管位置需要向后位移，导致发射管在耐压艇体的开口上椭圆度较大，给潜艇的艇艏舱室布置和耐压艇体的开口控制、建造工艺都带来了一些困难。另外，大型球阵的加工工艺难度高，造价也相当昂贵。

－共形阵－

共形阵是指表面外形完全以载体外壳形状共形的声基阵，也泛指完全或者部分复制舰艇边框形状的基阵。共形阵的优势在于能获得较大的孔径，特别是在水平维的观察范围比圆柱阵大，工程实现较球阵更为简单。但阵形受到艇形限制，即不是所有的艇艏或艇艏所有的部位能够适合共形阵，如艇艏为水滴型的潜艇就很少采用共形阵。此外，与其他阵相比，共形阵受艇噪声和水动力噪声的影响更大，各个方向波束或增益不均匀。典型的有俄罗斯阿穆尔级潜艇艇艏共形阵、英国机敏级核潜艇艇艏共形阵，如图5－10所示。

(a) 俄罗斯阿穆尔级潜艇艇艏共形阵

(b) 英国机敏级核潜艇艇艏共形阵

图 5-10　典型的共形阵

5.3　大规模水听器阵列技术

水声目标可以是声呐接收的所有感兴趣的水下对象，如水中的气泡声、海洋背景噪声、潜艇发动机、声呐信号等。随着潜艇禁噪技术的不断发展，声呐对现代安静型潜艇的探测越来越困难。为了实现这种类型潜艇的探测，往往需要大规模的传感器阵列，以提高接收增益。

图 5-11 是一种水听器阵列的布放图。大量的水听器阵列沿岸边布置，收集水中的声音信号，然后统一送到信号和数据处理系统。通过这样的岸基声呐，可以实现对潜艇这样的水声目标进行远距离侦察与监视。

在这样一个大规模的传感器阵列中，最关键的就是每一个传感器单元——光纤水听器。其常见类型有相位干涉型光纤水听器，又称为调制型光纤水听器。相位干涉型光纤水听器依赖光的干涉，通过激光器发出激光，经 3 分贝光纤耦合器分为两路，一路构成传感臂，接收声波调制，另一路则构成参考臂，不接收声波调制，或者接收与传感臂相反的调制；两路光信号经过后端反射膜反射后返回光纤耦合器，合在一起发生干涉；干涉的光信号经光电探测器转换为电信号，经信号处理后拾取声波信息。当要探测一个离光纤水听器很远的舰船目标时，光纤水听器可以接收它发出的微弱声信号，这个

图5-11　一种水听器阵列的布放图

水声振动信号经过高灵敏度的光学相干检测转换成光信号，通过光纤传至信号和数据处理系统，输出的激光信号经过光电检测系统进行光电转换以后，会得到一个电信号的输出。因为目标信号非常弱，得到的电信号是一个平缓的信号。当离目标距离近的时候，即当目标的声信号足够强时，就能在输出端的激光信号中明显看到一种调制信号，这种调制后的信号，经过光电检测系统进行光电转换后成为电信号，如图5-12所示。通过电信号可以很容易

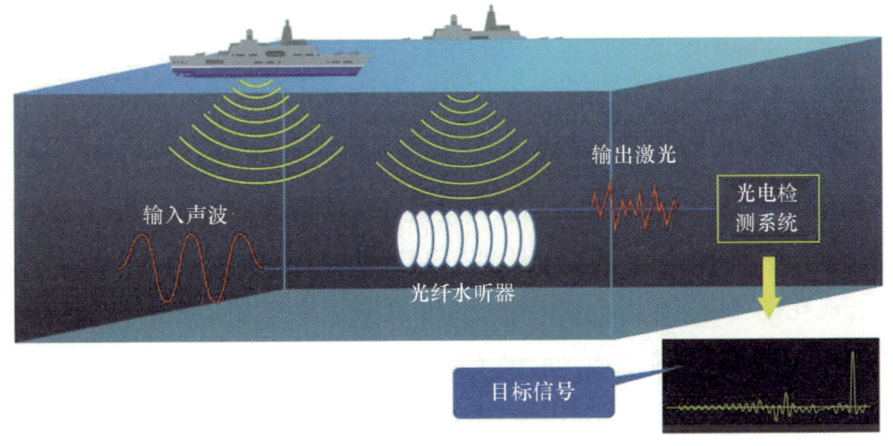

图5-12　光纤水听器工作原理

地识别目标，从而实现对水声目标的探测。

与传统水听器相比，光纤水听器将大量单元信号经由一根光纤传输形成大规模阵列，可以形成一张巨大的洞察海底的水听网，如图 5-13 所示。大规模光纤水听器阵列具备侦听所需的安静环境，可以实现长期、连续观测，且不受恶劣海况影响，但是其观测海域范围有限，成本较高。

图 5-13　大规模光纤水听器阵列

5.4　合成孔径声呐技术

丰富、直观的图像是信息获取的重要来源。合成孔径声呐利用声波能在水下进行远距离传输的原理对水下物体、地貌等进行声学成像，如图 5-14 所示，用途十分广泛。

与 SAR 类似，合成孔径声呐利用平台的运动来获得虚拟的孔径，利用虚拟的孔径代替真实孔径，解决方位向高分辨的问题，如图 5-15 所示。

合成孔径声呐图像的分辨率也分为距离分辨率和方位分辨率。距离分辨率指声传播方向的分辨能力，取决于信号的脉宽或者带宽；方位分辨率与声呐的基阵，也就是孔径大小有关。要提高方位分辨率，可以采取加大声呐基阵尺寸的方法，但是加大尺寸会受到基阵载体、工程实现等方面的限制。

(a) 海底失事飞机成像　　(b) 海底地形地貌成像

图5－14　典型的合成孔径声呐成像结果

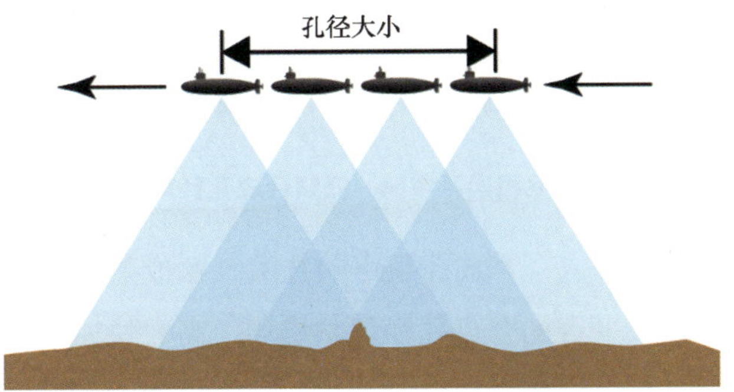

图5－15　合成孔径声呐的孔径

合成孔径声呐在水声目标探测方面有突出的优点和优越的性能。它可以利用较宽的测绘带实现高分辨率成像，大大提高目标识别率。同时由于探测平台的出动次数减少和探测时间缩短，测绘效率得到提高。

在掩埋物探测方面，由于合成孔径声呐可以工作在30千赫兹甚至频率更低的波段，具有较好的穿透性能，能够探测掩埋物。而传统的侧扫声呐不能工作在这个频段，浅剖声呐测绘带宽带极窄，大范围扫测的效率远低于合成孔径声呐。因此，低频合成孔径声呐被认为是在掩埋物探测方面最可行、最有潜力的手段。图5－16海底为双频型合成孔径声呐对海底相同区域的成像结果，图5－16（a）为掩埋海底输油管道的低频穿透成像结果，而图5－16（b）为同一区域高频表面成像结果。通过将两图比对，确定油管为掩埋状态。

(a) 低频合成孔径声呐成像结果
（掩埋深度1米的海底输油管道）

(b) 高频合成孔径声呐成像结果
（无穿透能力，看不到掩埋油管）

图 5－16　海底相同区域高、低频合成孔径声呐成像结果

随着理论研究的深入，合成孔径声呐技术日益成熟。其主要的研究热点包括针对多频段、多平台的合成孔径声呐应用，高效快速的成像算法，运动补偿问题，实际声场环境等方面。

随着声传播理论、水声换能器技术、信号检测技术的快速发展，水声探测技术水平不断提高。对于海战而言，谁能先发现敌人并采取正确快速的反应，谁就能取得战争的主动权。现代海战是空中、水上、水下同时进行的立体化战争，使用的武器射程远、命中率高、杀伤力强、破坏性大，这些都不断推动着新一代声呐系统的发展。

• 知识延伸

－新一代声呐系统的发展－

新一代声呐系统集舷侧、艏端、拖曳、主/被动、多频段声呐于一体，兼具目标探测、跟踪、识别、水文侦察、水下通信和导航、信息综合处理和显示、鱼雷控制、水声对抗等多种功能，大幅提高了潜艇和水面舰艇在深海和浅海中的探测性能和信息作战能力。其主要发展趋势有三个方向。

（1）全自适应智能化认知

认知声呐将发射机、接收机与环境自适应匹配，根据对工作环境和目标信息的学习，不断更新接收机和自适应调整发射机；发射机根据目标距离、尺寸，调整发射波形参数，智能化照射；整个认知声呐系统构成发射、接收和环境的闭合反馈环路；利用环境和目标先验信息提高声呐系统性能。

（2）MIMO声呐

MIMO声呐利用发射信号的分集特性扩展收发阵列的虚拟孔径，提高目标探测能力。声呐的多通道同时发射正交信号，从不同角度照射目标，降低起伏衰落，提高探测稳定性。MIMO声呐能解决水下、近海航船数量多，噪声大，声场复杂，多径和多普勒效应严重的问题，为探测水雷、蛙人、静音潜艇等信号弱的目标提供了一条新途径。

（3）广域异质多传感器联合感知

为对付潜在的潜艇威胁和浅海、沿岸水域的水雷威胁，水下探测体系结合分布式敏捷猎潜、可部署自主分布式系统以及反潜系统，实现大区域水下感知，并向跨域对海监视引导体系迈进。这一联合应用能在对抗环境中，利用水下、海上、空中等有人、无人系统的雷达、光电、声呐探测装备，实现跨域分布式探测、识别、定位、打击及评估，提高作战效能。

第三篇 侦察与监视装备

侦察与监视装备

掌握战场上重点目标的细微变化是夺取制胜权的关键。为了更好地捕获战场的细节，侦察与监视装备需要具备强大的侦察与监视能力。

侦察与监视技术的发展直接推动了侦察与监视装备的发展，最终从多方面促进了情报质量的升级，为打赢现代化战争提供了更大的筹码。在现代战争中，战争双方在作战中通常广泛运用具有多种载荷平台的侦察与监视技术装备，以获取战争所需的大量情报。这些情报信息为战斗人员夺取信息优势、掌控战场的主导权进而控制战场提供了直接支援，同时极大地提高了作战能力和效率。

本篇按照装备载荷平台，分类介绍侦察与监视装备，包括航天侦察与监视装备、航空侦察与监视装备、地面侦察与监视装备、海上及水下侦察与监视装备。

第 6 章

航天侦察与监视装备

航天侦察与监视装备是指以航天器为平台，在外层空间对地面、空中和空间有价值的目标进行侦察与监视的装备。空间监视的主要对象包括洲际弹道导弹、人造地球卫星及其他空间飞行器，甚至各种空间碎片和垃圾也在监视的范围之内。空间目标监视具有重要的军事价值，不仅有助于确定潜在敌人的空间位置，还可以预测空间物体的轨道，对可能发生的碰撞和对己方空间系统的攻击进行告警等。

随着航天技术的高速发展，航天侦察与监视的情报获取实时性日益提高，现代高技术战争对航天侦察与监视的依赖性也逐渐提高。各个国家都十分重视其作用，大力发展航天侦察与监视装备。其中，最为常见的航天侦察与监视装备以人造卫星为搭载平台，也有少量搭载于载人航天装备。

• 知识延伸

– 航天侦察与监视手段的优势 –

现代航天侦察与监视系统具有小型化、轻型化、高度精确化、情报侦察实时化等特点，航天侦察与监视手段的优势具体有如下四点。

侦察范围广、覆盖面积大。在同样的视角下，卫星的侦察范围是飞机的几万倍，例如，运行在离地面150～200千米高轨道上的成像侦察卫星能把4万多平方千米的地区拍摄在一张图片上，这样一张图片抵得上几十张，甚至上百张航空侦察图片；运行在离地面36 000千米高的同步轨道信号情报侦察卫星，甚至能侦察与监视整个地球表面五分之二的地区。

运行速度快。在近地轨道上运行的侦察卫星，飞行速度高达7.9千米/秒，约为美军U－2高空侦察机的35倍，每天可绕地球飞行17圈。

可定期或连续地监视某一地区。低轨侦察卫星每天可绕地球飞行十几或数十圈，可侦察纬度较低的地区1～2次。若发射卫星组网，则可缩短侦察该地区的时间间隔；若采用同步侦察卫星，则能连续不断地监视某一地区。

侦察行动无外交纠纷。地球外层空间为人类共同所有，把传感器放在航天器上，不受各国的主权、政治、地理等因素的限制，可自由地对目标进行观测，飞越地球上任何一个地区，畅通无阻。

航天侦察与监视手段主要包括光电探测、无线电探测两种基本手段。其中，无线电探测中的雷达探测主要执行地球表面测绘，地表、空中和空间目标的侦察与监视、观测、跟踪，以及高度测量和空间物体间交会定位等，具有全天时、全天候的独特优势。

多源探测手段融合是信息探测领域的发展趋势，典型的航天侦察与监视卫星中多同时搭载了红外传感器、可见光传感器、雷达等多种设备。本章主要对光电成像侦察卫星、雷达成像侦察卫星、情报侦察卫星三种典型航天侦察与监视装备进行介绍。

6.1 光电成像侦察卫星

光电成像侦察卫星是指搭载光学侦察设备从空中实施侦察、成像、预警的卫星。卫星搭载的光学侦察设备包括红外、可见光、多光谱等，具备光学遥感成像、红外预警探测等功能，能对军事要害实施精确打击提供支持。现今装备的光学成像侦察卫星分辨率多数优于 1 米。例如，美国在轨运行的光学侦察卫星“锁眼”系列，代号为 KH（Keyhole），其最新型号第六代 KH－12 系列卫星可以达到 0.1 米的地面像元分辨率，拥有多光谱成像能力，搭载的红外成像仪可提供分辨率为 0.6～1 米的红外图像，具备一定的夜间成像能力。KH－12 系列卫星还采取了防核加固和防激光武器攻击措施，加装了防碰撞探测器，支持燃料在轨加注，具有极强的机动变轨能力。美国作战快速响应太空卫星（ORS－1）能为地面部队指挥官提供指定区域的彩色图像，并可为部队提供全天候夜视侦察能力。其搭载的多光谱传感器，分辨率为 1 米。该卫星可与地面系统互联，将侦察到的图像等信息进行处理并分发到战场，使战场指挥官在数分钟内获得所需的侦察信息，以达到空间系统的快速响应能力，为美国中央司令部提供战场太空态势感知。

· 科技博览

－加拿大“蓝宝石”和近地天体监测卫星－

“蓝宝石”（Sapphire）军用卫星和近地天体监测卫星（NEOSSat）于 2013 年 2 月 25 日同时搭载在印度极轨卫星运载火箭 C20（PSLV－C20）上，进入高度 786 千米的太阳同步轨道。Sapphire 卫星是加拿大空间监测系统的核心，用来跟踪定位轨道高度在 6 000～40 000 千米范围内的空间碎片，可在轨处理 360 个常驻空间物体（resident space object，RSO）目标，对每个 RSO 目标平均生成 8 幅照片，其构型如图 6－1 所示。NEOSSat 用于跟踪观测近地小天体和地球高轨卫星与碎片，更新其轨道参数信息，以验证小卫星对 15 000～40 000千米高度的物体提供度量（位置/时间）数据的能力。卫星发射质量为 74 千克，所载相机为马卡望远镜，成像敏感器为 CCD，每天对 RSO 共拍摄 300 张照片。

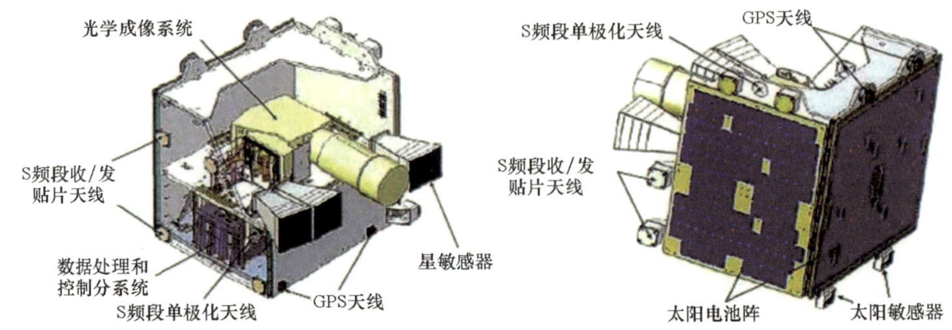

图 6－1 Sapphire 卫星构型示意图

光学侦察预警卫星主要用于导弹预警，属于航天预警系统，通常运行在地球静止轨道或者周期为 12 小时的高椭圆轨道上，一般由多颗卫星组成预警网，覆盖范围非常大。导弹预警卫星搭载有红外探测器、电视摄像机、核辐射探测器、航天预警雷达等。它对战略洲际弹道导弹预警时间约为 30 分钟，对潜射导弹的预警时间约为 15 分钟，通常称为导弹预警卫星。

导弹预警卫星能探测在轨卫星、轨道武器、太空碎片、弹道导弹、巡航导弹、战略轰炸机等空间、空中或地面目标。一方面，航天预警雷达要做到尽早发现目标，计算目标位置，提供足够的预警时间，以便对来袭的远程战略轰炸机进行探测和警戒。例如，对空间攻击武器的来袭发出警报信息；估算来袭目标的起始点位置，预报其落点或袭击位置；将警报信息迅速传送给作战部队，使其在来袭导弹击中目标之前有足够的时间做出必要的反应等。另一方面，航天预警雷达要实现对热点及重点地区的连续监视。例如，监视敌方导弹及军事要地，提供敌方导弹欲向我方重要目标攻击的预警信息；对空中和地面的运动目标进行实时侦察、监视和跟踪等。

美国典型的导弹预警卫星有美国国防支援计划（DSP）导弹预警卫星、天基红外系统和空间跟踪与监视系统。

美国国防支援计划（DSP）导弹预警卫星是典型的导弹预警卫星。该卫星于1972年投入使用，第一代共发射了7颗，第二代共发射了8颗，从1970年11月开始陆续发射第三代DSP导弹预警卫星，迄今为止共发射了23颗。目前在轨服役的是第二代、第三代DSP导弹预警卫星，有5颗DSP系列卫星（DSP17、DSP18、DSP20、DSP21和DSP22）将延长服役至2030年。

DSP导弹预警卫星在历次高技术局部战争中表现出了航天预警系统的巨大优势。海湾战争期间，美国运用了2颗DSP导弹预警卫星监视“飞毛腿”导弹的发射。由于从导弹发射到判断导弹着落区需要120秒，且情报传送至海湾部队需要180秒，卫星可提供给“爱国者”导弹90～120秒的预警时间。

天基红外系统（SBIRS）是美国的骨干导弹预警卫星系统，能够提供更快更准确的战区导弹发射报告，为导弹防御系统作战提供有效支持。系统由4～6颗GEO卫星和4颗HEO卫星组成。其中，GEO卫星负责中纬度地区的探测，HEO卫星负责极地地区的探测。SIBRS的探测范围和能力均优于DSP导弹预警卫星，其搭载两种红外探测器——扫描探测器和凝视探测器。其中，扫描探测器采用多种模式对南北半球进行快速扫描，用于洲际弹道导弹的持续观测和监视；凝视探测器可探测低特征、燃烧时间较短的战术导弹；两者可通过交换目标信息实现对导弹飞行过程的跟踪。与上一代DSP导弹预警卫星相比，SIBRS的扫描速度提高1倍，灵敏度提高3倍；对来袭导弹的位置测定速度提高69%，且定位精度优于1千米；可在导弹发射后的10～20秒内将预警信息传送给指挥中心。美国国防部透露，SBIRS曾于2020年1月探测到十几枚伊朗向驻伊拉克美军发射的导弹，并及时向美军发出预警，从而避免了美军基地的人员伤亡。

空间跟踪与监视系统（STSS）主要用于弹道导弹的全弹道跟踪、弹头识别，为雷达和拦截弹提供指引信息等。STSS原计划部署24～27颗卫星，但由于技术和经费原因，只发射了1颗先进技术风险降低卫星和2颗演示验证星。STSS参与了多次在轨试验，成功验证了其针对弹道导弹的全弹道立体跟踪能力和实时通信能力。2020年，“标准-3”拦截弹成功完成洲际导弹拦截试验，试验中STSS为“标准-3”拦截弹提供了火控信息。

美国的下一代天基预警系统将采用多星、多轨道的分布式部署方式，重点提升探测和生存能力，对高超声速武器和弹道导弹等实现全弹道预警、探测和跟踪。在低轨方面，美国太空发展局、导弹防御局和国防高级研究计划局等多家机构正在开展合作，构建大规模、低成本、小型卫星星座。在高轨方面，美国空军在 2018 年启动了预警卫星项目——下一代过顶持续红外（OPIR）系统，主要由天基传感器和地面数据处理站组成，可持续或近乎连续地产生红外图像，支持执行导弹预警、导弹防御、技术情报和战场空间感知等任务，为美国提供洲际弹道导弹发射、潜射弹道发射和战术导弹发射的预警能力，实现对新出现的威胁的探测和跟踪。

• 典型案例

– 天基系统在海湾战争中初现成效 –

1991 年的海湾战争是历史上首次全面投入天基系统的作战行动，也被称为第一次太空战。在海湾战争筹划与实施过程中，以美国为首的多国部队动用了 70 多颗卫星。太空系统在战场侦察与监视、远程精确打击中发挥了重要作用，极大地改变了现代战争的作战样式和效果。

海湾战争中，DSP 导弹预警卫星对伊拉克发射的所有 88 枚“飞毛腿”导弹成功实现了预警，为导弹拦截和人员疏散赢得了宝贵时间。同时超过 90% 的战区通信由作为指挥控制中枢的通信卫星完成，联合军用与民用通信卫星，打通了民为军用的作战新渠道。利用 GPS 导航卫星，陆军在茫茫沙漠中能实现准确定位，空军在夜晚或恶劣天气条件下也能攻击目标，海军战斧巡航导弹打击精度显著提高。多国部队进攻伊拉克时，遭遇了海湾地区 14 年来最恶劣的天气，近实时的气象卫星提供的战场环境情报保障了在战争中部队机动不会陷入泥潭，确保激光和可见光制导武器能有效发挥作用。

海湾战争中，基于外太空孔径天基系统信息支援下的精确打击与联合作战显示出巨大威力，由此形成了面向联合作战信息支援的太空防卫作战概念。从系统到体系，卫星功能更加健全完善；从战略到战术，深度参与各类作战行动；从全球到战区，全面纳入联合作战体系。美国天基系统建设在太空监视系统、太空控制手段、太空作战支援体系等方面显现出体系化作战的发展趋势。

6.2 雷达成像侦察卫星

成像侦察卫星搭载的雷达侦察设备主要指合成孔径雷达。合成孔径雷达不受云、雾等低可见度天气和光照条件影响，既可以对目标进行全天时、全天候侦察，如跟踪舰船活动、监视机动式弹道导弹动向，还可以识别地面伪装或地下目标，极大地弥补光学成像的不足。航天合成孔径雷达主要应用于对地成像、高程测量等，如对敌方军事要地或军事设施进行实时成像、绘制数字地形高程、描绘洋流探测等。图6-2为美国五角大楼的光学图与航天合成孔径雷达的成像图。与相同分辨率的光学图相比，雷达图像对建筑的结构等信息更为敏感，能够获得光学图像不具备的信息。

(a) 光学图

(b) 雷达成像图

图6-2 航天合成孔径雷达的成像图与光学图

1972年，美国阿波罗17号宇宙飞船首次在外层空间使用合成孔径雷达。1978年，美国海洋卫星（Seasat）的成功发射标志着星载SAR已经走向实用阶段。1988年，美国“亚特兰蒂斯”号航天飞机将世界上第1颗高分辨率雷达成像卫星“长曲棍球 -1”（Lacrosse -1）送入预定轨道。“长曲棍球”（Lacrosse）系列 SAR 卫星，是当今世界最先进的军用雷达侦察卫星，已成为美国卫星侦察情报的主要来源。美国研制的“长曲棍球”合成孔径雷达卫星是世界上第一种军用雷达成像卫星，如图 6 -3 所示。它搭载了各种频段的合成孔径雷达，是美国 21 世纪初空间雷达成像侦察的主要工具。美国已发射了 5 颗这个系列的卫星，装有 X 波段和 L 波段 SAR 系统，分辨率可达 0.3 ~1 米，对全球热点地区每 3 小时观测成像一次。

图 6 -3 “长曲棍球”合成孔径雷达卫星

目前，美国在成像侦察卫星领域处于领先地位，具备在全球范围内全天时、全天候、全电磁频谱段获取情报信息的能力，实现了多种载荷的融合应用。8X 增强型光学成像系统卫星是美国现役的混合型成像侦察卫星，卫星搭载有光学传感器和合成孔径雷达两种成像载荷。2018 年，美国部署了“卡佩拉”卫星星座，其能够提供 1 米以下的 SAR 图像数据产品，受到了多方关注。

“卡佩拉”卫星星座是美国卡佩拉空间公司研发的由 36 颗合成孔径雷达微卫星组成、运行在 12 个低轨轨道面的卫星星座，目标是为用户提供重访周期 1 小时、分辨率 0.5 米的 SAR 图像数据产品，可用于商贸、农业、食品安全、基础设施安全性监测、自然灾害管理等领域。每个“卡佩拉”卫星星座都有三年的设计寿命。通过每年发射 16 颗卫星，星座将持续保持其成像能力。经过不断更新卫星及其技术，“卡佩拉”卫星星座能够不断改进星座和雷达性能。

欧盟、加拿大、俄罗斯、日本等也陆续开展了雷达成像侦察卫星的研究与应用，典型的如欧洲航天局 ERS 系列雷达和卫星“哨兵”（Sentinel）、加拿大航天局 Radarsat 系列卫星、俄罗斯“秃鹰”（Kondor）卫星、日本先进陆地观测卫星（ALOS）、德国 TerraSAR、意大利 COSMO－SkyMed 星座等。

加拿大从20世纪80年代末开始与美国国防部联合研制 Radarsat－1 卫星，并于90年代中期完成了部署，主要用于防御飞机和空中、海上发射的巡航导弹。2007年12月，Radarsat－2 卫星（如图6－4）发射升空，该卫星可根据指令在右视和左视之间切换，缩短了重访时间，提高了获取立体图像的能力。该卫星增添了聚束、多极化、多视精细等成像模式，能为用户提供丰富的成像数据。

图6－4 Radarsat－2 卫星

2019年，加拿大新一代雷达成像卫星星座——雷达卫星星座任务（RCM）发射升空，成为加拿大执行灾害管理、生态系统监测、海上监控等任务的新“干将”。RCM 是 Radarsat－2 卫星的升级版，采用多颗小卫星组网协同运行方式。其每颗卫星质量1 400千克，长1.7米，宽1.1米，高3.6米（天线展开后跨度为6.98米），卫星结构如图6－5所示。RCM 卫星载有C波段合成孔径雷达和船舶自动识别系统（AIS），具有低分辨率、中分辨率、高分辨率、低噪声、聚束、全极化、干涉测量等多种成像模式，最高分辨率为1米×3米。每星每轨平均成像时间15分钟，最长25分钟，连续成像时间

12.5 分钟。可实现对距离加拿大海岸 2 000 千米的所有海域及长 25 米船只的精确探测。

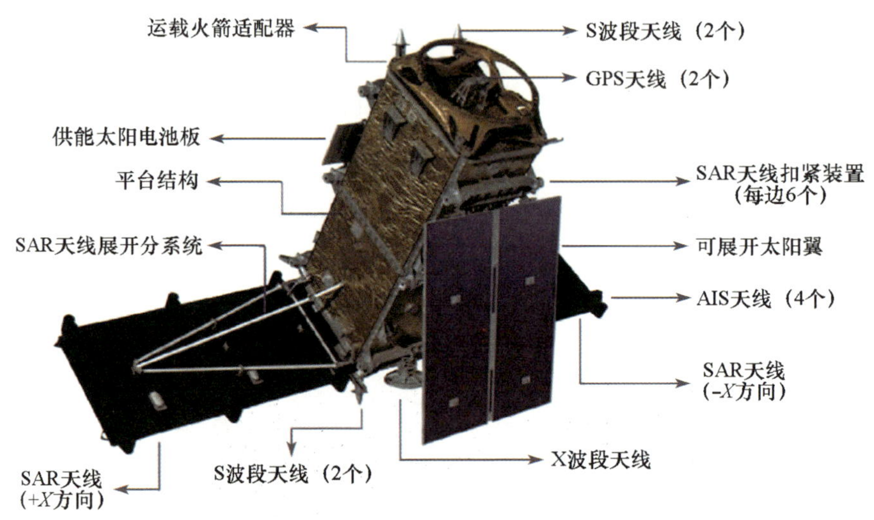

图 6-5　RCM 卫星结构

俄罗斯部署了名为“秃鹰”的雷达成像侦察卫星。“秃鹰”卫星由机械制造科研生产联合体公司研制，质量约 1 150 千克，运行在高度约 500 千米的极轨道上；采用 S 波段抛物面天线，具有聚束、条带、扫描三种合成孔径雷达成像模式，可实现对卫星两侧成像，入射角为 20°～55°，视场范围为每侧 500 千米。在聚束模式下，分辨率 1 米，幅宽 10～20 千米；在条带模式下，分辨率 1～3 米，幅宽 10～20 千米；在扫描模式下，分辨率 5～30 米，幅宽 20～150 千米，并具备一定的立体观测和干涉测量能力。

6.3　情报侦察卫星

情报侦察卫星，又称电子侦察卫星，是主要用于侦收通信、雷达和武器遥测等系统辐射的电磁信号，并根据信号测定辐射源地理位置的侦察卫星。辐射源定位体制有单星、多星等体制。一般根据多点定位原理，采用多颗卫星组网测量的方法，即通过测量卫星接收信号的时间差来计算卫星与信号源的距离，最终定位目标。情报侦察卫星侦察的目标几乎已遍及所有射频信号，辐射源定位有单星、多星等体制，卫星分布在低、中、高三种地球轨道。

• 名词解释

- 卫星轨道 -

卫星轨道按轨道高度，可分为低地球轨道、中地球轨道、高地球轨道三种。

低地球轨道（low earth orbit，LEO），又称近地轨道，轨道高度在400～2 000千米。绝大多数对地观测卫星、测地卫星、空间站以及一些新的通信卫星系统都采用近地轨道。近地轨道卫星的运行速度快，一天内能多次绕地运行。低轨电子侦察卫星通常采用多星组网的方式，具有定位快、精度高、时效强的特点。

中地球轨道（medium earth orbit，MEO），轨道高度在2 000～36 000千米。导航卫星多采用此类轨道。中轨道卫星兼具高轨道和低轨道卫星的优点，可实现全球覆盖和高效的频率复用；缺点是需要部署大量的卫星，卫星的组网技术和控制切换等比较复杂。

高地球轨道包括高椭圆轨道（high elliptical orbit，HEO）与地球静止轨道（geostationary earth orbit，GEO）。

高椭圆轨道是近地点与远地点高度相差较大的轨道，距离地球表面的最近点近似低轨，最远点在36 000千米以上。高椭圆轨道航天器在远地点可实现较长时间驻留，易于对高纬度地区进行通信和电子侦察，实现长时间连续的侦察与监视；在近地点附近轨道高度低，易于实现高分辨率成像侦察。空间环境探测航天器多采用高椭圆轨道。

地球静止轨道，又称地球同步轨道，是最稀缺的轨道资源，轨道高度约为36 000千米。置于该轨道上的卫星绕地球一周的时间与地球自转一周的时间相同，即卫星相对于地球静止不动，因此该轨道称为地球静止轨道，在地球静止轨道上运行的卫星称作地球静止卫星。在地球静止轨道放置一颗卫星可覆盖地球40%区域，等距离放置三颗，即可实现除两极外的全球通信，以及全球长时间连续的信号侦察与监视。但是地球静止轨道须间隔一定距离放置卫星，以免电磁波相互干扰。地球静止轨道为有限自然资源，各国争相利用。

美国是世界上最早研制、发射并使用电子侦察卫星的国家，在卫星的数量、种类、技术性能以及军事应用等方面都跻身世界前列。

美国在低轨道部署了普查型、详查型、特殊型等多种类型的电子侦察卫星。低轨道电子侦察卫星可以通过卫星组网进行接力侦察，但由于过顶时间短，往往获得的信息不连续，且组网成本较高。典型代表为“白云”（White Cloud）系列，其是隶属美国海军海洋监视系统（NOSS）的电子侦察卫星。

· 科技博览

美国海军海洋监视系统

美国海军海洋监视系统的第一代卫星代号为“白云”（图6－6）和“命运三女神”（Parcae）。目前服役的主要是第二代和第三代卫星。

图6－6 美国“白云”海洋监视卫星

第一代“白云”卫星（NOSS－1）每组卫星是由4颗卫星组成的空间侦察系统，其中1颗为主卫星，3颗为副卫星。系统通过截获目标的电子信号来确定目标位置。在轨道上，3颗副卫星以三角形的形式协同飞行，卫星阵列通过三角测量确定目标位置，同时向地面传递相关侦察与监视数据，包括目标行进的坐标、方向和速度等。

第二代“白云”卫星（NOSS－2）维持了第一代的卫星簇结构，区别在于第二代卫星装载了高分辨率光学成像和雷达成像设备，具备全天时、全天候的侦察能力，能够准确跟踪船只和飞机。第二代卫星还提升了侦收频率的上限，改进了星载仪器间的干扰情况，扩大了目标监视范围。这个计划也称为海军航天广域监视系统（SBWASS－Navy）。

由于SBWASS要实现全球覆盖所需的卫星较多，耗资巨大，因此2000年起，美国国防部将海军和空军的两个独立计划合并为一个系统，即联合航天广域监视系统。联合航天广域监视系统强化了卫星的总体侦察能力，兼顾了空、海军对战略防空和海洋监视的需求，这就是第三代“白云”卫星系统。2001年9月，该系列发射第一组试验卫星，之后每过两年进行补充发射。与之前两代不同的是，第三代改变了原先一主三副的结构，采用了双星组网的方式，运行在高度1 000千米、倾角63.4°的轨道上，集成了空军战略防空和海军海洋监视的侦察需求，具备全天候的全球侦察与监视能力。

“水星”（Mercury）卫星是美国空军主管的地球静止轨道电子侦察卫星，主要用于截获通信情报。该卫星采用了口径接近100米的圆形军用特种天线，不但可侦听低功率的手机通信信号，还能收集导弹试验中的遥测和雷达信号。“顾问”（Mentor）卫星是服务于美国中情局的地球静止轨道电子侦察卫星，该卫星高度机密，据称其侦察天线直径超过150米，可截获0.1～20吉赫兹频段范围内的所有信号。“军号”（Trumpet）卫星是美国空军的高椭圆轨道电子侦察卫星，卫星装载了复杂宽频带相控阵天线，外形类似于一顶大遮篷，主要任务是对我国高纬度地区和俄罗斯实施长期监听。

“入侵者”（Intruder）系列卫星是美国建设20年以上并持续研发的第五代电子侦察卫星，是集成过顶信号情报体系的重要组成部分。该卫星将通信情报和电子情报集中在单一的侦察平台上，同时具有极强的机动变轨能力和情报搜集能力。

第7章

航空侦察与监视装备

航空侦察与监视是指使用航空器在环绕地球的大气层内，对敌方活动、阵地等情况进行的侦察与监视，主要利用空中飞行平台装载各式侦察与监视传感器，搭载的空中飞行平台有固定翼飞机、直升机、无人机、飞艇、浮空气球等。

航空侦察与监视装备采用升空平台实施侦察，突破了地面侦察与监视设备受地球曲率和地形障碍物对视线的限制，实现了对战场居高临下的远程监视。航空平台可同时装载多种侦察设备，各种侦察设备的性能可互相补充，目标数据准确度高，具备全天候、全天时远程侦察能力。与航天平台相比，航空平台机动灵活性大，可随时、多次出动，并根据战场情况、目标种类、时间与气候等选择不同的侦察手段，快速到达目标区域。此外，航空侦察与监视装备侦察时效性强，可对战场目标实施连续侦察，以保证战场情报完整、连续、实时地传递到指挥员及作战部队。

航空侦察与监视装备种类繁多、体系繁杂，主要包括空中预警探测、对地战场监视和战术弹道导弹/临近空间目标辅助预警三类装备。大部分航空装备与航天装备类似，其区别主要在于航空装备有丰富的航空平台。本章围绕航空平台，主要介绍机载光电侦察系统、机载侦察预警系统和临近空间飞行器载雷达。

7.1 机载光电侦察系统

机载光电侦察系统是指搭载在飞机上、在大气层空间进行侦察与监视活动的光电探测系统。其装备的光电载荷有摄像机、多光谱分析仪等光学成像设备，可见光照相机等光学相机设备，前视红外仪，激光目标指示器、激光测距机等激光测距设备，能提供目标图片、影像、距离等信息，可与雷达等其他侦察装备配合使用，图 7 - 1 所示的光电式吊舱的构成便包含了以上设备。由于航空侦察与监视装备的目标探测距离比航天侦察与监视装备的要近，航空光电载荷中光学系统的光学口径和光学增益比航天的要小。但受机载平台安装位置、体积、质量等限制，光电探测系统的小型化和轻质化是需要考虑的问题。

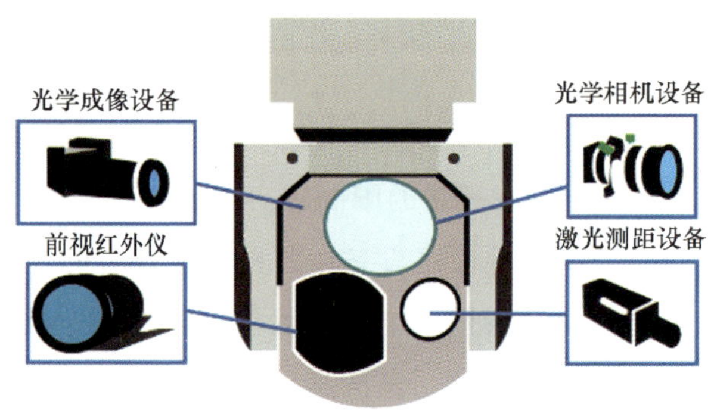

图 7 - 1　光电式吊舱的构成

7.1.1 常规飞机光电侦察系统

自 19 世纪出现航空侦察以来，侦察机作为常规飞机光电型侦察系统平台，是发展历史最早、应用最广泛的一种飞机。其中，以美国 U - 2 高空侦察机最为著名。

大型侦察飞机上用于中高空侦察的光学相机不同于一般侦察相机，它对于焦距和分辨率有更高的要求，主要分为长焦距可见光航空相机与长焦距可见光/红外双波段航空相机。长焦距双波段航空相机具有可见光和红外两个工作波段，能够保证24小时侦察，执行全天时、远距离的侦察任务。这类航空相机中的典型产品有 Goodrich 公司的 DB－110 系列航空相机，ROI 公司的 CA－270、CA－279、CA－295 相机，Fairchild 公司的 F－9812 相机，ELOP 公司的双波段 LOROP 相机等。

DB－110 航空相机是 Goodrich 公司在为 U－2 研制高空侦察机系列相机的基础上发展而来的，如图 7－2 所示。它具有 4 组光学系统，拥有长短焦距不同的可见光和红外侦察能力。该相机采用 CCD 和铟锑化合物红外传感器，主要有广域搜索、点目标跟踪和体目标跟踪三种图像收集模式。

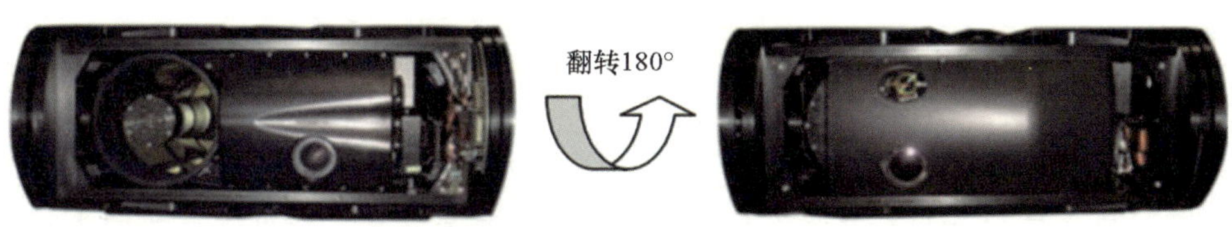

图 7－2　DB－110 航空相机

ROI 公司的 CA－295 航空相机以全景分幅的方式工作，其外形如图 7－3 所示。该相机通过转动光学系统的主、次镜与子反射镜，补偿由于飞机飞行产生的像移；并利用成像传感器的嵌入式补偿技术，补偿在扫描方向上的像移。

上述种类的相机主要装载于功能强大、集成度高、通用性强的侦察吊舱系统，进而安装在各种飞行平台上。例如，DB－110 相机应用于机载战术侦察吊舱；CA－279、CA－295 相机应用于美军的共享侦察吊舱。洛克希德·马丁公司的“狙击手”XR 先进目标探测吊舱采用了超音速、隐形设计，高分辨率的中波瞄准前视红外以及先进的图像处理技术，并具有高速数据下行传输能力，可安装在 F－16 战斗机上执行任务。

图 7－3　CA－295 航空相机

· 名词解释

－航空吊舱－

航空吊舱是指安装了某机载设备或武器，并吊挂在机身或机翼下的流线型短舱段。可固定安装（如发动机吊舱），也可脱卸（如武器吊舱）。加装吊舱可以使飞机拥有其本身所不具备的功能，其通常需要机载电子设备的支持，且需要考虑飞机的整体空气动力性能。机载战术侦察吊舱是一种方便实用的机载战术侦察系统，主要挂载在战斗机或者侦察机上，如图 7－4 所示。侦察吊舱能够方便地安装或拆卸，同时能灵活地加装或换装侦察传感器。

图 7－4　机载战术侦察吊舱

安装了 DB－110 相机的机载战术侦察吊舱能够实时昼夜侦察、瞄准和战场毁伤评估，使用红外传感器时作用范围可达 36 千米，使用电子光学传感器时作用范围可达 72 千米。机载战术侦察吊舱通常整合在载机的热图像机载激光指示器的接口上，飞行员可以在驾驶舱内进行照相操控，通过该吊舱按照顺时针方向采集图像，并实时传送给地面的图像分析人员。

7.1.2 直升机光电侦察系统

侦察型直升机也是航空侦察的重要平台。直升机光电侦察系统，主要包括瞄准线稳定系统、侦察系统、夜间飞行导航系统、光电对抗系统等。由于出动灵活度较高，侦察型直升机可以在海面舰艇上或在地面战场中使用。典型的侦察型直升机有美国的 OH－58D 侦察直升机（图 7－5），俄罗斯的卡－31、卡－52 直升机，法国的“地平线”直升机，英国的“海王”直升机等。

图 7－5 OH－58D 侦察直升机

从光电相机的角度考虑，一般在侦察直升机上都会搭载中低空航空相机。目前应用的中低空航空相机有可见光相机和红外相机。比较典型的中低空线阵可见光相机有法国 Thales 公司的 8010 和 8040 系列航空相机（图 7－6）、BAE 公司的中空光电（MAEO）航空相机等。8010 航空相机可以在恶劣的环境下工作，而 8040 航空相机的镜头具有较高的性能，可采用摆扫方式成像，具有很广的侦察范围。

图 7－6　Thales 公司 8010 航空相机（左）和 8040 航空相机（右）

中低空航空相机的焦距一般都较短，为了保证成像的分辨率，相机所允许的工作高度较低，载机较容易受到攻击。中空或中高空航空相机的焦距长，适合在中高空远距离对地面目标进行成像，载机的生存能力强，因而这类相机的应用更加广泛。

· 知识延伸

－ 中低空航空相机 －

航空相机按照使用高度可分为中低空、中空、中高空航空相机；按照成像原理可分为推扫、摆扫、分幅（步进/全景）；按照成像介质可分为线阵 CCD 相机与面阵 CCD 相机；按照分辨力可分为普查相机和详查相机；按照成像的光谱范围可分为可见光相机、红外相机、双波段相机、多/超光谱相机等。

中低空航空相机的工作高度为 200～4 000 米，焦距通常小于 300 毫米，采用垂直成像的方式，主要用于对目标打击毁伤效果的评估。中空航空相机的工作高度为3 000～10 000米，焦距为300～1 000毫米，主要采用垂直或倾斜的成像方式，用于对地（海）面上的固定和活动目标执行战役、战术侦察。中高空航空相机的工作高度为8 000～25 000米，焦距为1 000～3 000毫米，主要采用倾斜的成像方式，用于高空远距离对地（海）面的战略、战术侦察。

中低空线阵红外相机主要有BAE公司的AN/AAD－5、D－500、D－500A红外相机等。AN/AAD－5相机是从20世纪70年代开始研制的一种红外相机，而D－500和D－500A是其后推出的两款改进型产品。这些线阵红外相机主要作为各种侦察吊舱的分系统使用，以获得全天时的侦察能力。近年来，Vinten公司推出了SUPER VIGIL 1200可见光/红外双波段线阵相机，具有高度的集成化、小型化特征，并可实现全天时侦察。

7.1.3 无人机载光电侦察系统

无人机的成功应用揭开了以远距离攻击型智能化、信息化武器为主导的非接触性战争的新篇章。与载人飞机相比，它具有体积小、造价低、使用方便、对作战环境要求低、战场生存能力较强等优点，备受世界各国的青睐。光电探测系统在不同续航时间和不同作战使用高度的无人机上均有配备。按照无人机平台飞行高度，主要有高（速）高空、中（速）高空、低（速）高空无人机载光电侦察系统。

1. 高高空无人机载光电侦察系统

高高空无人侦察机飞行高度可达20千米左右，通常体形比较大、载荷能力强、续航时间长，可同时装载多种装备，特别适合遂行远距离和大范围的军事行动，可以有效获取有关地区的情报信息。必要时，还可部署到世界任何地区的公海上空，遂行相关军事任务。典型的有如雷神公司的“全球鹰”

无人侦察机，它是目前世界上体积最大、续航时间最长、有效载荷最重的一种战略无人侦察机。其携带的无人机载光电侦察系统的光电传感器主要有可见光传感器和红外光传感器两种，其中，可见光传感器的工作波段为0.4～0.8微米，红外光传感器的工作波段为3.6～5.0微米。“全球鹰”相机采用面阵成像传感器，应用两轴稳定成像的技术，其远距离成像的能力达到了NIIRS5级的标准。在一次飞行中，可提供7.4万平方千米的高分辨率光学图像。红外探测器可发现伪装目标，分辨出活动目标和静止目标。

为了满足“非对称、非线形”等作战样式的需要，无人机的飞行速度、飞行高度和隐身性不断提升。以美国SR－72高超声速无人侦察机为例，它的最大速度超过5倍音速，甚至比大部分导弹都要快。除了拥有超高的速度，SR－72还具备隐身能力和极强的续航能力，能满足全球侦察的需求。SR－72也可作为应对反卫星武器的潜在手段，美国学者表示，如果美国的侦察卫星受到损伤，SR－72可以迅速飞往某一地区，填补卫星留下的情报真空。

• 科技博览

－“全球鹰”无人侦察机－

“全球鹰”是美国研制的一种高空高速长航时无人侦察机，主要用于在低、中强度冲突中实施大范围的连续侦察与监视，在侦察与监视及情报信息获取方面发挥了非常重要的作用。它可以从美国本土起飞到达全球任何地点进行侦察，或者在距基地5 500千米的目标上空连续侦察与监视24小时，然后返回基地。机上载有合成孔径雷达、电视摄像机、红外探测器三种侦察设备，以及防御性电子对抗装备和数字通信设备等，如图7－7所示。

“全球鹰”无人机在阿富汗战争中执行了50多次作战任务，累计飞行1 000小时，提供了15 000多张敌军目标情报、监视和侦察图像，还为低空飞行的“捕食者”无人机指示目标。伊拉克战争中，美军2架“全球鹰”无人侦察机担负了近500次情报、监视与侦察行动，精确地探测到导弹发射器、

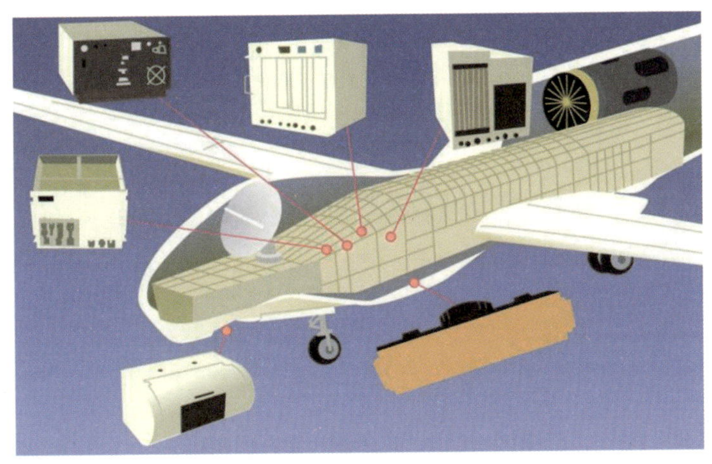

图7－7 “全球鹰”搭载多种设备

坦克、防空导弹连、防空导弹装运箱、多辆防空导弹运输车等目标，为美军提供了广泛的作战能力。

2. 中高空无人机载光电侦察系统

中高空无人侦察机主要执行战术侦察任务，代表性平台是美军的“捕食者”无人侦察机，如图7－8所示。“捕食者”无人机的续航时间超过40小时，最大巡航速度可达216千米/小时，最大升限为7 620米。机上携带有两台光电侦察与监视系统：一台电视摄像机，主要用于白天侦察；一台前视红外摄像机，主要用于暗光和夜视条件下的拍摄。两种光学摄像机均采用了955毫米可变焦镜头，高分辨率的前视红外系统有6个可调焦距，最小19毫米，最大560毫米。“捕食者”拍摄的图像足以分辨出一个成人大小的物体，而且能生成彩色图像。“捕食者”还可按具体任务调整载荷，如激光指示、测距装置等，通过使用微波直连和卫星中继两种通信方式，操作人员在千里之外的美国本土就能完成任务，战场响应速度极快。

图 7-8 “捕食者”无人侦察机

· 典型案例

-察打一体“独狼”作战样式——“捕食者”无人侦察机-

“捕食者”是20世纪90年代至21世纪初期美国研制的一种无人作战飞机，型号为MQ-9，绰号“收割者”或“死神”。“捕食者”不仅具有光电侦察能力，还具有攻击能力，曾在试验中以70节的飞行速度从610米的高度发射一枚AGM-114“地狱火”导弹命中了一辆距离5.6千米的坦克。“捕食者”具备载弹量大、打击速度快等特点，可以满足集侦察、跟踪与打击一体化作战行动的需要。

2001年10月，“捕食者”成功发回了本·拉登手下一名高级军官藏身地点的视频信号，随后多架F-15E轰炸了该地区，杀死了该名军官。同月，在美国对阿富汗的空袭中，“捕食者”发射导弹摧毁了一辆塔利班坦克。2020年1月3日凌晨，“捕食者”发射多枚AGM-114“地狱火”导弹，精准命中了伊朗高级将领苏莱曼尼。

3. 低高空无人机光电侦察系统

低高空无人侦察机在作战时能执行实时的侦察、监视、目标捕获、战损评估和作战管理等任务，使用非常灵活。典型的平台有美国海军的“先锋”无人侦察机，如图7－9所示。“先锋”无人侦察机是美国国防部从以色列购买的第一架实用型无人侦察机，参加过海湾战争、海地危机、索马里战争、波黑冲突、科索沃战争和伊拉克战争等。“先锋”无人机可以120千米/小时的速度巡航185千米，滞空时间为3.5～4小时。它装备了彩色可见光电视和前视红外系统，其彩色可见光电视提供的视频图像能使分析员更容易识别目标，并可以将信息直接传输至配备有远距离接收站的地面部队。

图7－9 “先锋”无人侦察机

另外，还有一些小型/便携式无人机，如FQM－151“短毛猎犬”无人机、RQ－11A“渡鸦”无人机、“美洲狮”无人机、“龙眼”无人机、“黄蜂”微型无人机等。这些无人机轻则几千克，重则20多千克，可以装在特种背囊中随身携带，甚至可手持发射起飞，滞空时间从几十分钟到几个小时不等。其侦察与监视系统多为电视和红外摄像机，主要用于小分队对战场前沿的侦察与监视、目标指示、火力校射和损失评估等。

7.2 机载侦察预警系统

机载平台能集对空预警、实时指挥控制于一体，可整合信息内容、决策信息流向、引导打击力量、评估打击效果，具有全域覆盖、近远探测、高快结合、部署灵活等优点，是军队从机械化向信息化转型的重要支撑，已成为夺取战争胜利不可或缺的力量。

机载侦察预警系统的预警雷达以空中飞行器及能滞留于空中的浮空器为工作平台，以低空飞行的飞机巡航导弹等目标为主要探测对象，以侦察预警为主要目的。下面从固定翼、直升机和无人侦察机三个平台介绍机载侦察预警系统。

7.2.1 固定翼侦察预警系统

固定翼侦察预警系统搭载在大型固定翼侦察机上。这类侦察机具有飞行高度高、速度快、侦察范围广、信息量大等突出优点，一直备受各国军事部门的重视。这里从战略侦察系统专用型飞机、战术侦察系统专用型飞机以及战术与战略两用侦察机三个角度介绍相关的侦察预警系统。

战略侦察系统专用型飞机俗称为预警机，被誉为“侦察机之王”。预警机集指挥、控制、通信与情报功能于一体，在以往几次局部战争中均发挥了重要的作用。美军典型预警机有 U－2 高空侦察机、SR－72 侦察机、P－3C 反潜机、EP－3 电子侦察机、E－系列预警机等。

• 科技博览

－EP－3 电子侦察机－

EP－3 电子侦察机，如图 7－10 所示，于 1969 年加入美国海军服役，装有通信、雷达等电子对抗侦察设备。该机专门搜集雷达电波、无线电信号和军事通信密码，尤其精于搜集导弹基地情报。机上人员负责截听、分析和破译通信与雷达信号。

图7-10 EP-3电子侦察机

-E-系列预警机-

典型的E-系列预警机有E-2C、E-3、E-8C及E-10预警机。

E-2C"鹰眼"预警机由美国和以色列合作研制而成。E-2C的巡航高度为8千米，最大续航时间为5.5小时，具有对空、对海、对地三种工作方式。其方位覆盖360°，对中高空目标的探测距离为480千米，对低空目标的探测距离为270千米，可在复杂背景中同时跟踪300个目标，引导己方数十架飞机实施拦截。该飞机造价和使用费用较低，常用于局部战争中探测空中目标，特别是超低空入侵的目标，并指挥、引导己方防空和空中力量。

E-3预警机可海陆兼用，具有多种型号，巡航高度可达9千米，最大续航时间为11.5小时，具有侦察与监视地面、水面和空中目标的能力。其方位覆盖360°，对中高空目标的探测距离可达350千米，可探测、跟踪600个目标，同时引导己方100架飞机对来袭目标进行拦截。

美国空军和陆军共用的E-8C侦察机，称为联合监视目标攻击雷达系统(joint surveillance target attack radar system，JSTARS)，也称为"联合星"，如图7-11所示。E-8C是一种先进的远距空地监视飞机，它装备了高性能雷达及其他先进设备，主要用于监视地面目标，可在任何气象条件下对地面目标进行定位、探测与跟踪。当它在空中飞行时，可对任何方向的地面静止或移动目标进行探测与跟踪，其纵深距离可达到250千米。由此可见，E－8C是现代空地一体战的重要装备，对监视军事冲突和突发事件的地面情况和控制空地联合作战，都具有重要作用。

图7－11　E－8C侦察机

E－10是美军的多传感器指挥与控制飞机。美国空军希望其能够同时承担由E－8战场侦察飞机、E－3预警机、RC－135信号情报侦察飞机、EC－130H“罗盘呼叫”通信干扰飞机等承担的作战任务，在战场中实现目标侦察、信号侦察、空中预警、指挥控制以及电子干扰等功能。同时，对于因地形地物的遮挡常规侦察手段无法探测的区域，E－10可以控制无人机遂行填补缝隙式的情报侦察，形成海、陆、空、天一体化战场态势图，加快从传感器到射击手的信息传递速度，提高美军指挥速度和目标打击精度。

机载预警雷达是预警机的主要装备。现代机载预警雷达多采用相控阵体制，能应对复杂的目标及环境干扰，集探测、跟踪、武器控制等多种功能于一体。机载预警雷达频带宽度大、有效辐射功率高、接收机灵敏度高，具备合成孔径等多种工作体制，大大提高了预警机的可靠性、探测能力、扫描速度、抗干扰能力。由于采用了频率较低、波长较长的宽频带雷达，预警机对隐身飞机、巡航导弹、弹道导弹等有更强的探测能力。

E－8C 侦察机的雷达型号为 AN/APY－3，是具有动目标显示和合成孔径雷达成像两种工作模式的多通道相控阵雷达，既能够探测地面活动目标和固定目标，也能够探测正在转动的天线、低飞的直升机和慢速大型固定翼飞机。如图 7－12 所示，AN/APY－3 雷达天线位于机身下部。

图 7－12　机身下部的 AN/APY－3 雷达天线

・知识延伸

－美国军用电子设备命名规则－

根据美军军用标准 MIL－STD－196G 规定，其军用电子设备根据联合电子类型命名系统命名。名称由 AN/、三个字母、短横线加数字组成。AN/，表示该设备是正式命名的标准军用电子设备，即采用了陆军－海军联合命名系统；三个字母分别表示设备安装位置、设备类型和设备用途，具体如表 7－1 所示；数字表示该设备在同样设备中的排序，如果该设备为同一设备的改进型，则在数字后面加上 A、B、C 等，表示是第几次改进型。例如，AN/APY－3 是指机载火控雷达 3 型。这种命名法亦称为 AN 命名法。

表 7-1　命名字母代表的含义

安装位置（第一个字母）	设备类型（第二个字母）	设备用途（第三个字母）
A 机载	A 不可见光，热辐射设备	A 辅助装置
B 水下移动式，潜艇	C 载波设备	B 轰炸
D 无人驾驶运载工具	D 放射性检测、指示、计算设备	C 通信（发射和接收）
F 地面固定	E 激光设备	D 测向侦察或警戒
G 地面通用	G 电报，电传设备	E 弹射或投掷
K 水陆两用	I 内部通信和有线广播	G 火控或探照灯瞄准
M 地面移动式	J 机电设备	H 记录
P 便携式	K 遥测设备	K 计算
S 水面舰艇	L 电子对抗设备	M 维修或测试工具
T 地面可运输式	M 气象设备	N 导航（测高、信标、罗盘、测深、进场）
U 通用	N 空中声测设备	
V 地面车载	P 雷达	Q 专用或兼用
W 水面或水下	Q 声呐和水声设备	R 接收，无源探测
Z 有人和无人驾驶空中运输工具	R 无线电设备	S 探测或测距，测向，搜索
	S 专用设备，磁设备或组合设备	
	T 电话（有线）设备	T 发射
	V 目视和可见光设备	W 自动飞行或遥控
	W 武器特有设备	X 识别
	X 传真和电视设备	Y 监视和火控
	Y 数据处理设备	

战术侦察系统专用型飞机是侦察利器。美国现役的战术侦察系统专用型侦察飞机主要有 RC-12、TR-1A“斜眼狼”、RU-38 等。

RC-12 战术电子侦察机是美国雷神公司在“空中之王”A200CT 基础上

改进的，主要任务是截收通信情报、目标定位、中继通信，以及把接收到的有价值信号传输到地面以综合分析处理。机上装备AN/APR－39和AN/APR－40雷达告警系统，以应对飞机在飞行中遇到的敌方地对空导弹和防空炮火的袭击、空对空截击和电子干扰等。

· 科技博览

－TR－1A“斜眼狼”高空战术侦察机－

TR－1A“斜眼狼”高空战术侦察机主要用于侦察东欧地区的战略部署，支援美国地面部队和空军部队作战。海湾战争期间，美军部署在沙特阿拉伯的TR－1A高空战术侦察机无须飞越伊拉克领空，便可探测、识别伊军的防空与监视系统，并迅速将所得的情报提供给美军地面部队指挥官。

典型的战术与战略两用侦察机RC－135是美国波音公司于20世纪60年代初在C－135运输机的基础上改装而成的高空电子侦察机。该机能在公海上跟踪弹头的飞行状态，并推测弹道导弹的性能及相关数据，判断发射点和弹着点的位置，也能执行雷达侦察、摄影测绘侦察、无线电侦察和大地测量侦察等任务。海湾战争爆发前，美军每天至少出动5架该型侦察机，用来截获电子情报。此外，F－14、F－16、F/A－18D等战斗机通过加装吊舱也能兼具侦察功能，如美国的RF－16以及荷兰的F－16（R）型战斗机。

除了传统意义上的电子侦察机、预警机，战斗机上搭载的机载火控雷达也具有一定的侦察能力。随着新一代战斗机的研究，目标的雷达截面积（RCS）不断减小，电子支援设备（ESM）接收机灵敏度越来越高，电子对抗设备（ECM）干扰功率越来越强，干扰样式越来越灵巧。机载火控雷达正由单纯的雷达功能向雷达、电子战、通信综合一体化功能方向发展，在目标侦察方面的性能有了极大提高。

随着高功率固态微波器件的迅速发展，有源相控阵雷达已成为第五代战机标配，如美国 F－22 战斗机配装的 AN/APG－77、F－35 战斗机配装的 AN/APG－81等。

• 科技博览

－AN/APG－81－

AN/APG－81 有源相控阵雷达配备在 F－35 战斗机上，如图 7－13 所示。雷达阵面尺寸较小，仅拥有 1 200 个发射/接收组件，远小于 F－22 战斗机上 AN/APG－77 雷达的功率。但 AN/APG－81 雷达具备对地工作模式，其合成孔径雷达（SAR）地图测绘、地面移动目标指示（GMTI）、海上移动目标指示等工作模式上的性能远超 AN/APG－77 雷达。AN/APG－81 雷达在成本和质量上都只有 AN/APG－77 雷达的二分之一，其工作寿命可达 8 000 小时，可实现全寿命周期内不更换雷达。

图 7－13　AN/APG－81 有源相控阵雷达

全数字阵列雷达在数字域进行波束形成，因而具备较好的数字处理灵活性，拥有传统有源相控阵雷达不可比拟的优良性能。采用阵元级数字阵列信号处理的雷达通常适用于天线单元数较少的低频段雷达系统。典型代表如配装E－2D预警机的AN/APY－9雷达，如图7－14所示。

图7－14　AN/APY－9雷达

AN/APY－9雷达工作于UHF波段，基于阵元级数字阵雷达架构，集中采用了自适应数字波束形成（ADBF）、空时自适应处理（STAP）等一系列先进的阵列信号处理技术，显著提高了机载雷达系统在复杂干扰和杂波环境下的目标探测能力。

7.2.2　直升机载侦察预警系统

直升机载侦察预警系统搭载在直升机上，能够提高陆军远程炮火和近、中程导弹分队的作战能力；扩大舰队防区，提高海面搜索营救能力；实施边防部队的全天候巡逻；用于灾情监测、搜索和营救等。直升机具有机动灵活、易于隐蔽、可快速机动部署等优点，可对战场和敌方纵深地区实施监视、目标捕获和攻击效果评估等。

现代海战中，对空防御是水面舰艇编队海上防御的主要内容之一。以水面舰艇为作战平台的直升机为舰载预警直升机。舰载预警直升机与舰载无人机、空中预警机、舰载探测装备等可以有效协同，形成编队纵深、立体的对空观察体系，满足舰艇编队在海上预警指挥和控制的需求。

典型预警直升机平台主要有美国现役的 OH－6A“印第安种小马”侦察直升机、SH－60“海鹰”直升机、AH－64“阿帕奇”直升机，法国的“地平线”雷达型侦察直升机，英国的“海王”－MK2 和“海王”－MK7，俄罗斯的卡－31 等。

AN/APS－147（V）多模雷达（图 7－15）是美国 Telephonics 公司开发的载于 SH－60R“海鹰”直升机（图 7－16）的 SAR/ISAR 雷达系统。该雷达能满足特定的功能与平台要求，具备易于升级改造的柔性模块化设计、低

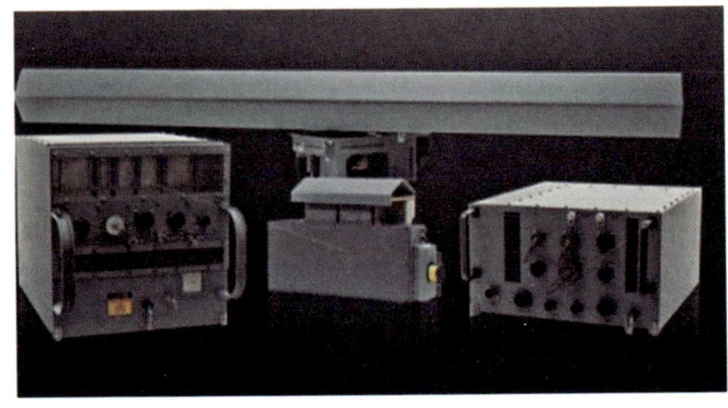

图 7－15　AN/APS－147（V）多模雷达

图 7－16　SH－60R“海鹰”直升机

截获概率、高分辨率成像、高可靠性、高可维护性等特点。雷达工作频率为9.25~9.70吉赫兹，峰值功率为8千瓦，配备搜索、气象、ISAR、条带SAR、聚束SAR、SAR/MTI等多种工作模式。雷达最大作用距离为370千米，距离分辨率为46米，方位精度优于0.5°，扫描区域为60°~360°。在低空、三级海态下，对RCS为1平方米目标的检测距离可达37千米。

“长弓”火控雷达是AH-64A/D“阿帕奇”直升机的特色之一。该雷达系统可以覆盖8千米的范围，每6秒就对战场进行360°扫描一次。雷达可以同时确定、区分和显示256个目标，并且筛选出16个首要目标传送给作战电脑。在打击目标的同时，“长弓”火控雷达还可以将其余目标的信息传送给其他直升机或固定翼飞机。“长弓”火控雷达能使“阿帕奇”直升机迅速、自动地对多个活动和静止目标进行搜索、探测、定位、分类和确定其优先顺序。

· 科技博览

– AH-64“阿帕奇”武装直升机 –

AH-64武装直升机，绰号“阿帕奇”（Apache），是美国陆军主力武装直升机，由美国波音公司研制，源于美国陆军20世纪70年代初的先进武装直升机计划，是AH-1“眼镜蛇”攻击直升机的后继型号。自诞生之日起，AH-64以其卓越的性能、优异的实战表现一直在世界上武装直升机综合排行榜上名列前茅，现已被世界上13个国家和地区使用。海湾战争之后，美军对“阿帕奇”直升机的神经系统进行了升级，用数字化的驾驶舱代替布满仪表盘和手动开关的传统驾驶舱，配置了性能更强大的电脑、雷达和夜视系统等。升级之后的“阿帕奇”具备了强大的战场感知能力，作为地面部队的空中监视器，可充当空军预警机。尤其是“阿帕奇”的“长弓”火控雷达，可以360°无死角地对战场进行扫描。

7.2.3 无人机载侦察预警系统

与载人预警机相比，无人预警机效费比高、机体小、易于采用隐身技术、雷达反射截面积小、生存能力强，易于实施超前部署，能将原有的空中警戒线向前推进数百千米，并能单独引导和指挥执行特殊任务的空中小编队。将无人机部署在载人预警机前方，可以避免载人预警机穿梭于危险区域。高空长航时无人预警机还具有探测视野宽、滞空时间长与机动性能好等优势，预警探测威力、预警时间与生存能力均比载人预警机更强。

这些优势决定了无人预警机的广泛应用。2020 年美国空军新战略中的一个重要内容就是无人机的发展。截至 2023 年，美军累计已耗资 70 亿美元用于无人机的研制、采购和飞行任务执行，无人机的数量得到了大幅增加。按侦察方式，无人侦察机主要分为四种：低空短时微型无人侦察机、中空短时小型无人侦察机、中空长航时中型无人侦察机以及高空长航时大型无人侦察机。

“全球鹰”上的“海萨”雷达是目前作用距离最远的一种无人机载侦察雷达，作用距离可达 200 千米，雷达的定位精度优于 20 米，视场为无人机两侧 45°，工作频率为 8～12 吉赫兹，天线采用机械扫描的方式。机上的雷达具有条幅式合成孔径成像（分辨率为 1 米）、聚束式合成孔径成像（分辨率为 0.3 米）、对地动目标检测（最小可检测速度达 7.4 千米/小时）和高距离分辨率/动目标成像等多种工作方式。图 7－17 为“全球鹰”所搭载雷达的 SAR 图像。该平台还可搭载低频超宽带合成孔径雷达，有效地识别伪装和穿透掩盖物。

无人机侦察载荷，除了光电侦察系统与合成孔径雷达，还有信号情报侦察载荷。信号情报侦察及电子战与雷达的传统界线正在变得越来越模糊，技术的进步使接收机、处理器和天线等可重构单元可以被共享使用，操作人员需要更集成化的多类情报和综合电子战系统。美国、以色列、法国和德国都研制了可用于无人机的信号情报载荷。例如，以色列“赫尔莫斯”（Hermes）450 无人机装备了不足 22 千克的 1～18 吉赫兹的 AES－210/V 电子情报系统，

(a) “全球鹰”1米分辨率SAR图像

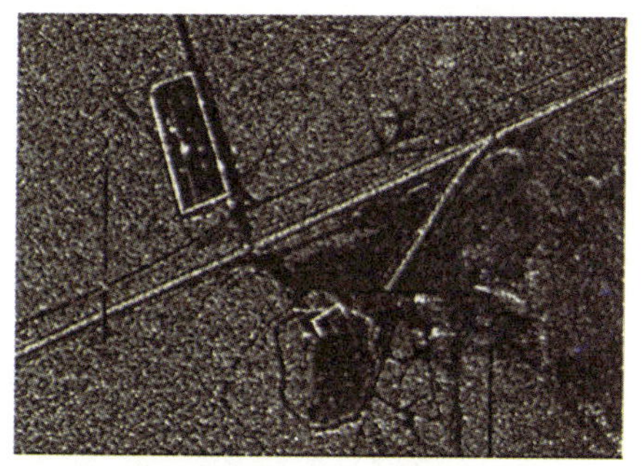
(b) “全球鹰”0.3米分辨率SAR图像

图7-17 “全球鹰”所搭载雷达的SAR图像

美国海军的广域海上监视系统RQ-4N无人机装备了“默林”电子侦察设备，“全球鹰”装备了LR-100电子情报系统（质量27千克，频率2~18吉赫兹）和Hyperwide通信情报系统。美军还为Block 30阶段的“全球鹰”无人机开发了规模可变的机载信号情报载荷（ASIP），缩小版的ASIP-1C和ASIP-2C安装在机体较小的“死神”和“阴影-200”无人机上。

目前，以无人机为平台的侦察系统发展迅猛，已经成为航天侦察和有人侦察飞机的重要补充手段。各种具有高空、高速、长航时、多传感器和高分辨率等高性能的无人侦察机，已经成为获取战略战术情报的重要手段。

7.3 临近空间飞行器雷达

通常把航天器运行的空域范围称为航天空间，一般指距海平面100千米以上的区域；把航空器飞行的空域范围称为航空空间，一般指距海平面20千米以下的区域。在很长一段时期内，侦察与监视系统在高度为20~100千米范围的部署处于空白。美国空军“施里弗-23”演习中首次把该区域纳入作战视野，引起广泛关注。在这个区域长时飞行并完成作战任务的飞行器称为临近空间飞行器或临空器。

· 名词解释

- 临近空间 -

临近空间，指距海平面20千米（接近国际公认的上限管制空域）和100千米（接近国际公认的下限空间）之间的区域，又称“近空间”“近太空”“近地空间”或“空天过渡区”等，如图7－18所示。因此，临近空间可简单

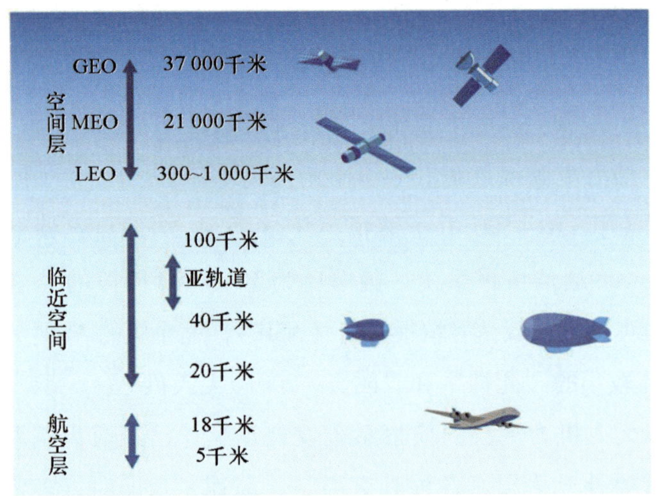

图7－18　临近空间示意图

地理解为：现有飞机飞行的最高高度（约20千米）和卫星运行轨道的最低高度（约100千米）之间的空域，大致包括平流层（18～55千米）、中间层（55～85千米）和部分暖层（85～800千米）区域。

临空器主要工作在平流层，环境有如下特点：大气以水平运动为主，平均速度为10千米/秒，层内干燥，水汽、杂质很少，云雨现象少见，温度变化慢，湿度接近于零，适合浮空器和采用吸气式动力的飞行器平稳飞行。在这样的空间区域，既可以避免目前绝大多数的地面攻击，又可以提高军事侦察和对地攻击的精度，利于开展情报搜集、侦察与监视、通信保障以及对空对地作战。

临空器通常为浮空气球、飞艇、高空无人机及高超声速飞行器等。与航空平台相比，临近空间飞行平台能够高速飞行或定点悬停，具有安全性高、生存能力强、部署快和效费比高等优点，此外，部署这种高空飞行器，成本低、时间快，能满足现代战争的需求。与卫星相比，临近空间飞行器能够携带可见光传感器、红外传感器、多光谱和超光谱传感器、雷达等，在高分辨率战场实时侦察、监视和导弹预警领域具有独特的优势，可作为区域信息获取手段，用于提升战场态势感知能力，支援作战行动。临近空间雷达距离地面位置适中，具有较大的覆盖范围、较高的地面分辨率和成像灵敏度，克服了航天雷达因距离远、信号微弱而分辨率和灵敏度不高的缺点。

临近空间飞行器按运行速度分为两类：一类是以飞艇、浮空气球为代表的浮空器，即低速临近空间飞行器，主要可用于通信中继与信息对抗、战场侦察与监视、预警、导航等；另一类是高超声速飞行器，即高速临近空间飞行器，主要应用是快速远程投放和远程精确打击。前者已有相关的雷达载荷，后者还处于概念阶段，尚未有公开报道。

7.3.1 低速临近空间飞行器上的雷达

低速临近空间飞行器主要利用空气的浮力和飞行器运动产生的升力飞行，包括浮空气球、平流层飞艇、超高空长航时无人机等。

低速临近空间飞行器可以长时间在战区上空巡航，从空中迅速对敌地面战略目标实施打击，这种居高临下的突然性攻击可极大地压缩预警反应时间，提高突防能力，具有很强的战略威慑作用。一旦威胁解除，还可以快速回收部署。美国在“快速响应空间”发展计划中，将临近空间飞行器与“战术星”、及时响应运载器统一纳入军事航天大系统，共同组成了“联合作战空间”。临近空间平台和航空平台、空间轨道平台配合使用，可实现平时和战时任务区域的全方位、全时段综合监视、侦察，提高作战体系的整体作战能力。

浮空载雷达安装在浮空气球上。浮空气球是一种无动力的飞行器，主要由气囊、结缆和吊舱组成。气囊内充满密度比空气小的浮升气体，依靠空气浮力进入临近空间，吊舱内除装有有效载荷外，还装有遥测遥控设备、电源、压舱物等。浮空气球具有技术难度小、成本低、准备周期短、飞行高度高、易于灵活实施等特点，成为最早进入应用阶段的临近空间飞行器。浮空气球的缺点是没有机动和位置保持能力、有效载荷回收困难。

· 科技博览

– 典型的浮空气球平台 –

美国空军通过“战斗天星”（Combat SkySat）计划，探索利用浮空气球与无人机的组合，实施临近空间通信、监视任务。“战斗天星”是在浮空气球下挂载滑翔机的复合飞行器，携带高分辨率情报、监视、侦察传感器，在距地面 20 ~ 31 千米的高度运行，如图 7 – 19 所示。浮空气球只能一次性使用，而滑翔机则可以重复使用。“战斗天星”采用低功率信号，无须携带大量电池，能够将用户和约 480 千米范围内的便携式通信设备联系起来，明显改进地面部队之间以及地面部队与空中支援飞行员之间的通信，可作为卫星和无人机的补充。2007 年 6 月，美国亚利桑那州空军国民警卫队将“战斗天星”应用于地震演习，在灾难应对行动中建立应急通信网络。

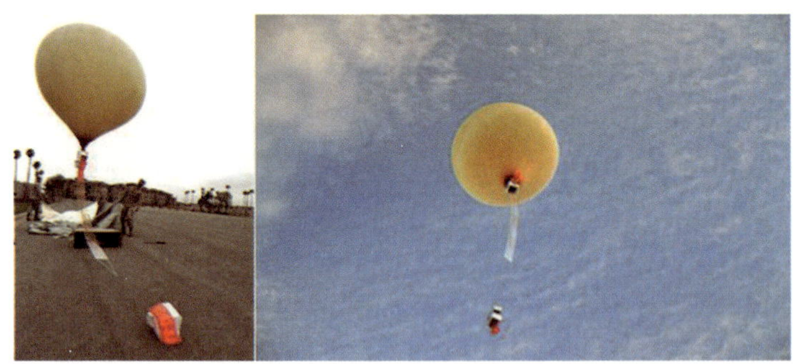

图 7 – 19 “战斗天星”复合飞行器

飞艇载雷达安装在飞艇上。飞艇采用航空飞行器的设计思想，依靠空气浮力来平衡飞行器的重力，依靠螺旋桨推力来克服阻力，可定点悬停、低速水平飞行，机动性好。

美军现有的飞艇载雷达包括系留式浮空器雷达系统（TARS）、联合对陆攻击巡航导弹空中组网传感器（JLENS）、快速初始部署浮空器（RAID）、快速升空浮空器平台（REAP）、持续威胁目标探测系统等。这些浮空器主要用于情报监视侦察以及通信中继任务，可明显扩大覆盖范围并实现超地平线能力。以 JLENS 系统为例，它由分别安装三维监视雷达（不同于过去系留气球常用的二维雷达）和精确目标照射雷达的两个浮空器组成，可以探测低空巡航飞行高度为 100 米的巡航导弹，探测距离为 320 千米（隐身巡航导弹的探测距离为 56 千米），跟踪目标的距离为 250 千米，并利用精确目标照射雷达（作用距离为 150 千米）引导己方防空武器打击入侵的巡航导弹。

美军还在研究可在临近空间使用的大型飞艇，希望搭载侦察载荷执行国土边境监视任务。雷神公司于 2007 年获得了美国军方 14 亿美元的研制临近空间大型飞艇的合同。2020 年夏天，美国空军在北卡罗莱纳州伊丽莎白城首次试飞该型军用飞艇，当时飞行高度仅有 900 多米。次年 4 月 13 日，在距离盐湖城以西的犹他州沙漠试验场放飞了两艘巨大的试验飞艇，飞艇长约 71 米，采用系留模式，在该次试飞中，飞艇飞行超过了预期的 20 千米高度，滞空时间达到了 1 个月。飞艇上装备有先进的雷达和通信系统，可对弹道导弹、巡航导弹和飞机等来袭目标进行远距离探测。

2021 年 11 月，以色列空军公开了其部署的新型预警浮空器——高可用性浮空器系统（HAAS）无人系留飞艇。该飞艇安装的雷达设备主要为空中远程预警高架雷达，可提供对巡航导弹、武器化无人机等低空飞行威胁的预警。

7.3.2 高超声速临近空间飞行器上的雷达

高超声速飞行器，又称临近空间高超声速飞行器（near space hypersonic vehicle，NSHV）。这一类临近空间飞行器飞行动力主要来自高性能的发动机和气动力学设计，例如，采用吸气式发动机方案，克服在临近空间中由大气稀薄造成的氧气燃烧不足等问题；或者采用助推滑翔式方案，在临近空间的大气层边缘以“打水漂”的方式进行跳跃式滑翔航行。

高超声速临近空间飞行器主要包括高超声速巡航飞行器和再入滑翔飞行器等。高超声速巡航飞行器是一种可从常规军用跑道上起飞、可重复使用的无人飞行器。再入滑翔飞行器是指由其他载体从临近空间顶层投放、能以极高的速度滑翔攻击地面目标的飞行器。这两类飞行器均可用于全球快速打击，已成为空天攻防对抗中的潜在威胁。

高超声速临近空间飞行器不同于一般的飞机和卫星，它部署速度快、覆盖范围广、巡航速度高、机动性强，具有等离子体鞘套，飞行中能屏蔽无线电探测，作为侦察平台具有很强的安全性以及隐蔽性。典型的有美国 X－43 高超声速飞机，如图 7－20 所示。

图 7－20　美国 X－43 高超声速飞机概念图

完全成熟的高超声速侦察飞行器还没有被公开报道。当前，各军事强国都在临近空间高超声速飞行器研究领域不断取得新的进展，临近空间逐步成为各国争夺战场优势的重要区域。各类临近空间高超声速武器将逐步走向战场，给空天安全带来新的威胁。

第 8 章

地面侦察与监视装备

地面侦察与监视活动是一种历史悠久的侦察与监视方式，获取的情报及时、准确、详细，可以执行战略、战役和战术等侦察任务。

地面侦察与监视系统主要由地面或水面等固定式大型地基平台，以及机动式雷达、电子侦察装备、光电探测装备等系统组成，包括弹道导弹相控阵雷达、超视距雷达、监视雷达、固定信号情报侦察站、战场侦察雷达、车载无线电侦察/测向系统、战场光学侦察系统等各种侦察装备，用于侦察、探测空中、地面、水上及水下目标。

其中，地面侦察与监视雷达是地面侦察与监视系统的一个重要组成部分。一般来说，固定的地面侦察与监视雷达规模比较大，探测距离非常远，而便携式可移动的地面侦察与监视雷达维护起来比较方便。本章从常用任务出发，主要介绍地基光电侦察系统、地面战场侦察雷达、地基防空警戒雷达、地基战略预警雷达这四类典型装备。

8.1 地基光电侦察系统

地基光电侦察系统是指在地基平台上搭载的光电系统。常见的地基平台主要包括地面固定式侦察平台和地面机动式侦察平台两种。其中，地面固定式侦察平台主要是各种地面侦察站；地面机动式侦察平台包括侦察车、单兵（可携带便携式或投掷式侦察设备）等；光电系统的传感器主要包括可见光、红外、微光和激光传感器等。

地基光电侦察与监视装备获取的情报及时、准确、详细，可执行战略、战役、战术侦察任务，为地面部队提供准确的战场态势和目标信息，是战争中获取情报不可或缺的基本手段，也是及时了解敌方战役、战术动向的有效手段。

8.1.1 单兵侦察系统

光电侦察装备是单兵侦察装备的重要组成部分，这类装备小巧轻便、易于携带。从技术的角度讲，现代单兵光电侦察装备主要包括可见光、红外和激光探测装备。这些探测装备可以安放在单兵携带的平台上，主要完成昼夜侦测任务，并获取目标距离等信息。典型的单兵光电侦察装备有军用望远镜、微光夜视眼镜和头盔、与轻武器配套使用的微光夜瞄镜、反狙击手红外探测系统、激光测距仪、无人侦察机、无人侦察车等。

• 科技博览

—单兵夜视装备—

单兵夜视装备主要包括单兵微光夜视仪和单兵红外热像仪，美军已将单兵夜视装备作为单兵的必备装备。

AN/PAS－13武器热瞄仪是美军最典型的现役单兵红外热像仪之一，可直接安装在步兵武器上用于夜间瞄准，在提高单兵夜间侦察能力的同时，也提高了单兵作战效能以及在恶劣条件和作战环境下的生存能力。第二代AN/PAS－13武器热瞄仪采用非制冷焦平面阵列，并装备有一个互换式望远镜和一个可拆卸的激光测距仪，可快速适配大部分武器。AN/PAS－13武器热瞄仪包括轻型

（包括电池在内质量不超过1.4千克）、中型（包括电池在内质量约为2.3千克）和重型（包括电池在内质量约为2.5千克）三种型号，最远探测距离分别为：轻型对人550米，中型对人1 200米和对车4 200米，重型对人2 800米和对车6 900米。

夜视器材的主要技术指标是观察距离和灵敏度。一般来说，夜视器材的观察距离又分为发现距离、识别距离和看清距离三类。星光、月光的强弱和大气能见度是限制仪器观测距离的主要因素。夜视传感器AN/PSQ－20采用双液晶屏幕，通过红外和微光夜视仪复合工作实现视觉融合，最大工作时长7.5小时，质量约900克，可手持、头盔佩戴、三脚架安装，已装备美国陆军。

城市作战中建筑物密集，残垣断壁众多，有利于狙击手的潜伏、隐蔽和撤离，同时城市中观察盲区多、敌人距离近，狙击手实施狙击将造成很大威胁。城市环境中的狙击手探测是一种典型的在复杂环境下对静止微弱目标的检测，这是常规光电、雷达设备，甚至穿墙雷达等都无法解决的问题。

在狙击发生之前就探测到狙击手的技术叫作激光探测反狙击技术，该技术基于狙击瞄准镜的“猫眼效应”。当反狙击手瞄准镜遇到狙击瞄准镜时会产生较强反光，从而发现狙击手，这就是激光探测反狙击的原理。典型的激光探测反狙击装备如法国激光工业公司研制的SLD－500系统，其探测距离白天为1千米，夜间为4千米，可以自动扫描并对瞄准镜、照相机、望远镜等光学设备进行报警和精确定位。其原型系统于1994年底在萨拉热窝中首次应用，效果非常显著，极大地降低了人员伤亡率。

激光探测反狙击系统通常还会与枪声定位系统结合，利用其狙击前探测和狙击后探测的互补性提高探测性能。枪声定位系统主要运用声阵列反狙击技术，它在狙击发生之后进行探测，其原理与双耳“听声辨位”相似，如图8－1所示。黄色表示麦克风阵元系统的位置，系统由若干空间分布不同的麦克风组成，红色表示狙击枪，当枪响后，枪口激波传播到各个麦克风的时间不同，利用其时间差和三角定位方法，就可以计算出狙击手的方向。

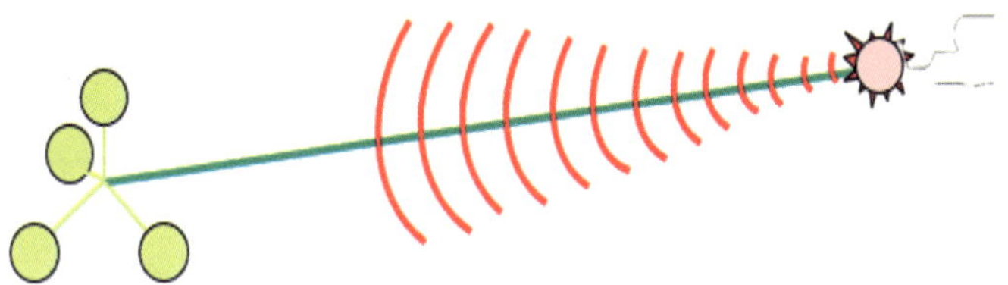

图8－1　声阵列反狙击技术原理

· 科技博览

－枪声定位系统－

典型的车载枪声定位系统如美国BBN公司研制的“回旋镖”(Boomerang)系统，如图8－2所示。它的响应时间极快，从枪响到告警仅仅需要1.5秒，而且定位精度很高。“回旋镖”研制的起因是2003年美军经常遭到当地武装狙击手的袭击，但车内人员往往不能及时察觉并做出反应，造成大量人员伤亡。美国BBN公司在2004年研制出“回旋镖I”系统，并于同年开始装备驻科威特美国海军陆战队，后又经过多次改装，广泛装备于驻伊美军。

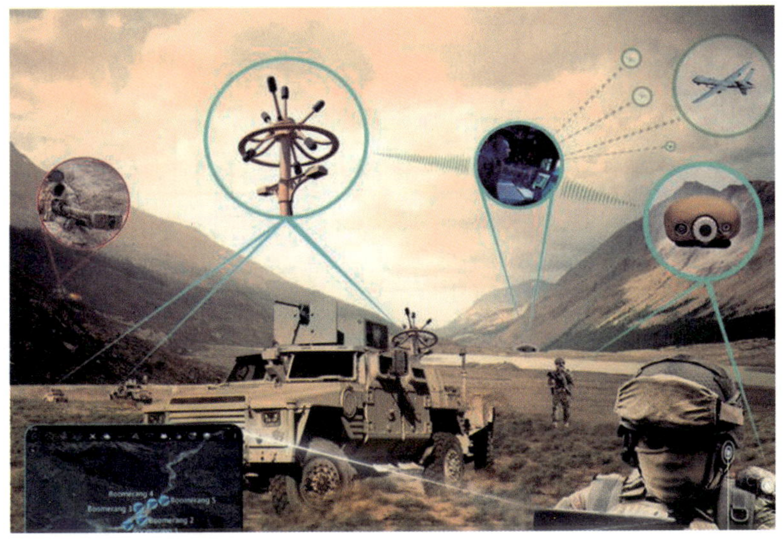

图8－2　“回旋镖”系列车载枪声定位系统

枪声定位系统的一个重要技术发展趋势是更好地与单兵相结合，从而实现以最快的反应速度获得最好的反狙击效果。可穿戴式的反狙击感知系统，比较典型的装备有“回旋镖战士”系统。通常传感器安装于肩部，包含4个麦克风，通过手持终端获取狙击手方向信息。

8.1.2 车载侦察系统

地面侦察车的主要光电侦察装备通常有大倍率光学潜望镜、电视侦察系统、热像仪、多光谱侦察系统、激光测距仪、小型战场侦察雷达、精确地面导航系统等，在弥补航天侦察卫星和航空侦察机盲点方面起到了重要作用。

电视侦察系统是指通过专用摄像机现场摄取敌方军事目标可见光波段信息的光电系统。其主要是供侦察部队在执行机动侦察任务时使用，用于侦察、了解敌方军事部署及调动情况；也用于监视前沿阵地及敌哨所人员的活动情况，掌握敌军动态、动向，防止敌人偷袭等；同时还可以检查、了解己方的部署情况和伪装质量，评估己方重要武器的射击效果等。热像仪能获取目标红外波段的信息，主要用于夜间侦察；多光谱侦察系统能采用多个光电传感器同时探测目标不同波段的信息，有利于目标的识别。

美军装甲光电侦察车主要有M3履带式侦察车和M1127“斯瑞克”轮式装甲侦察车，如图8－3、图8－4所示。M3履带式侦察车公路最大速度为66千米/小时，最大行程为483千米，配有热成像瞄准镜，不仅可以全天候侦察，还可以自动追踪被锁定的对象。M1127“斯瑞克”轮式装甲侦察车公路最大速度为100千米/小时，最大行程为502千米，配有红外热像仪，能对目标进行远距离探测、识别和跟踪。

地面无人侦察车可以通过自身携带的光电、音频、超声波等传感器对环境进行感知，自主行进和监视，具有便携性、隐蔽性、灵活性等优点，在军民领域已有大量的应用，能够完成环境观察、地图测绘、人员侦察、危险品

图 8-3　M3 履带式侦察车

图 8-4　M1127“斯瑞克”轮式装甲侦察车

拆除等工作。

无人侦察车多由躲藏在安全地带的士兵使用无线电遥控器操纵遥控来执行任务。当接近建筑物内敌人隐藏处、地雷和爆炸装置时，它可以先隐藏在一边，然后将摄像机对准目标，将相关的战场信息传递给操纵员，操纵员通过头盔显示接收信息。目前美军著名的单兵用无人侦察车有陆军使用的“帕克波特”“城市勇士”“角斗士”和海军陆战队使用的“龙行者”，如图 8-5 所示。此外，还有类似无人侦察车的机器狗、机器人等仿生无人平台，宛如

“未来战士”。

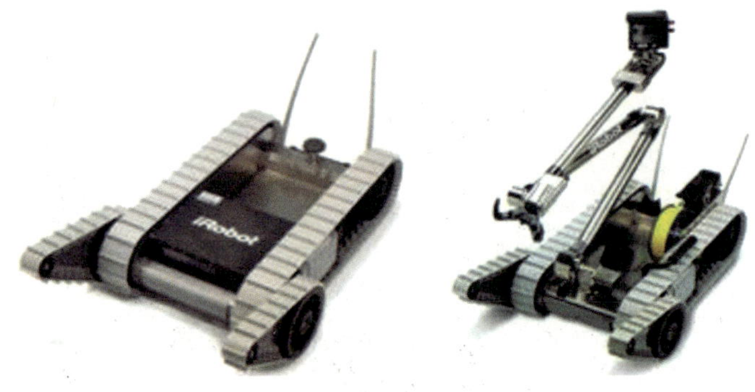

（a）“帕克波特”

（b）“角斗士”　　（c）“龙行者”

图 8－5　单兵用无人侦察车

• 科技博览

－仿生无人平台——“未来战士”－

2015 年，波士顿动力公司相继推出 Spot、SpotMini、BigDog、Handle 等多足机器人，由电池能源供电，以液压系统作为驱动设备，使噪声大幅减弱，且腿部设计得到优化，平衡能力更强。截至 2018 年，该公司先后推出了 3 版人形机器人 Atlas，其能够在凹凸不平的户外奔跑，完成跳跃、后空翻、跳跃台阶等运动。这类仿生足式机器人的最大研制难点在于控制与优化，包括足端同地面不连续接触情况下的支撑控制、多步态（爬坡、对角小跑等）切换控制、摆动腿规划以及多地形环境适应性。早期波士顿动力公司采用三分法控制，近几年其控制性能越来越好，但所采用的技术再未披露。

8.1.3 固定侦察站

固定侦察站主要采用光电望远镜等技术手段监测空间目标信息。

精密观测光电望远镜（简称光电望远镜）是空间目标观测和航天器定轨的重要设备。相比传统的靶场光电经纬仪，它的探测能力、测量精度更高，跟踪技术更先进。光电望远镜是望远镜和光电探测器的集成设备，是一种电子增强的望远镜。它主要由跟踪架、天文定位电视测量系统、轴系定位测量电视系统、微机控制管理系统、操作控制台等部分组成。其中，天文定位电视测量系统通过在同帧视场内获得的目标与恒星相对位置图像，能够计算出目标的精确位置；轴系定位测量电视系统通过高精度的轴系定位，能够完成对目标的跟踪和高精度测量。

美国和俄罗斯都建立了较完善的地基空间监视与跟踪系统。美国的空间监视与跟踪系统是由遍布世界各地的雷达和光电望远镜组成的监视网，其中光电望远镜是其地基光电深空监视系统（GEODSS）的传感器。而俄罗斯则建立了“天窗”系统。

· 科技博览

–“天窗”系统–

“天窗”系统是俄罗斯航天部队典型的有源地面光电空间监视跟踪系统，位于塔吉克斯坦境内的山区中，属于俄罗斯战略预警系统不可缺少的辅助支援手段。该系统装备10台光电望远镜，每台重达36吨，一般仅在晚上工作。每台望远镜可以根据所观察目标的高度来校正“目力”。短距望远镜能跟踪200～1 000千米高度的军事目标，包括美国的光学侦察卫星KH－12等；普通望远镜能观察到地球上空2万千米轨道上的卫星；远距望远镜能使3.6万～4

万千米高度的地球同步卫星轨道上的“间谍”原形毕露。透过“天窗”能观测到经过俄罗斯上空的所有人造卫星，光电望远镜会把收集到的各种信息汇集到中央控制计算机里。计算机能自动剔除无用信息，只把捕获的人造航天器的信号储存起来，然后计算出航天器准确的坐标和轨迹，确定它的功能，再将数据和图形发至航天部队司令部。“天窗”系统巨大的光电望远镜阵列如图 8－6 所示。

图 8－6 “天窗”系统巨大的光电望远镜阵列

8.2 地面战场侦察雷达

地面战场侦察雷达的基本任务是提供战场情报和敌方部队部署、调遣的战术情报，为机动作战中的各级指挥提供实时战场态势显示。

早期的地面战场侦察雷达作为一种探测飞机和舰船的辅助工具，体积和质量均较大。二战结束后，其雷达性能改进了一大步，地面部队开始大量配备各种小型雷达，这些地面战场侦察雷达主要用于侦察、跟踪、火控及武器定位，可以帮助指挥官了解战场情况。随着 20 世纪后期空地一体战理论的提出、电子战的加剧和远程武器的发展，以及各种传感器和微电子技术的涌现，地面战场侦察雷达技术不断提高，引入多种先进技术，如脉冲压缩、全相参固态发射机、低副瓣或超低副瓣天线等，使其能在复杂多变的作战环境中正常工作，具有全天候工作、性能好、探测距离远、测定目标坐标速度快等优点，雷达工作的有效性、战场生存能力相对于以前都有较大的提高。现代战争的复杂性通常要求地面战场侦察雷达能够根据其应用的场合和配备的兵种灵活设计，并配置在阵地不同位置，通过有线/无线通信系统关联处理数据。雷达能与光电等传感器融合处理，先通过雷达率先发现远距离敌方目标，确定目标的距离和方位，再引导光电设备对目标进行进一步确认，即俗称的“雷达发现，光电确认”。

地面战场侦察雷达按照雷达探测距离有远、中、近程三种，其中近程雷达的作用距离小于10千米，中程雷达的作用距离为20~40千米，而远程雷达的作用距离一般大于50千米。为了克服视距限制和地物遮挡，通常需将远程雷达的天线设置在高地或升空平台。按照侦察对象及具体任务分类，地面战场侦察雷达主要有步兵战场侦察雷达、炮位侦察校射雷达、城市环境下的穿墙雷达等。

8.2.1 步兵战场侦察雷达

步兵战场侦察雷达的任务主要是提供机动的、全天候的战场侦察覆盖，典型任务包括：观察敌人位置或可能的前进路线，以获取敌人的位置、数量、组成及其活动特点；监视诸如桥梁、隘路或交叉路口典型目标，以得到通过这一区域的敌人车辆和人员的数量、类型和方位等信息；在能见度有限的情况下巡逻；为作战部队或侦察分队遂行战场侦察与监视任务、边海防和敏感地区的警戒等。这类雷达作用距离从几千米至50千米不等，甚至更远，作用距离较短的雷达通常是便携式雷达，体积小、质量轻。

典型的步兵战场侦察雷达有美国陆军装备的AN/PPS-5A/B、LSTAR、ARSS、STS系列雷达，法国的MSTAR、SQUIRE轻型雷达，英国的Blighter雷达，俄罗斯的FARA-1、CREDO-M1、CREDO-1E雷达，以及以色列的

EL/M 系列地面监视雷达等。

8.2.2 炮位侦察校射雷达

炮位侦察校射雷达用于侦察正在发射的敌方火炮位置、测定己方炮弹弹着点坐标以校正射击，也称为炮位侦察雷达。

炮位侦察校射雷达出现于20世纪40年代，开始多由炮瞄雷达改装而成，主要用来侦察迫击炮阵地。50年代，跟踪式和非跟踪式炮位侦察校射雷达问世，定位精度较高。70年代末，采用相控阵技术的边搜索边跟踪式炮位侦察校射雷达开始装备部队，如美国的三坐标有源相控阵体制 AN/TPQ-36 和 AN/TPQ-37 炮位侦察雷达。现代炮位侦察校射雷达的特点是自动化、小型化、全固态化，雷达多具有较大的扫描区域、较强的抗杂波干扰能力、较高的接收灵敏度，因而首发定位概率比较高，典型的如伊拉克战争中美军特种作战部队装备的轻型反迫击炮雷达（lightweight counter-mortar radar，LCMR）、COBRA 雷达等。

· 科技博览

–“火力发现者”AN/TPQ 系列–

“火力发现者”AN/TPQ 系列雷达于20世纪80年代初开始装备美国陆军，取代原有的 AN/MPQ-4A 迫击炮侦察雷达。一个目标侦察连通常编配3部 AN/TPQ-36 和2部 AN/TPQ-37 雷达，如图8-7、图8-8所示。通常情况下，3部 AN/TPQ-36 雷达用于为机动旅提供直接支援，由炮兵营进行指挥控制；其余2部 AN/TPQ-37 雷达留作全域支援，直接服务于所在责任区域的野战炮兵或反火力作战司令部。

AN/TPQ-36 为中程炮位侦察雷达，AN/TPQ-37 为远程炮位侦察雷达，两者体系结构及工作原理基本相同，先后发展了 AN/TPQ-36（V）5、AN/TPQ-37（V）6、AN/TPQ-36（V）7、AN/TPQ-37（V）7、AN/TPQ-

36（V）8、AN/TPQ－37（V）8等多种型号。在战术使用上，探测距离更远的AN/TPQ－37雷达主要作为AN/TPQ－36雷达的补充，对付敌方纵深内的炮兵威胁。探测射程在30千米以上的增程火炮和多管火箭炮系统，一般配置在距己方部队前沿8～12千米的阵地上。

图8－7　AN/TPQ－36雷达

图8－8　AN/TPQ－37雷达

8.2.3 城市环境下的穿墙雷达

城市环境的一大特点是建筑物密集，作战人员容易借助建筑物进行掩护、隐蔽和机动。为了满足现代战争中城市巷战和打击恐怖势力的需求，城市环境下跟踪、探测和精确定位的雷达技术迅速发展，典型的如穿墙雷达。

穿墙雷达属于无损探测，它利用墙体对低频电磁波损耗更小的特点，通过发射较低频率的电磁波穿透墙壁，获取室内人员的反射回波，从而获取建筑物内人员的数量、位置、运动等信息，有助于更好地制订作战计划，减少城市作战中的伤亡人数。

· 名词解释

- 有损探测 -

穿墙探测的技术手段通常分为有损探测和无损探测两类。其中，有损探测普遍采用静音电钻在墙上或者门上钻一个小孔，然后将微型麦克风或者光纤摄像头等声光探头伸入，进行侦察与监视，如图 8 -9 所示。这种方式虽然看得清晰，但通常需要多人抵近墙壁操作，且作业时间长，易被室内人员察觉，风险很大。

(a) 静音电钻

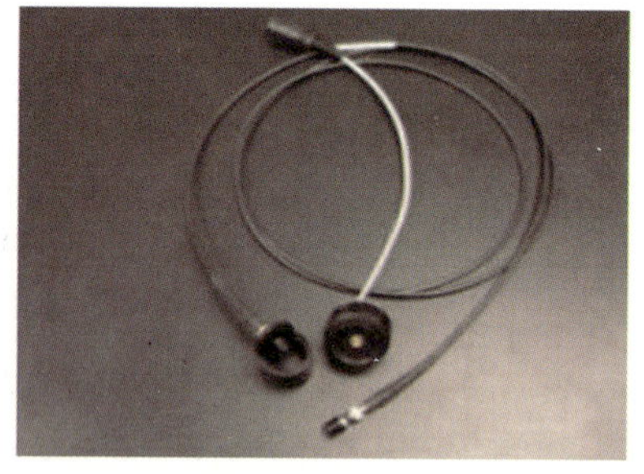

(b) 声光探头

图 8 -9 有损探测方法使用的设备

穿墙雷达可分为对某个房间局部进行观测贴墙使用的近距离探测型和对建筑物进行远距离、全方位探测的远距离探测型两类。后者能够在距离建筑物一定距离的安全区域内对整栋建筑物进行全方位探测，获取建筑物所在范围的全景布局信息，但探测精度方面与贴墙使用的近距离探测型相比要差一些。

从获取的信息维度上，穿墙雷达可以分为一维、二维和三维雷达。

一维穿墙雷达只测量目标距离信息，功能上侧重于判断目标的有无，可用于对目标建筑的初步侦察。室内的人走动会产生肢体运动，即使静止，人的呼吸和心跳也会使胸腔产生微小的起伏，从而引起雷达回波的变化。一维测距穿墙雷达利用这种弱运动的多普勒效应，可对藏匿于障碍物后方的人员进行探测。还可搭载于无人机平台对目标区域进行快速搜索，或悬停空中持续侦察探测建筑物内有无生命体，利用测距功能对目标楼层进行初步判断，获取战场全局信息。该类产品具有穿透性强、实时性高、体积小、质量轻等优点，易于单兵实战使用。

典型的一维穿墙雷达有美国的 AN/PPS－26 雷达系统，如图 8－10 所示。该雷达成本大约为 1 000 美元，被广泛地装备于驻伊美军。美国 Akela 公司开发的 UWB 穿墙雷达，距离分辨率为 10 厘米，可以检测到距离雷达 6.5 米的混凝土墙后静止人员的呼吸响应信号。

图 8－10　AN/PPS－26 一维穿墙雷达系统

二维穿墙雷达是在一维测距的基础上增加了目标方位信息的获取，可精确定位。典型类型有英国 Prism200、美国 SV2000。此外，二维穿墙雷达还可对建筑物内部结构重构，增加建筑物内部细节信息，辅助隐蔽目标成像，如图 8－11 所示。

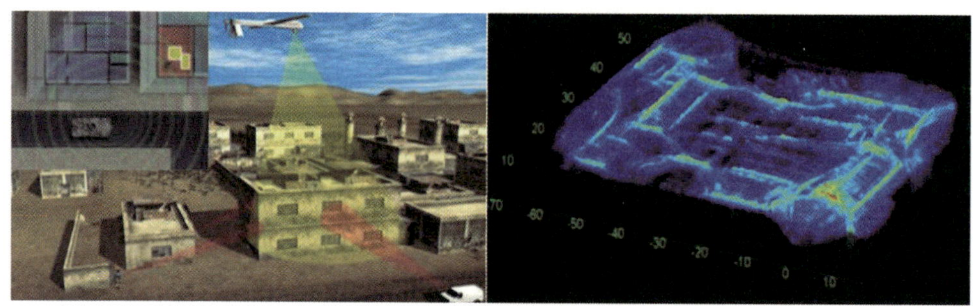

图 8－11　基于二维穿墙雷达的建筑物结构成像

· 科技博览

－美国 SV2000－

美国 Time Domain 公司基于时间反转镜技术研发了穿墙雷达 SV2000 及其手持式改进版雷达 SV2000A1。采用超宽带体制，带宽 2.1～5.6 吉赫兹，重频为 10 兆赫兹，距离分辨率小于 1 米，可穿透 20 厘米厚的混凝土墙检测到距雷达 20 米的目标，并可以二维显示目标的实时运动方向和距离。

三维成像穿墙雷达可快速探测建筑墙体后方的目标活动情况，具备目标三维成像、定位、人体姿态识别、建筑结构反演等功能，能实现对战场环境的快速感知，有效降低作战人员的伤亡风险，提高突击行动的成功率。典型类型有以色列的 Xaver800。

· 科技博览

－以色列 Xaver800－

以色列 Camero 公司在 2008 年左右研发了 UWB 穿墙雷达成像系统

Xaver800，如图8－12所示。该系统采用超宽带体制，可以探测黏土砖、混凝土、灰泥墙、木板、石块和玻璃等环境，探测距离约为20米。它配制了一个二维天线阵列，不仅可以实现距离和方位的二维成像，而且可以获得高度向信息。三维像不但可以区分人员的位置、运动或静止状态，还可以区分站立、坐着或趴着等姿态，为分辨罪犯和人质等提供重要的参考。

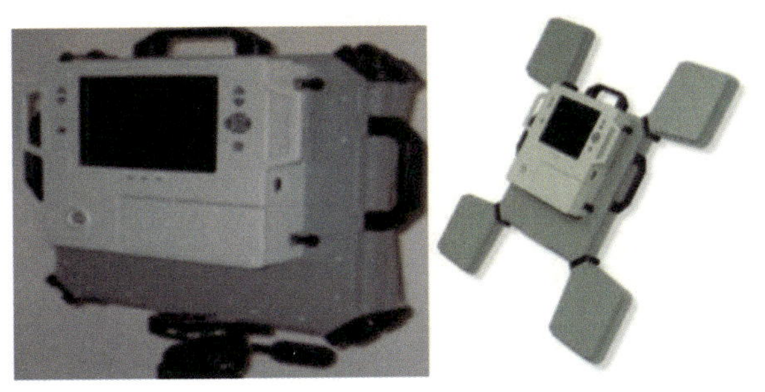

图8－12　Xaver800三维穿墙雷达系统

8.3　地基防空警戒雷达

地基防空警戒雷达是一种用来搜索、监视和识别各种空中目标并确定其坐标和运动参数的地面雷达系统，也称对空搜索雷达或对空监视雷达，主要运用于战术层面。地基防空警戒雷达部队是国家空中情报预警系统的重要组成部分，其战斗行动对防备敌人突然袭击、夺取制空权和制信息权、保障防空作战的指挥决策等有重要作用。

地基防空警戒雷达按同时测定目标坐标的数目可分为测高雷达、两坐标雷达和三坐标雷达；按探测距离可分为远程（400千米以上）、中程（200～400千米）和近程（200千米以内）雷达；按用途主要分为警戒、引导和目标指示雷达。

警戒雷达多为远程雷达，用于对空监视和及早报知出现的目标，一般具有较大的探测距离和高度，但其精度、分辨力和数据率较低。引导雷达用于引导歼击机截击敌方航空器，其探测范围一般低于警戒雷达，但精度、分辨力和数据率较高。目标指示雷达为高炮和地空导弹部队提供防区内的全部空情，并提供目标的坐标，使武器系统的雷达或其他瞄准装置能迅速地捕获目标；目标指示雷达一般为中近程雷达，具有较高的数据率和精度，为了便于转移，目标指示雷达一般都具有较强的机动能力。

• 名词解释

– 两坐标雷达和三坐标雷达 –

两坐标雷达通常采用俯仰波束较宽的天线覆盖垂直向探测空域，以机械旋转来搜索方位向。两坐标雷达中的米波波段，电磁波波长较长，天线水平波瓣较宽。尽管两坐标雷达目标方位测量精度和分辨力不高，但造价低廉且具有良好的地面反射特性，具备探测隐身飞机的潜力。1999 年，在科索沃战争中，南斯拉夫的米波雷达成功探测到美国的隐身飞机，让世界各国都开始认识到米波雷达的重要性。

三坐标雷达是指天线在方位上旋转一周的时间内同时获得多个空中目标的距离、方位和高度三维坐标参数的雷达，主要用于对空中多批量目标的搜索、监视和对飞机的作战引导。测高是三坐标雷达与两坐标雷达的主要区别，早期的三坐标雷达是由天线在方位上机械旋转的两坐标雷达发展而来，如两坐标雷达加测高雷达、V 波束测高和堆积多波束三坐标雷达等。

在现代战争中，地基防空警戒雷达担负着重要的预警侦察任务，即尽远发现、监视、跟踪、识别来袭的各类飞机、无人机、导弹、航天武器等空中目标，连续测定各个空中目标的实时位置、属性、型别等诸元，为国土防空指挥部门提供预警情报信息。同时，能为地面防空部队提供各种空中目标的情报信息指示，引导防空或防天系统的制导雷达和火控雷达及时捕获和跟踪有关的空中目标；为导弹部队监视所发射导弹的运行轨迹和空中状态，预测落点，评估其打击效果；为航空交通管制部门或航天控制管理部门提供对空监视情报信息支援等。

国外为加强国土防空网的建设，提高预警监视能力，先后装备使用了几十种不同体制的地基防空警戒雷达。目前，投入使用的地基防空警戒雷达的共同特点是探测距离远、分辨率高、反有源干扰和无源干扰能力比较强、工作可靠、情报容量比较大。典型类型有美国的AN/TPS系列、AN/MPQ系列、HR3000、ASTAR－3，俄罗斯的96L6E、67N6E，英国的AR－327、S753L，日本的J/FPS－3等。

· 科技博览

－美国AN/TPS、AN/MPQ系列－

美国地基防空警戒雷达的基本型号为AN/TPS－77和AN/TPS－79两款三坐标雷达。AN/TPS－77工作在L波段，基本作用距离为9.2～462.5千米。AN/TPS－79工作在S波段，基本作用距离为111千米左右，如图8－13所示。这两款雷达组装时间和拆散时间在4～8小时，能在塔台或者拖车上进行有效信号处理，便捷性高。

图8－13　AN/TPS－79雷达

“爱国者”反导导弹雷达系统是美国全天候、大空域、多通道地空导弹武器雷达系统，用于区域防空和要地防空，可以拦截各种高性能飞机、空对地导弹、战术弹道导弹和巡航导弹等军事目标。之后，美国在“爱国者”原型的基础上先后发展了三种改进型：PAC－1、PAC－2、PAC－3（图 8－14）。“爱国者”雷达系统的核心是 AN/MPQ－53 多功能相控阵雷达，能同时掌握 100 多批目标和制导 8 枚导弹攻击 3～5 个目标。整个系统可用 C－141 运输机和重型直升机空运，既适于野战防空，又适于要地防空。AN/MPQ－65 雷达进一步扩大了雷达的搜索距离，增强了雷达在高杂波环境下的探测能力，并改进了雷达对近空目标的分辨能力和诱饵识别能力，从而提高了雷达的作战能力。沙特阿拉伯曾为应对胡塞武装的空袭，利用“爱国者”反导导弹雷达系统拦截了上百枚胡塞武装发射的弹道导弹、战术火箭，严重削弱敌方导弹武器系统的突防能力。

图 8－14　美国“爱国者”PAC－3 雷达系统

－英国 AR－327－

AR－327 是一款工作在 E/F 波段的雷达系统，能控制在 2.7～3.1 吉赫兹，整体作用距离约为 470 千米。该雷达系统主要应用于公路、铁路以及空运项目中，能有效满足 C－130 直升机进行技术部署处理。

为了降低地面雷达遭受攻击的概率、有效践行系统化防御措施，美国对地基防空警戒雷达开展了多元化研究。例如，执行双基地雷达计划，试验了地面双基地雷达对空中目标的探测，提高了其在L波段的处理水平。新一代雷达综合采用全相参、全固态、超低副瓣天线、数字波束形成、捷变频等先进技术，能适应各种作战环境，故障检测率超过98%，电子防御措施比较齐全，包括极化可变、自适应发射频率选择、瞬时寂静、反辐射诱饵等，雷达探测的有效性和生存能力得到了大幅提高。

新一代地基防空警戒雷达能够为低层防空反导系统提供搜索和火控导引，能够发现并稳定跟踪和捕捉高超声速目标。典型类型有美国的低层空中和导弹防御传感器（LTAMDS）。

· 科技博览

– 低层空中和导弹防御传感器 –

低层空中和导弹防御传感器是雷神公司为美国陆军研制的新一代低层防空反导雷达，如图8－15所示。它能够为低层防空反导系统提供搜索和火控导引，能够应对高超声速武器的威胁。LTAMDS雷达采用相控阵体制，配有可收放的矩形阵列面板天线，其天线主阵列尺寸与“爱国者”雷达相似，但有效探测跟踪距离、隐身目标的探测能力、对多批次目标的处理能力都远强于“爱国者”雷达系统。其性能提升的关键是采用了包含氮化镓材料组件的相控阵雷达天线。氮化镓属于第三代半导体材料，是军用雷达领域研究和突破的重点。氮化镓材料制造的器件保证了较高的雷达天线发射功率；且它的导热率更高，可以在更高的容许温度下正常工作，对雷达散热系统的要求更低。

图 8-15　LTAMDS 雷达

8.4　地基战略预警雷达

地基战略预警雷达最早是为了对付轰炸机而研制出来的，现在主要用于探测洲际弹道导弹、轰炸机、巡航导弹等多种战略目标。不论是和平时期还是战争时期，地基战略预警雷达都应常备不懈，全天候昼夜监视，在尽量远的警戒距离内，对目标进行精确定位，并识别目标性质，为国家决策当局和军事指挥系统提供尽可能多的预警时间，以便有效应对敌方的突然袭击。根据其部署位置，地基战略预警雷达可分为陆基和海基系统；按功能种类又可分为远程预警雷达、多功能（跟踪、制导、识别）雷达等。

相控阵雷达和超视距雷达是地基战略预警雷达的主要组成部分。其中，相控阵雷达作用距离一般为 3 000 ~ 7 000 千米，能较为准确预报目标的发射点、弹道飞行轨迹和弹着点，引导反导系统的搜索雷达捕获目标，也能跟踪和处理多批目标，并识别真假目标。超视距雷达可探测常规视距雷达无法探测到的地平线以下的远距离目标，提供较长的预警时间。由于超视距雷达的分辨率较低，虚警率较高，一般不作为单独的预警手段。

典型的地基战略预警雷达有美国的 AN/FPS 系列远程雷达、GBR 固态相控阵雷达，俄罗斯“沃罗涅日”预警雷达等。

· 科技博览

– 典型地基战略预警雷达 –

AN/FPS 系列雷达是最早问世的有源相控阵雷达。美国于 20 世纪 60 年代末将 AN/FPS – 85 雷达装备美军，它的升级版是 AN/FPS – 115 雷达“铺路爪”，如图 8 – 16 所示。该雷达工作在 UHF 波段，每个阵面拥有 2 677 个天线单元，其中，1 792 个天线单元属于有源单元。AN/FPS – 115 雷达主要用于探测、跟踪潜射弹道导弹和洲际弹道导弹，提供导弹预警信息，也用于监视、跟踪和识别空间目标，提供绕地球轨道运行卫星的位置、速度等数据。

图 8 – 16 “铺路爪”雷达

– 美国 GBR 固态相控阵雷达 –

GBR 固态相控阵雷达是美国战区高空防御系统中的固态有源相控阵雷达，如图 8 – 17 所示。它在大气层内外拦截导弹目标并提供精确目标信息，具有高分辨率探测，对目标成像、识别及杀伤评估等性能。该类雷达工作在 X 波段，可在 55°扇面内实现二维相扫，波束宽度为 0.6°。

图 8-17　GBR 固态相控阵雷达

俄罗斯“沃罗涅日”预警雷达

为应对美国导弹防御系统的发展和部署，俄罗斯研制了“沃罗涅日”预警雷达，它能够对洲际弹道导弹、战术导弹和战术火箭进行探测，并描绘出攻击轨迹，可用于战略导弹防御和战术导弹防御。同俄罗斯原有的“达里亚尔”和“第聂伯河”导弹预警雷达相比，“沃罗涅日”预警雷达具有展开时间短、可靠性好、自动化程度高等特点，能节省40%的维修保养费和使用费。

“沃罗涅日”预警雷达从研制到建成仅用了 18 个月。“沃罗涅日”雷达主要有 3 个型号，分别是“沃罗涅日-M”“沃罗涅日-DM”“沃罗涅日-VP”，其中，M、VP 表示米波，DM 表示分米波。“沃罗涅日”雷达为高度模块化设计，“沃罗涅日-M”雷达阵面由 3 个 10 米×30 米的模块组成，“沃罗涅日-VP”雷达则由 6 个模块组成，这是两者最主要的区别。它们的阵面都是钢架结构，由明茨无线电技术研究所负责研制。“沃罗涅日-DM”雷达阵面是混凝土大楼结构，雷达的峰值功率达 625 千瓦，能有效监视、跟踪、识别和测量 4 800~6 000 千米外的各种导弹和其他目标。“沃罗涅日-DM”雷达的部署，使空中和太空的搜索范围扩大了数千千米，同原有雷达相比，发现和确定目标的能力更强。其监控范围远至美国东海岸，弥补了俄西北方向的反导弹预警系统缺口，使俄西北方向的反导预警系统恢复了完整性，满足了俄罗斯对整个西北方向空情及北约导弹发射情况的监控需求。此外，俄罗斯计划建造“沃罗涅日－SM”，SM表示厘米波，在探测精度和目标跟踪数量上占优势，但探测距离稍近。2021年，俄罗斯开始对位于列宁格勒州的“沃罗涅日－M”雷达、克拉斯诺达尔边疆区的“沃罗涅日－DM”雷达和西伯利亚的伊尔库茨克州的“沃罗涅日－M”雷达进行升级，使“沃罗涅日”预警雷达能获取并提供敌方导弹发射和导弹轨迹的数据，对国家和军事控制目标发送核打击告警，同时还能提供太空目标数据，进行空间监测预警。

第9章
海上及水下侦察与监视装备

海上及水下侦察与监视装备是指以舰船、潜艇等为平台，通常搭载了光电、雷达、水声等多种类型的探测系统。这些系统不仅相互辅助、相互补充，而且可以进行信息融合，提高装备的探测和跟踪性能。

海上及水下平台载荷能力强，搭载的侦察设备种类多，具备多种侦察能力；平台能够长时间驻留，活动区域广阔，获取的情报准确性和可靠性高；潜艇、无人潜航器等平台隐蔽性高，不易受到攻击，且运行和维护成本低。

本章将重点介绍海上及水下侦察与监视的典型装备，包括海基光电侦察系统、海基侦察与监视雷达和水声探测系统等。

9.1 海基光电侦察系统

光电侦察装备对侦察目标执行观察、搜索、捕获、跟踪、识别和测量等任务，是重要的海基探测装备，能弥补雷达等电子侦察装备低空突防、电子对抗的不足。与雷达等电子侦察装备相比，光电侦察装备抗电磁干扰能力强、低空探测性能好、精度高、体积小、质量轻、成本低。但光电信号容易被大气吸收，因此光电侦察装备的侦察距离较近，如对掠海反舰导弹等低空目标的侦测距离一般在12~15千米，同时也易受恶劣气候条件的影响，全天候工作能力较差。在大多数情况下，光电侦察装备同雷达等电子侦察装备配合使用，作为互相补充的探测手段。

这里主要介绍舰艇平台上的海基光电侦察装备。舰艇上的光电侦察装备主要有潜望镜和潜艇光电桅杆、舰载红外警戒系统、舰载紫外侦察系统、舰载激光侦察系统等，它们和其他舰载侦察传感器共同组成全天候、全波段的现代化技术侦察系统。

9.1.1 潜望镜和潜艇光电桅杆

潜望镜是一种精密的光学仪器。现代化的潜望镜应用了光电子技术和微电子技术，是一种集侦察、监视、观测、导航、火控和信息记录等功能于一体的多用途装备，又称为光电桅杆，如图9-1所示。其主要任务是搜索、指挥、观察、导航和鱼雷攻击时的探测瞄准等。其最大优点是能够直接观察到目标的形象，侦察信息直观、可靠。潜望镜属于被动式工作装备，不易受干扰，用途比较广，但易受天气、海洋条件等影响，观测距离较近。传统的潜望镜是一种细长的光学镜管，两头装有棱镜，中间有成像透镜和转像透镜系统。潜望镜管一般长7~15米，直径为160~300毫米。潜望镜平时收缩在潜艇指挥台围壳内，当潜艇潜下水时镜头部可升出水面约0.5米，通过在指挥舱内的目镜观察海面情况，也可接CCD照相和录像。

9.1.2 舰载红外警戒系统

舰载红外警戒系统，又称红外监视系统或红外搜索与跟踪系统，能有效弥补雷达在发现和探测舰导弹等低空目标或超低空目标方面的不足。其主要任务是在夜间或在能见度较差的白天，探测10~30千米远、一定方位/俯仰范围内的目标，并将目标方位/俯仰数据提供给舰船近程火控系统。同时，它还承担了早期警戒、救援、目标搜索、救火、导航等任务。新一代红外侦察

图 9-1 露出水面的光电桅杆

装备具有全方位的侦察能力，可完成对大群目标的搜索、跟踪和定位，通过成像显示提供清晰的战场情况。

红外警戒系统属于较为先进的大型军用红外设备，尽管技术复杂、难度大，但优点显著，受到多国关注。比较著名的有法国 VAMPIR 和 VAMPIR MB 双波段系统、美国和加拿大共同研制的 AN/SAR-8 红外搜索和目标指示系统、美国监视红外搜索与跟踪系统等。

· 科技博览

- 法国 VAMPIR 和 VAMPIR MB 双波段系统 -

法国 VAMPIR 系统是世界上第一个舰载红外搜索与跟踪（infrared search and track，IRST）系统，如图 9-2 所示。该系统于 1986 年服役，正式装配在法国“卡萨尔”号防空护卫舰上。VAMPIR 系统由舱外和舱内两大部分设备组成，舱外设备包括固定在舰船桅杆上的稳定平台、稳定平台上的红外扫描头、靠近扫描头的稳定装置、固定在主桅杆底部的空气压缩机等；舱内设备包括数据录取电子机柜及系统显示控制台等。红外扫描头方位覆盖范围 360°，扫描速度 60 转/分钟，高低视场 25°，工作波段为 3～5 微米和 8～12 微米。VAMPIR 对导弹或飞机的探测距离大于 10 千米，在高低和方位方向的目标指示精度为 1 米弧度。

图9－2　法国 VAMPIR 系统

第二代产品 VAMPIR MB 于 1993 年开始研制，并于 1997 年在法国海军实验舰上试用。首批 7 部 VAMPIR MB 舰载型设备已经交付法国海军，其中 1 部装备在“戴高乐”号航母上，另有 3 部根据舰艇防空反导自卫项目，安装在 F70 乔治·莱格级反潜驱逐舰“迪普莱克斯”号、“蒙卡尔姆”号和“让·德·维埃纳”号上。与之前的产品相比，VAMPIR MB 的质量大大减小，可安装在桅杆顶部。扫描速率为 90 转/分钟，视场为 5°，方位覆盖范围为 360°，俯仰覆盖范围为－20°~45°，可同时跟踪 100 个目标。

第三代产品 VAMPIR NG 能够通过旋转提供 360°视野和海上三维态势感知。此产品在原有基础上，增加了能够跟踪刚性充气橡皮艇、小型无人机等低弱小目标的功能，备受多国欢迎。

红外跟踪器是依靠跟踪目标的热辐射进行工作的光电设备。它接收导弹或飞机等目标的热辐射后，与目标背景相比较，计算出目标位置相对于瞄准中心线的误差电压，然后将该数据送至随动系统，完成对目标的跟踪。这类跟踪器以被动方式工作，隐蔽性好，不易被敌方探测，昼夜均可工作，可以弥补主动雷达在探测掠海导弹或低空飞机时因海杂波干扰而难于探测目标的不足。

红外跟踪器在作战舰艇上使用时，通常和电视跟踪器、激光测距仪、雷达等组合成综合探测系统，用于探测、跟踪目标，向火控中心传输目标方位、仰角、距离信息。在这种综合探测系统中，红外跟踪器的作用主要是昼夜探测、监视、跟踪空中目标或水面目标。当红外跟踪器配置在潜艇望远镜上使用时，可使潜艇具备夜间作战能力。红外跟踪器的跟踪距离为 6 ~ 10 千米，该值与目标、大气和系统特性均有关，某些先进的红外跟踪器在天气情况良好的条件下，跟踪距离可达到 40 千米。

9.1.3 舰载紫外侦察系统

舰载紫外侦察系统的探测器可对导弹尾焰的紫外辐射进行探测，也可用来探测超音速导弹的发射和逼近。海军装备的第一代典型紫外告警设备探测器采用日盲型光电倍增管；第二代紫外告警装备发展成成像型侦察装备，如美国 AN/AAR – 54（V）导弹逼近侦察系统、AN/AAR – 57，法国 MILD – 2，德国宇航公司研制的“米尔兹”紫外侦察系统等。

9.1.4 舰载激光侦察系统

舰载激光侦察系统是激光对抗系统的先导。例如，德国研制的通用光电激光探测系统（COLDS）是为海军平台提供可靠光电干扰/光电对抗的多光谱激光侦察系统，能够探测 0.1 ~ 2.0 微米、2.0 ~ 5.0 微米和 5.0 ~ 12.0 微米 3 个波段的激光威胁，并可精确测量和识别威胁激光束的方向、类型、脉冲重复频率和脉冲编码。英国海军典型的舰载激光侦察装备有 1220 系列和 480 系列两类，均可对多个激光威胁源侦察。美国的 AN/AVR – 2 型激光侦察接收机采用了相干型侦察器，已广泛装备水面舰艇。俄罗斯的舰载 Spektr - F 激光侦察系统能对付严重的背景干扰，单脉冲截获概率达 95%，探测距离达 20 ~ 25 千米。此外，挪威的 RL1 激光侦察接收机、波兰的 Bobrawa 和 SSCIOBRA 激光辐射侦察系统、加拿大的高角分辨激光辐射探测器、罗马尼亚的激光照射侦察系统，以及巴基斯坦的 LTSI 激光威胁传感器等均是激光侦察技术的典型产品。

随着海军光电武器和装备的技术性能不断提高、抗干扰能力不断增强，留给对抗系统的反应时间越来越短，且对抗距离越来越远，红外/紫外/激光复合侦察型光电探测技术逐渐占据了主导地位。当前，宽波段、低虚警、远距离的探测，多频谱传感器、开发集成相干技术的应用，舰载光电侦察系统与干扰系统有效的结合等，均是舰载光电侦察技术的发展方向，这些技术使作战人员能获得陆地、海洋、空间等全维共用、无缝隙的明确态势图像。

9.2 海基侦察与监视雷达

海基侦察与监视雷达的主要功能是搜索、监视海面和空中目标并测定其位置和运动参数，包括对空警戒雷达、对海警戒雷达、低空警戒雷达、火控雷达、炮瞄跟踪雷达、导弹制导雷达等，主要以舰载和岸基平台为主。

海战中，对空防御是水面舰艇的主要任务之一。为了对付越来越严重的空中威胁，各国海军的主要战舰大多配置了对空警戒雷达，这种雷达的主要任务是发现远距离的空中飞机、导弹等目标，测量其位置并及时上报给指挥员，保证在敌机或导弹临近舰艇的防区之前，有充分的时间做好迎击敌机或摧毁敌方导弹的准备。

对海和低空防御也是水面舰艇的主要任务之一。随着飞行器的迅速发展，亚音速/超音速轰炸机、攻击机以及巡航导弹的超低空突防成为舰艇面临的主要威胁之一。对海兼低空警戒雷达具有探测海面和低空目标的能力，能迅速探测定位，对海导航，并为反舰武器系统提供目标指示。在拥有对空警戒雷达的战舰上加装这种雷达，不仅可以加强低空防御能力，而且可以弥补对空与对海警戒雷达之间的衔接空域，有利于雷达全空域的探测和有效覆盖。对海兼低空警戒雷达一般工作在厘米波段，天线尺寸较小，受雷达视距限制，作用距离较近。大多数对海兼低空警戒雷达使用较高的脉冲重复频率、较小的发射功率；雷达天线波束在水平面内通常较窄，有较好的方位分辨率，在垂直面内则较宽，以保证一定的探测空域，并有助于避免舰艇摇摆时丢失目标；有的还采用赋形天线，有利于探测低空目标和抑制海杂波。

此外，舰艇侦察警戒雷达在多功能和综合应用、快速反应、抗干扰措施等方面都有较大发展。现代舰艇警戒雷达的用途，已不限于警戒和目标指示等功能，还具有一定火控雷达的功能，如舰载多功能相控阵雷达能同时搜索、识别、跟踪几百个目标，雷达的探测隐身飞行器、抑制海杂波、自适应抗干扰和快速反应能力等都有了长足的进步。

9.2.1 舰载侦察与监视雷达

舰载侦察与监视雷达可探测、跟踪海面和空中目标，为武器系统提供目标数据，引导舰载机飞行、着舰、躲避海上障碍物，保障舰艇安全航行和战术机动等。舰艇上装备的侦察与监视雷达种类和数量，取决于舰艇的战斗使命、武器装备和吨位。通常小型战斗舰艇装备 1~2 部；大、中型战斗舰艇装备 10 多部，有的达 20 余部。多部雷达装载于舰船之上，对舰船的空间、质量和电磁兼容提出了很高的要求。现代舰载侦察与监视雷达通常兼具多种功能，典型代表有美国的“宙斯盾”舰载多功能相控阵雷达。

• 科技博览

– “宙斯盾”舰载多功能相控阵雷达 –

20 世纪 60 年代，美国海军为了应对高速掠海飞行的反舰导弹对水面舰艇构成的威胁，特别是对付苏联海军针对航空母舰战斗群的饱和导弹攻击战术，开展了先进舰用导弹系统的研究和开发。之后，该系统被正式命名为全自动作战指挥与武器控制系统，其首字母组成的单词与古希腊神话中宙斯的盾（Aegis）相同，因此又称为“宙斯盾”系统。“宙斯盾”代表了当今世界最先进的海军科技水平。其作战系统的核心由五大系统组成，即AN/SPY－1相控阵雷达系统、MK1指挥决策系统、MK1显示系统、MK1武器控制系统、MK1战备检测系统。此外，还有MK29作战训练系统、AN/SRS－1战斗测向系统。利用“宙斯盾”AN/SPY－1相控阵雷达系统可控制多种武器，构成远、中、近相互衔接的多层次全方位防御圈，以不同射程的武器拦截来袭的固定翼飞机、直升机、无人机、飞艇、舰艇、反舰导弹、巡航导弹、弹道导弹等，满足多种功能需求，如图9－3所示。

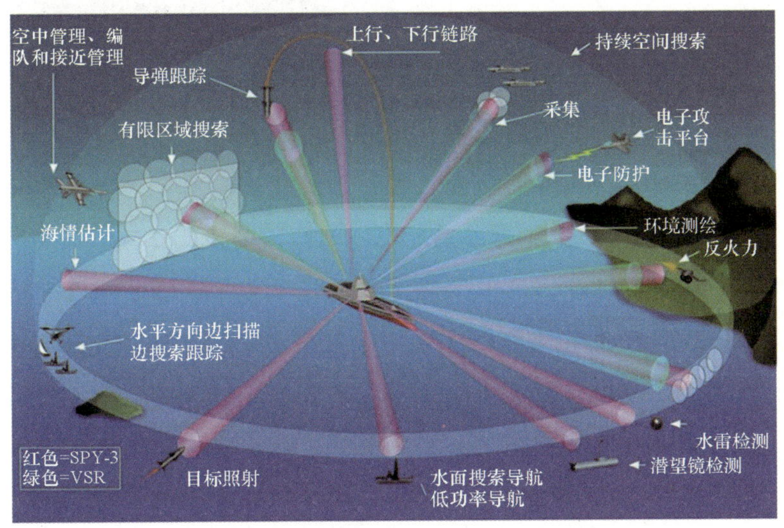

图9－3　“宙斯盾”AN/SPY－1相控阵雷达功能图

AN/SPY－1被动电子多功能相控阵雷达是“宙斯盾”作战系统最重要的分系统之一，用于执行目标探测、数据处理、航迹跟踪、武器控制等多种任务。该雷达由美国雷神公司研制，工作于S波段（1 550～5 200兆赫兹），作用距离370千米。如图9－4所示，雷达天线由4个八边形固定平面阵组成，每个阵面尺寸为3.65米×3.65米，重7 773千克，每个阵面有4 480个矩形喇叭辐射器，组成140个阵列模件，其中128个阵列模件用于发射和接收，8

个只用于接收，4 个用于保密电子对抗。雷达配有两部发射机，采用强制馈电方式分别向两个相应阵面馈送射频能量，总输出功率可达数兆瓦。此外，雷达还配有两部 AN/UYK－7 数字计算机，每个计算机控制 2 个阵面工作，产生发射机激励所需的复杂波形和选择适当回波信号进行处理，以便为探测、跟踪和电子对抗选择所需信息。

图 9－4 “宙斯盾”AN/SPY－1 相控阵雷达天线图

AN/SPY－1 相对控阵雷达兼备搜索和跟踪功能，并具有同时跟踪多个目标的能力，能拦截多枚导弹的饱和攻击；系统反应时间短，所用时间仅为微秒级，可谓是“瞬息万变”；作战全过程可无人工干预，自动化程度高；可在杂波中准确锁定真实目标，抗干扰能力强；可对发射后的导弹进行精确的中段制导，极大提高超视距攻击的精准性；在作战时，若相控阵雷达的阵面部分受损，则残余部分仍能继续工作，雷达只会性能下降，而不会立刻丧失全部功能，系统生存力大大加强。

AN/SPY－1 相对控阵雷达于 1965 年开始研制，1974 年展开海上测试，第一套系统随提康德罗加级巡洋舰（CG－47）于 1983 年进入美国海军服役。经过逐步的改良与升级后，现已有 AN/SPY－1A、AN/SPY－1B、AN/SPY－1D、AN/SPY－1F、AN/SPY－1K 等改进型号，其中，AN/SPY－1A、AN/SPY－1B 装备提康德罗加级巡洋舰，AN/SPY－1D 装备阿利·伯克级驱逐舰。AN/SPY－1 雷达装备部队后，曾多次用于实战，装备该雷达的提康德罗加级巡洋舰先后参加了海湾战争、美利冲突、美伊（朗）冲突等局部战争和武装冲突。

9.2.2 海岸侦察雷达

海岸侦察雷达主要用于对海防御探测和岸防武器控制，是岸防作战指挥控制系统的重要组成部分，包括海岸警戒雷达、岸舰导弹制导雷达和海岸炮炮瞄雷达等。其安装形式有固定式和机动式两种，固定式海岸侦察雷达安装在永备工事内，或用气球悬空，或设置在海岸和岛屿的高地上，以增加对海面和低空目标的探测距离；机动式海岸侦察雷达安装在车辆上。海岸侦察雷达通常与反舰导弹或岸防火炮一起构成一整套岸防武器系统。典型的海岸侦察雷达有法国海岸监视者（CW）系列、俄罗斯“巨石－B”雷达、德国SPEXER－2000、丹麦SCANTER系列、美国LCR－2020等。

· 科技博览

－法国海岸监视者系列－

法国的海岸监视者系列包含CW10海面近程监视雷达、CW100对海对低空全固态监视雷达和CW200地波超视距雷达等。

CW10是由法国泰勒斯公司和日本古野公司联合开发的X波段海面近程监视雷达。该型雷达采用了开放式架构，天线、收发部件为商用货架产品，能在恶劣海况、天气等状况下可靠发现、跟踪作用距离约10海里（1海里＝1 852米）、RCS小至1平方米的目标。其主要用于法国港口安全防护，通常与船舶自动识别系统、光电、声呐等设备集成使用，实现对近距离海岸目标的探测和识别。

CW100是由泰勒斯公司生产的X波段对海对低空全固态监视雷达。该型雷达采用了旋转抛物面赋形天线和固态发射机，主要用于海面低空目标监视，可架设于海拔1 000米的高地，对海最大作用距离约130千米（RCS为100平方米），对低空则约157千米（RCS为3平方米）。CW100雷达组网能力强、可靠性高，无故障运行时间可达8 750小时，1年仅需一次例行性维护，可无人值守。

CW200是由法国宇航实验室ONERA研发的地波超视距雷达，采用固定的阵列天线，工作在高频波段，最大作用距离约200千米，主要用于领海和专属经济区监视、渔业监视、海岸监视。

随着世界形势的不断变化，来自海上的威胁日益增多，海岸侦察雷达面临着严峻的挑战。

首先，雷达需探测的目标密集复杂，小目标占比增大。近岸活动的船只多、分布密集，包括正常来往的商船、货船，执行任务的军用舰艇、海警船、渔政船，捕捞用的渔船群，以及非法活动船只等。特别是海上小目标数量越来越多，如小艇、潜望镜、无人机、巡航导弹等。在高峰期一部雷达在100千米范围内，常常会有几百到上千个海面目标。典型的船只目标类型多，差别大，目标的RCS从0.1平方米到上万平方米；动态范围达到50分贝，甚至60分贝以上；机动速度从0到130多千米/小时，甚至180千米/小时以上。这些因素都对雷达的数据处理容量和处理能力提出了挑战。

其次，近海环境复杂，有源干扰多。海杂波是影响海岸雷达海面目标监视能力的一个主要因素。随着经济的发展，海岸侦察雷达工作的电磁环境日益复杂，比如周边存在工业无线电、海上风电场等。雷达不仅要适应这些无意的干扰，而且要面临战场敌方有意的干扰，甚至可能是电磁攻击、反辐射弹打击等。

最后，海上任务多元，探测能力要求高。海岸侦察雷达探测范围涵盖了专属经济区，甚至更远，既要有效应对无人机、巡航导弹等新的威胁，提供更高质量的情报，又要与武器系统交联，实现搜索发现、跟踪识别、目指打击、效果评估一体化，不断提升综合探测识别能力。

9.3 水声探测系统

潜艇、水面舰船等通常装备了多种水声探测系统，如拖曳式线列阵声呐、潜艇用舷侧阵声呐、固定式岸基声呐、艇艏声呐等。这些系统相互辅助，相互补充，全方位、多层次地实现目标的侦察预警、探测和跟踪，并且可以联合其他传感器进行信息分析处理，提高系统的探测和跟踪性能。

9.3.1 固定式岸基声呐

固定式岸基声呐是以海岸为基地，把水下基阵布放在近岸或敏感水域的固定声呐，用于海峡、基地、港口、航道和近海水域，对地方潜艇的活动进行远程警戒和监视。固定式岸基声呐具有全天候实时监测、监测范围广、隐蔽性好、背景噪声低等特点，但一旦暴露就易遭破坏。因此，岸基站一般安装于重要的港口和航道，配合其他手段加以保卫。

固定式岸基声呐是声呐领域中研发较早的装备。美国从20世纪50年代开始在本土东、西海岸建立水下侦听系统。1954年，海军设施工程司令部波多黎各拉米空军基地首次将固定式岸基声呐投入使用，标志着声监视系统（sound surveillance system，SOSUS）的诞生。到20世纪60年代末，美国在苏联东海岸和日本海附近布设了36个站（堪察加半岛至千岛群岛13个、宗谷海峡5个、津轻海峡9个、对马海峡9个）。水下警戒系统在实际应用中获得了一次又一次的成功，包括追踪弹道导弹潜艇SSBN－598、追踪多艘苏联柴油潜艇和核潜艇，以及在古巴导弹危机期间发现苏联狐步级潜艇等。1963年，分析人员通过SOSUS发现了核动力攻击潜艇SSN－593的沉没，分析确定了事故发生和残骸的确切位置。随后，利用该系统又分析了鲣鱼级潜艇SSN－589和苏联K－129的灾难性伤亡与沉没事故。

随着岸上处理和水下系统的技术升级，到20世纪80年代，SOSUS已经发展成一个拥有数千名水手和多个固定和移动站的系统。SOSUS 和监视拖曳阵列传感器系统合并为综合海底监视系统，体现了海岸装备的深度整合。

• 科技博览

– 声监视系统（SOSUS） –

SOSUS 是美国 20 世纪 50 年代开发、建立的水下警戒系统，在美国本土东侧的大西洋和西侧的太平洋中建立了一系列深水水听器阵列，通过电缆连接岸上的观察站，形成水下警戒。

在太平洋区域，SOSUS 构成了南北方向的三条警戒线：前沿海域警戒线、中间海域警戒线和本土西部海域警戒线。前沿海域警戒线从俄罗斯的堪察加半岛起，经千岛群岛、日本群岛向南延伸到菲律宾和马六甲海域中部；中间海域警戒线由阿留申群岛到夏威夷群岛东部；本土西部海域警戒线覆盖了美国西海岸外近千米宽的区域。

在大西洋海域中也构成了三道海域警戒线。东部警戒线从斯匹次卑尔根群岛到挪威的西北部；中部警戒线自纽芬兰经格陵兰、冰岛、法罗群岛、英国、法国至西班牙西部；西部警戒线在美国东海岸至墨西哥一带，宽达 240 千米。

20 世纪 90 年代，美军结合新的作战需求和技术，开发了被动低频海底警戒系统固定分布式系统（FDS），如图 9 – 5 所示。固定分布式系统由两部分组成，一部分是由大面积分布的水声传感器构成的海底基阵，另一部分是具有处理、显示和通信功能的岸基信息处理设备。该系统的水声传感器阵密集分布在敏感海域海底，用于探测和跟踪“极安静”的水下目标威胁，如安静型潜艇，以及在深海和近岸水域活动的水面目标。它采用光纤技术以及先进的信号与信息处理技术，增强了对高背景噪声环境弱信号的提取。

图9-5 FDS 示意图

1994 年，美军对 FDS 的改进型 FDS-D 进行了演示，成功实现了对潜艇目标的声学发现和跟踪，推进了先进可部署系统（ADS）的发展。ADS 可在出现危机的海域进行快速隐蔽部署，任务完成后也可回收利用，从而克服了 FDS 固定、不可重复利用的缺点。1999 年后又开展了分布式自治系统（DADS）的研究。该系统能够进行自动波束形成、目标探测和跟踪，也能够隐蔽或公开布放水听器，广泛适应从浅海到深海的环境。

· 科技博览

– 先进可部署系统（ADS）–

ADS 主要包括以下三部分：水下组件、分析处理组件和战术支持端，如图9-6 所示。水下组件主要指由一次性电池供电、大面积布放的传感器组成的水下被动监听阵。分析处理组件安装在标准化、模块化的平台内，通过电缆与水下组件相连。战术支持端将每个 ADS 子阵所接收的声学数据汇总后，通过有线通信或者无线通信等方式将数据分片发送到美国海军指挥终端。ADS 可以被迅速部署到需要进行监视的前沿区域，直接为作战部队提供目标位置信息，并为部队指挥官提供近实时、精确、可靠的海上图像，以保持水下空间的作战优势。

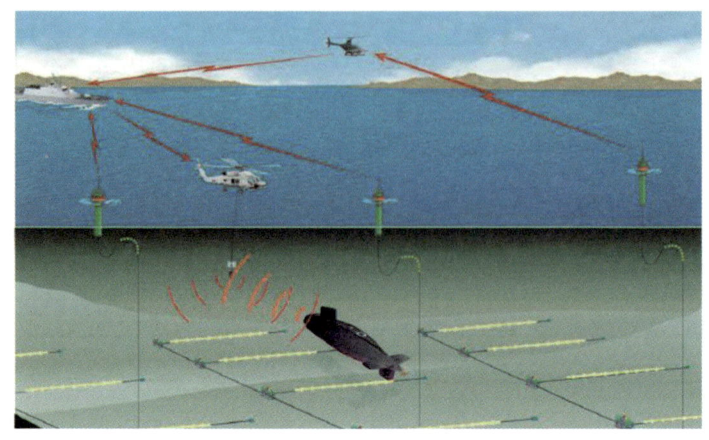

图 9-6 ADS 示意图

9.3.2 艇艏声呐

潜艇艏部是安装声呐基阵的最佳部位，相对潜艇其他部位，艏端环境最安静且视野最开阔。潜艇艇艏声呐是潜艇声呐系统中最重要的声呐设备之一，被称为“主战”声呐。艇艏声呐不仅能进行警戒、定位、识别、跟踪等任务，而且具备主动测距、通信等功能。

现代艇艏声呐系统一般以圆柱状和球形声呐基阵为主，即将阵元沿圆柱面或者球面排列，实现波束扫描。圆柱阵和球阵的空间监测范围大，配合现代声呐的相控阵数字多波束技术，扫描速度快、多目标跟踪能力强。由于阵的体积较大，工作频率低，可以接收海水中衰减小、更低频段的噪声，增大声呐系统的作用距离，有效提升探测性能。艇艏声呐往往具备主、被动工作方式，并能保障潜艇进行警戒、搜索、跟踪、识别、攻击等多种作战任务。

潜艇艇艏阵类型主要由两个因素决定：艇艏阵及其声呐所承担的使命任务和艇平台所能给予的空间。典型的如海狼级和弗吉尼亚级攻击核潜艇使用的 AN/BQQ-6、AN/BQQ-10 声呐的球形基阵，其中，海狼级核潜艇的球形基阵直径超过了6米，体积大、功率高、技术先进，性能也更为优秀，如图9-7所示。艇艏声呐后面通常安装一块障板，目的是阻止从潜艇来的声信号与声呐信号相互作用。

图9-7 美国海狼级核潜艇艇艏球形基阵

9.3.3 拖曳式线列阵声呐

拖曳式线列阵声呐主要用于探测安静型潜艇，现在已经成为水面舰艇和潜艇最重要的声呐装备之一。拖曳式线列阵声呐把基阵从拖曳平台处分离，置于远离本舰噪声的地方。一方面，打破了船体尺寸对声呐基阵尺寸的限制，可大幅度降低工作频率，获得超远距离探测能力；另一方面，基阵远离拖曳它的平台，背景干扰小，可显著增强对微弱信号的检测能力，更好地利用海洋条件，发挥声呐的潜在能力。拖曳式线列阵声呐可分为被动式和主动式两大类。通常，潜艇上安装的只有被动式，水面舰艇上安装的声呐则是主、被动联合。

现代拖曳式线列阵声呐技术除了能实现对潜远程警戒，还为远程武器（如反潜导弹）的使用、为水面舰艇在反潜战中完成战术任务创造有利条件，在舰载综合声呐系统或反潜作战系统中发挥着非常重要的作用。典型的拖曳式线列阵声呐有美国TB系列声呐、英国COMTASS Ⅱ型声呐、德国ACTAS声呐等。

• 科技博览

- 美国 TB 系列声呐 -

美国 TB 系列声呐中，长期服役的声呐是 TB－16，主要用于潜艇的警戒探测。该声呐收放速度快，便于作战使用。TB－16 系列声呐已安装于 SSN637、SSN688 洛杉矶级攻击核潜艇，海狼级和三叉戟级攻击核潜艇。其中，数字阵列 TB－16D 能与 AN/BQQ－5D 声呐系统，AN/BSY－1、AN/BSY－2 潜艇对抗系统相联合。

TB－29 系列代表了潜艇细线拖曳阵的前沿，如图 9－8 所示，用于 AN/BQQ－5E 声呐系统和 AN/BSY－1、AN/BSY－2 潜艇对抗系统。由于阵列长度更长，TB－29 系列阵列具有更优秀的探测、识别和定位能力，可提高潜艇工作的战术速度。其中，TB－29A 细线拖曳阵用于洛杉矶级和弗吉尼亚级攻击核潜艇，其基阵的声学孔径长度约为 800 米，可以分段进行被动测距。

图 9－8　TB－29 系列细线拖曳阵

TB－33 是美国新一代细线拖曳阵，其单基元采用了光纤水听器。与传统压电陶瓷类水听器相比，光纤水听器灵敏度更高、自噪声更低、体积更小、质量更轻、抗干扰性更强，在综合性能提升上较大，显著提高了探测的可靠性。类似还有替代 TB－16 系列的最新一代细线拖曳阵 TB－34，能有效满足浅海和开阔海域环境下的作战需求。

－德国 ACTAS 声呐－

ACTAS 是德国研制的主、被动联合拖曳式线列阵声呐，如图 9－9 所示。该声呐的接收基阵为双基阵，长 110 米，拖缆长 980 米，主动发射工作频率 1.5~2.5 千赫兹，声学模块直径 70 毫米。绞车电功率 75 千瓦，发射用拖缆和接收用拖缆合置，共用一个绞车，收、放时需要特殊的操作，如图 9－10 所示。

图 9－9　德国 ACTAS 拖曳式线列阵声呐

图 9－10　德国 ACTAS 拖曳式线列阵声呐的绞车和拖曳系统

9.3.4　潜艇用舷侧阵声呐

潜艇用舷侧阵声呐通常指安装于潜艇舷侧的大尺度水听器基阵被动声呐。它将若干个水听器沿艇身纵长方向连续排列在两舷侧壳体上，形成两列长线共形阵。现代舷侧阵声呐的工作频段可以降低到 200~2 000 赫兹，作用距离可以达到 90 千米，有些核潜艇的阵列长度可以达到 60 米。

与拖曳阵声呐相比，舷侧阵声呐利用潜艇本身形成大孔径基阵，不需要额外的基阵；不会因为收、放缆的绞车制约潜艇的机动，对潜艇的水下机动影响小，也不存在拖曳式线列阵声呐的左右舷模糊、柔性声阵容易畸变失真的问题，可以实时进行被动探测工作，提高了潜艇快速反应能力和隐蔽性。与艇艏声呐相比，舷侧阵声呐的湿端位于艇体两舷侧，不受艇艏空间的限制，可以监测较大范围，获得较高探测精度，解决了艇艏声呐基阵在艇体舷侧和艇体后方存在探测盲区的问题。舷侧阵声呐配合艇艏声呐易于实现全方位监测，大大提升了潜艇的实时警戒能力、扩大了监测范围，是提高潜艇探测水平的重要手段。

各国对于舷侧阵声呐的运用都相当重视，现代潜艇如美国弗吉尼亚级攻击核潜艇、德国 FAS 3－1、以色列 CORIS－5、英国机敏级攻击核潜艇、法国凯旋级核潜艇、日本潜艇首艇“苍龙”等一大批潜艇都装备了舷侧阵声呐。

· 科技博览

－弗吉尼亚级攻击核潜艇的光纤型宽孔径舷侧线列阵测距声呐－

弗吉尼亚级攻击核潜艇是美国海军实验室在 20 世纪 80 年代末提出并开始建造的。其安装的光纤型宽孔径舷侧线列阵测距声呐阵列由 6 个阵列构成，每个基阵有 8 个声学模块，共 450 个平面光纤水听器，2 700 个基元，大大减小了基阵的质量，声呐位置如图 9－11 所示。在没有机动的情况下，能提供

图 9－11　弗吉尼亚级攻击核潜艇装备舷侧线列阵测距声呐的位置

测距等功能。它是光纤水听器监测级别的声学传感器第一次应用于作战平台，因而得到了各方高度关注。

－德国 FAS3－1 舷侧线列阵声呐－

德国 FAS3－1 舷侧线列阵声呐使用的是无指向性水听器，每 4 个水听器有 1 个传感器专门用于噪声抵消。该声呐阵长 28 米，两舷各有 192 个水听器，能形成 192 个波束，可自动跟踪 16 个目标，如图 9－12 所示。

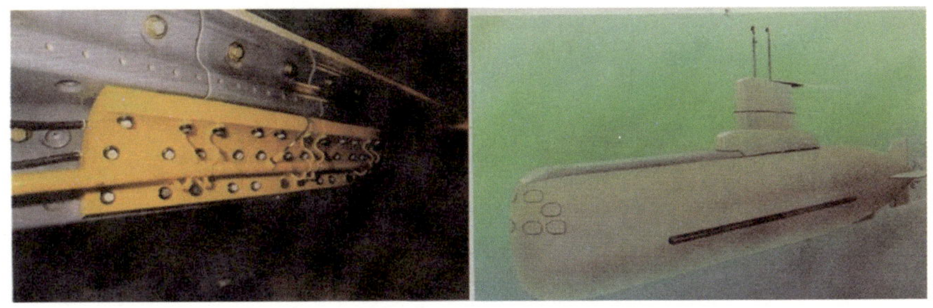

图 9－12　德国 FAS3－1 舷侧线列阵声呐

第四篇 侦察与监视应用

侦察与监视应用

战场态势瞬息万变，真假难辨，战争行动越来越离不开情报的保障。在信息化联合作战中，各类侦察与监视装备能够多时段、远距离、多角度地获取各种各样的情报信息，如同一张巨大的网包裹着整个战场。战争最终的胜利，取决于这张网上各个节点所发挥的效益以及整个大网形成的总体效益。这意味着各类侦察与监视装备要针对具体的应用领域形成体系作战，进而完成具体的作战任务。本篇从侦察与监视的应用领域、应用系统以及典型应用案例三个方面介绍侦察与监视的应用。

第 10 章 侦察与监视的应用领域

军事作战中有不同的任务，分别为战略任务、战役任务、战术任务、作战任务等。指挥员受领作战任务后，必须正确了解任务内容，领会上级意图，迅速下定决心，组织实施，保证完成任务。按照军事任务类型，侦察与监视的典型军事应用可分为战略预警、防空反导、地面战场侦察与监视、空间目标监视、海上及水下侦察与监视等领域。

10.1 战略预警

战略预警的主要对象是各种战略任务的弹道导弹、战略巡航导弹以及战略轰炸机等，如图 10－1 所示。典型的战略预警工作流程如图 10－2 所示。弹道导弹飞行过程分为助推段、中段和再入段，分别对应早期预警阶段、威胁预警阶段和拦截预警阶段。助推段又称上升段，导弹目标飞行高度很低，远程预警雷达难以发现，主要靠高轨红外预警卫星进行早期侦察。在中段，远程预警雷达可以发现弹道导弹并进行跟踪和监视。再入段又称为末段，高分辨成像雷达可以对弹道导弹进行高分辨成像进而实现对目标的分类和识别。以射程为 3 000 千米的中远程弹道导弹为例，在预警过程中，地海基雷达预警中心收到天基预警系统的引导信息后，进行雷达资源的调配，在收到远程预警雷达和高分辨成像雷达的落点预报后，可以发出落点预报的预警。

（a）弹道导弹

（b）战略巡航导弹

（c）战略轰炸机

图 10－1　战略预警的主要对象

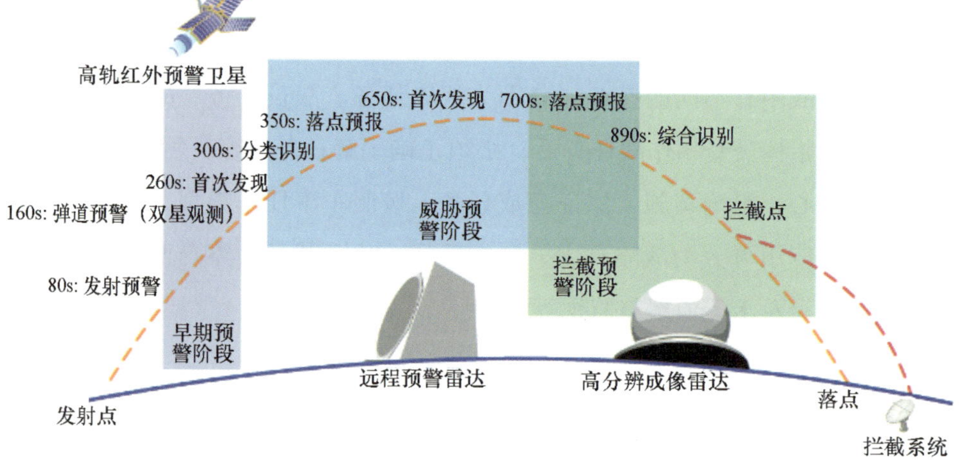

图 10－2　典型的战略预警体系工作流程

战略预警系统是一个综合系统，主要包括航天预警系统、航空预警系统和地基预警系统，具有多波段、多平台的预警信息系统的处理能力，它广泛涉及卫星、雷达、红外、激光、微波、通信、计算机以及微电子技术等领域的综合运用。

航天预警系统主要指预警卫星。在战略预警中，航天预警系统通常由搭载红外传感器的卫星组成，如 DSP 卫星和 SBIRS 卫星，如图 10－3 所示。航天预警系统可以在早期发射阶段发现目标，如助推段的弹道导弹。

(a) DSP卫星

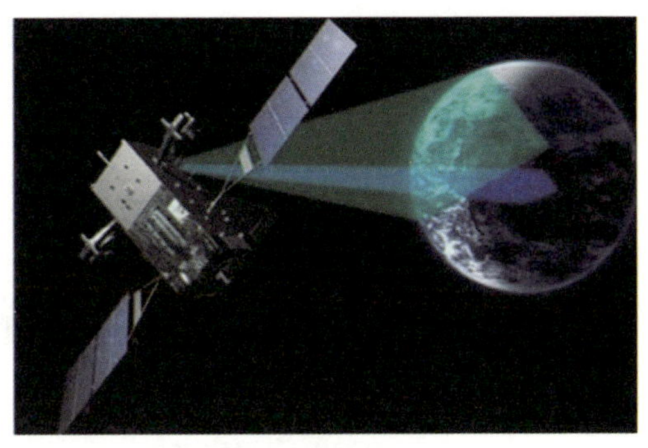

(b) SBIRS卫星

图 10－3 航天预警系统

航空预警系统包括预警机、侦察机等，如美国 E－2D“鹰眼”预警机和 SR－72 高超声速侦察机如图 10－4 所示。主要负责对空中来袭的各种战斗机、轰炸机和导弹进行早期预警，发现高威胁、高价值的目标。

(a) 美国E-2D“鹰眼”预警机

(b) 美国SR-72高超声速侦察机

图 10－4 航空预警系统

地基预警系统主要包括光电跟踪与监视系统、雷达系统等，如远程预警雷达、超视距雷达、高分辨成像雷达等，如图 10－5 所示。远程预警雷达通常指大型相控阵雷达。超视距雷达包括天波、地波等探测手段，作用距离可以达到数千千米。高分辨成像雷达主要完成对目标的成像与识别，不仅可以搭载在陆基平台上，还可以搭载在海上移动平台上，形成海基高分辨成像雷达。

(a) “铺路爪”系列远程预警雷达

(b) 天波超视距雷达

(c) 高分辨成像雷达

图 10－5　地基预警系统

预警雷达是整个战略预警体系中重要的远距离搜索侦察与监视装备。通常，预警雷达工作在超高频（UHF）和甚高频（VHF）波段，以减少大气吸收的损耗，因此作用距离可达几千千米。再配上相应的高性能计算机数据处理系统，预警雷达能在搜索的同时跟踪 100～200 个目标，主要用来发现远、中、近程弹道导弹，测定其瞬间位置、速度、发射点和弹着点等关键参数，为军事机关提供导弹预警情报。

10.2　防空反导

防空反导系统是指摧毁敌方来袭的弹道式导弹和巡航导弹的武器系统，包括预警雷达、地面引导雷达、指挥控制中心和拦截武器等，主要用于战术预警中对战术弹道导弹、战斗机、轰炸机等目标的探测，并引导武器系统对其进行拦截和摧毁。

冷战时期，美国和苏联都投入了巨大的人力和财力研制反导系统，最终，美国在中段反导和末段反导技术领域跻身国际前列。世界上较为成熟的导弹反导技术装备（包括已服役的、具有反导能力的防空导弹）主要有美国“爱国者”系列、末段高空区域防御系统“萨德”（THAAD）导弹海基的标准系列，俄罗斯S300，以色列的箭式防空导弹系列，印度“大地”系列等。一些新型的防空反导手段，如激光反导、粒子束反导等，均在不断探索和试验。

与战略预警系统不同，战术预警系统的作用距离相对较短，主要负责区域防御，有时候可以作为反导系统的末端。在战术预警系统中，战术预警雷达是重要的主力装备，如“爱国者PAC－3”战术预警雷达系统AN/MPQ－53、THAAD战术预警雷达系统AN/TPY－2、海基的战术预警雷达系统“宙斯盾”AN/SPY－1D等，如图10－6所示。

(a) AN/MPQ-53雷达

(b) AN/TPY-2雷达

(c) “宙斯盾”AN/SPY-1D雷达

图10－6　战术预警雷达系统

战术预警雷达涉及当代雷达技术的许多新领域和新技术，如固态有源相控阵技术、高分辨成像技术、目标特征识别提取技术、组网数据融合技术等，各种战术预警雷达协同工作有效支持了现代战争。

· 知识延伸

– 导弹防御系统 –

战略预警、防空反导通常联系在一起应用，组成导弹防御系统。

助推段拦截导弹的效果通常较好。因为此时弹道导弹刚起飞不久，被击落后也是掉在敌人领土，但这需要在弹道导弹点火后第一时间就发现并进行攻击。这类典型系统有美国 ABL－机载激光导弹拦截系统、国家导弹防御系统（NMD）。

中段拦截的反导系统比较成熟。此时导弹发动机关闭，在大气层外以惯性飞行，弹道相对平稳和固定。如果拦截及时，掉落的残骸也不会进入本国领土。这类典型系统有美国陆基中段导弹防御系统（GMD）、海军全战区系统（NTW）。

再入段拦截由于弹道导弹进入大气层开始俯冲，弹头轨迹倾角大、速度通常在 7～8 倍音速以上，反导系统要捕捉它相当困难。这类典型系统有末段高空区域防御系统“萨德”（THAAD）、海军区域防御系统（NAD）、扩展中程防空系统（MEADS）、“爱国者 PAC－3”导弹防御系统和俄罗斯 A－235 反弹道导弹系统。其中，THAAD 是美国战区导弹防御系统（TMD）结构框架的高层部分，能够防御射程达 3 500 千米的导弹，最大拦截距离为 200 千米，最大的拦截高度为 150 千米，最小的拦截高度为 40 千米。系统不仅能在大气层内拦截，也可以在大气层外摧毁目标。

10.3 地面战场侦察与监视

地面战场侦察与监视系统主要用于对战区地面（包括海面）上的运动和固定目标进行侦察、监视和指示。所用到的平台包括卫星、飞机，以及地基、海基平台等，所用到的传感器包括光电传感器、雷达等。

在地面战场侦察与监视系统中，信息化网络非常重要。如图10－7所示，信息化网络可以把各种平台的传感器连接在一起，共同实现对地面战场的侦察与监视。参战部队的各级指挥官直至单兵可以通过先进的作战指挥系统和信息化网络，快速获取任何一种侦察与监视系统（如侦察卫星、预警机、电子侦察机、无人侦察机等）搜集的情报资料。

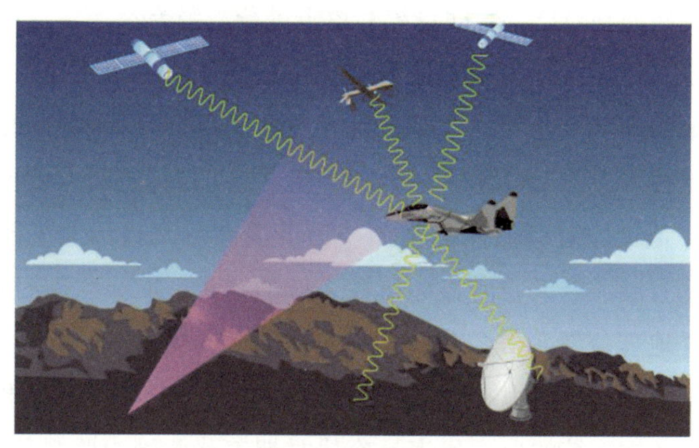

图10－7　地面战场侦察与监视系统

地面战场的特点之一是存在大量隐蔽目标，如隐藏在树林中的装甲车、战场中掩埋的地雷、藏匿在建筑物里的恐怖分子、在安全检查领域随身携带的有威胁的枪支弹药等。从战场侦察和维护公共安全的角度来看，探测隐蔽目标和威胁也是侦察与监视装备重要的应用。

10.4 空间目标监视

空间目标主要指卫星，包括工作的卫星和不工作的卫星，同时也包括各种空间碎片，如进入空间轨道的助推火箭、保护罩和其他物体，还包括进入地球外层空间的各种宇宙飞行物，如彗星和小行星。实现对空间目标监视的地面技术系统和设备，称为空间目标监视系统和空间目标监视设备。

空间目标监视系统的任务是对重要空间目标进行精确探测和跟踪，确定可能对航天系统构成威胁的航天器的位置、尺寸、形状和轨道参数等重要目标特性，并对目标特性数据进行归类和分发。空间目标监视具有重要的军事价值，不仅可以帮助确定潜在敌人的空间能力，还可以预测空间物体的轨道，对可能发生的碰撞和对己方空间系统的攻击进行告警等。

传统的空间目标监视多采用地基光学望远镜、雷达探测器及无线电信号探测器等组成的地基空间目标监视系统，对空间目标进行探测和跟踪。这种方式的优点是技术成熟、投资成本低，能够对空间目标进行有效搜索和跟踪，但易受气象、地理位置和时间的限制。为了提高空间目标监视能力，美国、加拿大等国都开展了航天空间目标监视系统的建设。航天空间目标监视系统的优点是不受地理位置和气象条件限制，探测效果好，战时生存能力强，但造价高，星上信息处理能力有限，功率也无法和地基监视系统相比。

空间目标监视系统的典型代表是冷战时期美苏两国为监视敌方导弹进攻及侦察卫星而建造的两大地基跟踪系统。在两大系统中共有 50 多部雷达及多种光学和光电探测器，每天平均进行 15 万次观测，以保持对约 1 万个太空物体的跟踪。它们能探测到低轨道上 10 厘米大小和地球同步轨道上 1 米大小的碎片。美国将最先进的超级计算机投入对太空垃圾的监视中，超级计算机拥有超强的处理能力，它能通过复杂的运算对太空监视系统拍下的照片进行处理，大大提高照片的质量，帮助科学家判断太空垃圾的类型和危害程度。

10.5 海上及水下侦察与监视

随着信息技术的迅速发展，包括水下、水面和空中等多种平台组成的立体的海空联合水下战概念受到越来越多的重视，成为有着广阔发展前景的海上及水下战形式。

为有效地实施水下战场监控，美军的岸上处理和水下系统技术逐步升级，建立了集声监视系统（SOSUS）、监视拖曳阵列传感器系统（SURTASS）、固定分布式系统（FDS）、先进可部署系统（ADS）、分布式自治系统（DADS）等系统于一体的综合海底监视系统（IUSS），如图 10－8 所示。这些水下探测系统以快速的处理能力、强大的存储能力、灵活的展开和自治系统、大量采用民用技术而具有的更高可靠性等，为美军现代反潜战提供了有力的支持。作战时，配合反潜巡逻飞机和专用水声侦察船等提供的辅助信息，为反潜潜艇、反潜水面舰艇和反潜飞机获取战术型水下目标信息。这些信息将全部传送到指挥中心，经处理、分析后得到完整的水下战场态势图，形成相应的作战方案和指挥控制命令，再发送到各水下作战平台，以完成相应的作战任务。

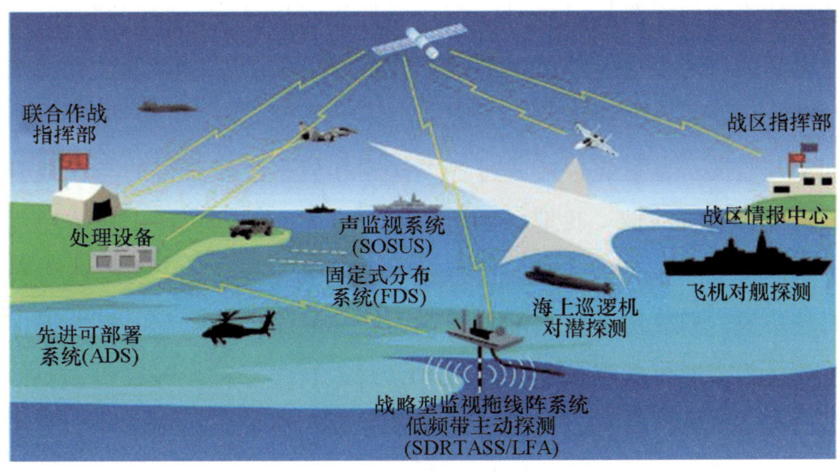

图 10－8　美军综合海底监视系统

第 11 章

侦察与监视的应用系统

从 20 世纪中叶开始，计算机、航天器等引发的技术革命，引起了军事领域的深刻变革，重点体现在战场所覆盖的时间和空间被放大，战争的节奏明显加快。新的战争形态对战场的侦察与监视产生了深远的影响，单一信源搜集的信息在扩大的战场时空中沦为信息的“孤岛”，依靠单一兵种或多兵种的松散联合难以应对这种战争形态的转变。大量传感器的联合使用使得侦察与监视所依赖的情报由传统的语义情报逐渐转变为传感器提供的目标情报。当搜集战场情报的传感器的报告时间缩短至低于指挥员的反应判断时间时，就要求产生新的与之相适应的情报处理方式，由此催生了以信息融合为核心的侦察与监视信息综合处理技术。

侦察与监视信息主要是指通过各类探测和侦察手段获得的与作战有关的各方面情况，包括敌情、我情、天情、地情、任务等。联合作战按照优势互补的原则，将不同军种的侦察、情报、电子对抗、机动、火力等能力科学组合、系统集成，形成优于敌人的整体合力，夺取作战的胜利。在情报保障方面，主要体现为通过战场信息融合技术，对来自多军种、多渠道、多信源的侦察与监视信息进行整合，及时形成完整一致的战场态势理解，为多军种协调一致作战提供支持。针对侦察与监视信息进行综合处理的现代信息化系统应运而生。

11.1 C^4ISR 系统

作为战场持久感知能力的综合化考察系统，综合电子信息侦察与监视系统是获取情报、战场支援和夺取信息优势的重要手段，可以用 C^4ISR 表示。I、S、R 分别代表情报（intelligence）、监视（surveillance）和侦察（reconnaissance），而 C^4 代表指挥（command）、通信（communication）、计算机（computer）和控制（control），如图 11-1 所示。

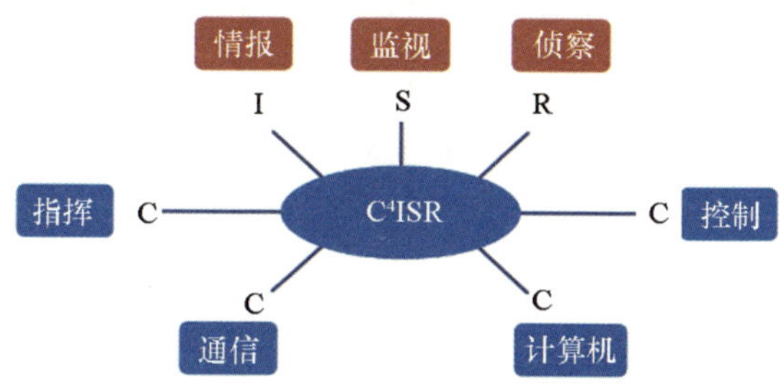

图 11-1 C^4ISR 示意图

信息化战争中侦察与监视系统要满足的战场感知能力包括信息获取、精确信息控制和一致性战场理解三个要素。信息获取是指及时、充分、准确地提供敌、我、友部队的状态、行动、计划和意图等信息的能力；精确信息控制是指动态地控制和集成战术指挥、控制、通信、计算机、情报、监视与侦察资源的能力；一致性战场空间理解是指参战人员对敌、友和地理环境理解的水平与速度，保持战术部队与支援部队对战场态势理解的一致性的能力。因此，信息化战争中侦察与监视系统的战场感知除传统的侦察、监视、情报、目标指示与毁伤评估等内涵以外，还包括信息共享及信息资源的管理与控制。联合部队利用这一能力，可一致性地理解战场态势及预测战情，控制战争进程，夺取作战优势。

· 知识延伸

– C^4ISR 的发展演变 –

战争离不开指挥。一部战争史从某种意义上来说是一部指挥手段不断改进的历史。农业时代，军队作战指挥靠的是令旗、号角、锣鼓、烟火等。在工业时代的战争中，特别是两次世界大战，作战指挥广泛使用了无线、有线电报和电话等工具，以及侦察机、雷达、无线电侦听器、光学观测器等设备。随着科学技术的飞速发展，人类跨入信息时代，军队由机械化迈向信息化、智能化，C^4ISR 应运而生。这个系统集指挥、控制、通信、计算机与情报、监视、侦察于一体，也称为指挥自动化系统。

指挥自动化系统是指在军事指挥体系中，以电子计算机技术为核心技术、与指挥人员相结合、对部队和武器实施指挥与控制的人机系统。20 世纪 50 年代，指挥自动化只包括 C^2（指挥与控制）系统。60 年代，随着通信技术的发展，在系统中加上“通信”，形成 C^3（指挥、控制与通信）系统。1977 年，美国首次把“情报”作为指挥自动化中不可缺少的因素，并与 C^3 系统相结合，形成 C^3I（指挥、控制、通信与情报）系统。后来，由于计算机在系统中的地位日益提高和作用日益增强，指挥自动化又加上“计算机”，变成 C^4I（指挥、控制、通信、计算机和情报）系统。近年来，不断发生的局部战争使人们进一步认识到掌握战场态势的重要性，提出“战场感知”的概念，因此 C^4I 系统又进一步演变为包括“监视”与“侦察”的 C^4ISR（指挥、控制、通信、计算机与情报、监视、侦察）系统。

ISR 是综合电子信息侦察与监视系统实现战场态势感知的重要组成部分，它的任务是为作战决策层提供详细的图像情报、信号情报、测量与特征情报以及综合性和快速反应的情报能力。ISR 系统主要由两大部分组成。前端部分是各种侦察与监视分系统，包括图像情报侦察与监视分系统、信号情报侦察与监视分系统及测量与特征情报侦察与监视分系统。这些分系统所获得的情报将送达后端部分，即数据融合分系统，再进行整合加工，把综合情报产品传递给指挥机构用于决策。

分层ISR网络是将ISR传感器组合成一个分层式结构网络，每一个传感器都是网络中的一个节点。传感器之间、传感器与部队指挥员、作战平台甚至单兵之间，可通过数据链路实现信息共享。

图11-2展示了分层ISR网络是如何对战场态势实现无缝持久的感知。图中可以看到有卫星侦察、空中侦察以及地面侦察等各种侦察平台的传感器。指挥员、作战平台和单兵可以从分层ISR网络的任何一个节点获取所需要的作战情报信息。无论安装在哪种平台上，每种ISR传感器都能为作战指挥官提供一些关键数据，但如果将这些传感器连接至一个网络或体系，所获取的协同优势就会远远大于单个传感器。通过将不同或者相同类型的传感器构成分层式的结构，指挥官可以充分利用每一种传感器的优势，最小化其劣势。

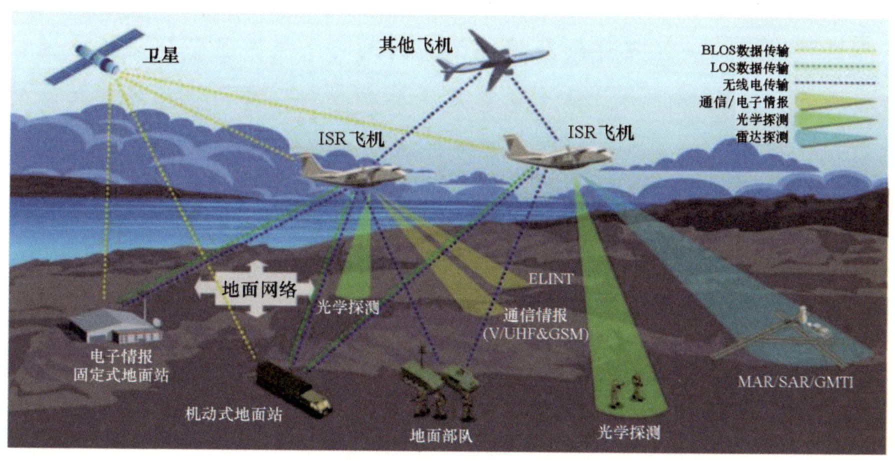

图11-2　分层ISR网络对战场态势实现持久感知

图11-3给出了分层式机载ISR网络在“自由伊拉克”行动中应用的示意图。美军的作战中心要打击伊拉克的地面装甲部队，在这个过程中一旦伊军的装甲部队从驻地出动，JSTAR飞机就开始利用地面运动目标指示雷达和信号情报传感器进行搜索和跟踪，并将信息传送给空军作战中心。空军作战

中心的情报部门随即派遣“捕食者”无人机以获得更多的信息，进一步确定装甲部队的位置及运动情况。空军作战中心再将获得的目标坐标和交战指令发送给预警机，由预警机指挥战斗机或轰炸机对目标进行打击。

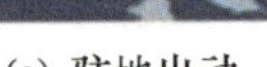
(a) 驻地出动

(b) 搜索跟踪

(c) 打击准备

(d) 作战中心

(e) 地面位置

图 11－3 分层式机载 ISR 网络应用

· 名词解释

－持久感知－

信息化战争中侦察与监视系统要达到持久感知。持久感知是指在获取目标、军队或者类似关注点详细和精确信息的同时，能够具备持续不变监控或监视一个宽广区域的能力。持久感知是一个新概念，其内涵超越了传统的侦察与监视，强调更好地融合情报与军事行动，并贯穿于情报与作战的全过程，包括预先的侦察行动、动态监视、实时调整兵力和攻击行动等环节。

11.2 美、俄预警侦察与监视系统

美国、俄罗斯等世界主要军事强国构建了空、天、海、地一体化的防空预警及弹道导弹预警系统，预警侦察与监视系统处于世界领先水平。其中，“一体化”概念主要是在“体系对抗”战争军事需求的牵引下产生的，“一体化”主要体现在多类型、多平台预警监视系统各自成体系且能相互协同、有机结合，形成全天候、全空域、远距离的多层防空防天预警带。

预警侦察与监视系统的作战环境空间广阔、目标多元、电磁环境复杂、

生存环境恶劣，各国都在加强装备体系的建设以迎接信息化、智能化战争。例如，以北方弹道导弹预警系统、E-3机载预警与控制雷达系统和超视距雷达系统为主构成的美国防空预警及弹道导弹预警体系，可提供3小时的预警时间以应对来袭轰炸机，对低空巡航导弹的最大探测距离达270千米，后向散射超视距雷达可对来袭的轰炸机和巡航导弹实施远程、大空域的战略预警。再如，由北方弹道导弹预警系统、潜射弹道导弹预警系统和天基预警卫星组成的弹道导弹预警系统，可对从北部、东北部和西北方向攻击北美大陆的洲际弹道导弹，以及从大西洋和太平洋水下的潜艇上发射的弹道导弹进行早期预警。

俄罗斯防空预警系统以地面防空预警监视系统为主体，采取要地和区域相结合的防空布势。地面防空预警监视系统的中近距雷达主要以全国各大城市为中心，将沿边境线展开和梯次交错配置相结合部署，构成一个绵密多层的对空警戒系统。其特点是规模和覆盖面积大，各雷达站重叠覆盖，并依靠空中预警机弥补地面雷达探测低空目标能力的不足。由地面预警雷达系统和天基预警卫星系统构成的弹道导弹预警系统，重点保障以莫斯科为核心的重要目标。

· 知识延伸

- 现代预警侦察与监视系统的作战特点 -

预警空间广阔。在现代作战中，对手可能从水下、地（海）面、超低空、低空、中高空、临近空间或外层空间发起远程火力打击，预警监视系统必须具备全方向、全高度、远距离的预警探测能力。

目标多元、特性复杂。空中目标向隐身化、快速化发展的趋势日益明显，增加了预警系统的探测难度。通过外形优化、机身表面采用吸波材料、优化垂直尾翼和发动机喷口等技术手段，先进战略轰炸机、战机和巡航导弹的雷达散射截面积显著减少。同时，现代空天威胁目标的种类大大增加，目标特性差异大，尤其是外层空间目标和临近空间目标的出现，使防空预警不再局限于“低、慢、小”目标，也包括了“高、快、隐”目标。如X-37B空天飞机、HTV－2 高超声速飞行器和 X－51A 高超声速巡航导弹等快速全球打击武器，其雷达反射面积仅为 0.01 平方米量级，但速度高达 5～20 马赫，飞行和作战高度跨越空中、临近空间及外层空间。

电磁环境复杂。预警监视系统面临全频域、全时域、全空域的电子侦察环境和宽频带、高强度、强自适应能力的综合性电子干扰环境。如侦察干扰频率覆盖系统全部工作频段，干扰功率可达每兆赫几千瓦甚至上兆瓦，侦察干扰平台包括电子侦察卫星、电子战飞机等。复杂的电磁环境将使预警监视系统的稳定性和可靠性大大降低，甚至造成预警监视系统瘫痪，探测威力与工作效能大打折扣。

生存环境严峻。预警监视系统不仅面临电子干扰等“软”杀伤手段的威胁，还面临反辐射导弹、反辐射无人机等远程精确打击武器“硬”摧毁手段的威胁；计算机病毒和网络攻击等信息攻击技术与战法日臻成熟；电磁脉冲弹、高功率微波武器等各种新机理武器涌现。因此，必须采取机动作战、多手段防护、结构调整和自适应重组等综合措施，以保证预警监视能力稳定可靠。

11.3 美军数字化师侦察与监视系统

美军数字化师的侦察与监视系统将地面侦察与空中、太空侦察相结合，以空中侦察为主，以新型的侦察雷达、侦察直升机、无人侦察机为侦察装备的主体，是一种空地结合、远近互补、立体式的侦察系统。

典型的美军数字化师侦察与监视系统构成如图 11－4 所示，包括光电探测系统（“蝰蛇”激光测距机等）、地面侦察雷达（AN/TPQ－36 炮位侦察雷达等）、装甲侦察车（M7“布雷德利”炮兵侦察车和 M1114“悍马”轻型装甲侦察车等）、空中侦察设备（OH－58D 武装侦察直升机和 RQ－7A“影子－200”战术无人机等）和远程先进侦察与监视系统（LRAS3）。

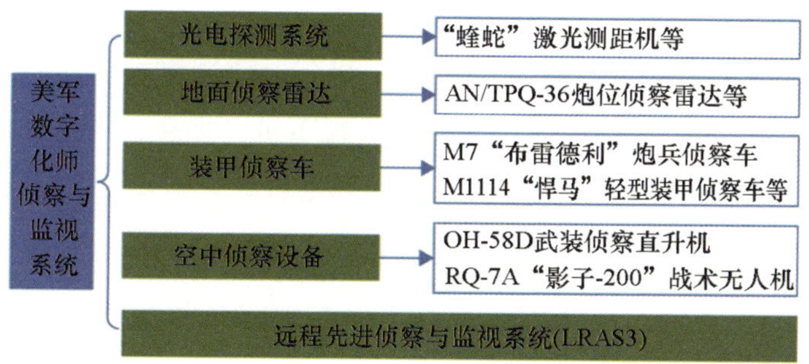

图11－4　美军数字化师侦察与监视系统构成

其中，RQ－7A“影子－200”战术无人机（图11－5）是美军旅级的战术无人机，携带光电/红外传感器系统、SAR/GMTI雷达，主要任务是侦察、监视、目标捕捉和战斗毁伤的评估。LRAS3系统（图11－6）采用第二代前视红外技术、全球定位干涉仪、激光测距仪和照相机进行远程目标定位，可在危险和交战区域外进行24小时侦察与监视。

图11－5　RQ－7A“影子－200”战术无人机

图11－6　LRAS3系统

图 11 －7 为美军数字化师侦察与监视系统工作示意图。在数字化师中，侦察与监视的情报车载终端和手持终端之间在形成网络的同时，也可通过外部的侦察与监视平台，如 E －8C 侦察与监视飞机，把获得的信息分发到车载终端或手持终端，形成一个大的网络。这种指挥系统能够为旅和旅以下部队直至单个武器平台和单兵提供运动中的实时或近实时的指挥控制与态势感知信息。典型的有 21 世纪部队旅及旅以下战斗指挥（force XXI battle command brigade and below，FBCB2）系统，如图 11 －8 所示。

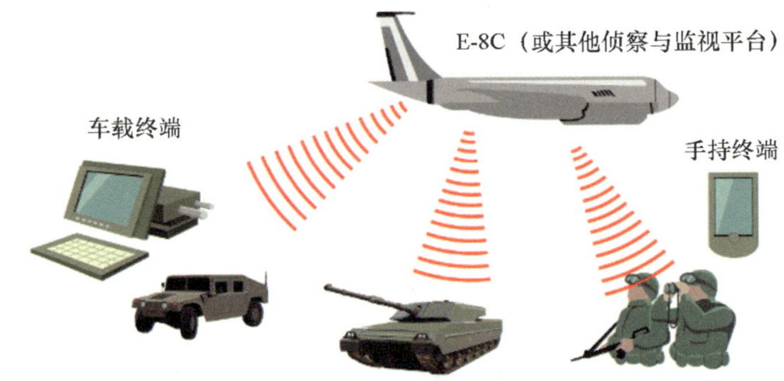

图 11 －7　美军数字化师的侦察与监视系统工作示意图

图 11 －8　21 世纪部队旅及旅以下战斗指挥系统

FBCB2 系统是一个基于战术互联网的新型战斗指挥/控制态势感知系统，是美国于 20 世纪 80 年代提出的一个计划，经过多年评估论证，于 1993 年开始研制，2001 年开始投入实战。

• 知识延伸

– FBCB2 系统的发展历程 –

FBCB2 系统的发展历程可以分为三个阶段：研制试验阶段，实战应用阶段以及改进升级阶段。在研制试验阶段，诺斯罗普·格鲁曼公司于 1995 年 1 月获得了 FBCB2 系统第一个开发合同。经过近 7 年的研制与试验，FBCB2 系统于 2001 年装备到美国陆军第 4 机械化步兵师；2002 年秋，美国陆军将一批 FBCB2 系统装备到驻阿富汗的第 82 空降师等部队，正式进入了实战应用阶段。在 2003 年的伊拉克战争中，由于美国陆军配备了 FBCB2 系统，大大增强了战场态势感知能力，提高了友军相互识别、通信和导航能力，从而有效地解决了自海湾战争以来就一直困扰美军的误伤问题，官兵对该系统在战场上的表现给予了高度评价。在改进升级阶段，FBCB2 结合重要经验及新技术，成功开发了 FBCB2 联合能力版（FBCB2 – JCR），向陆军、海军陆战队、特种部队等联合作战指挥平台（JBC – P）过渡升级。

如图 11 –9 所示，FBCB2 系统作为卫星通信、卫星导航、卫星遥感等航天系统与地面及空中通信系统、图像获取系统集成的一体化战斗指挥系统，能将 GPS 数据、卫星及空中侦察机获取的信息、美国中央情报局等机构的信息进行融合，在作战中能为旅及旅以下作战部队提供作战指挥信息和态势感知信息，使战场上的官兵以三维方式实时观察战场的地形和态势，具备强大的战场信息传输、战场导航及敌我识别能力。

FBCB2 系统属于最底层的指控系统，为一线指挥官、士官直接运用，系统直接影响陆军一线战斗队完成任务的能力。FBCB2 系统能够对单兵或单个

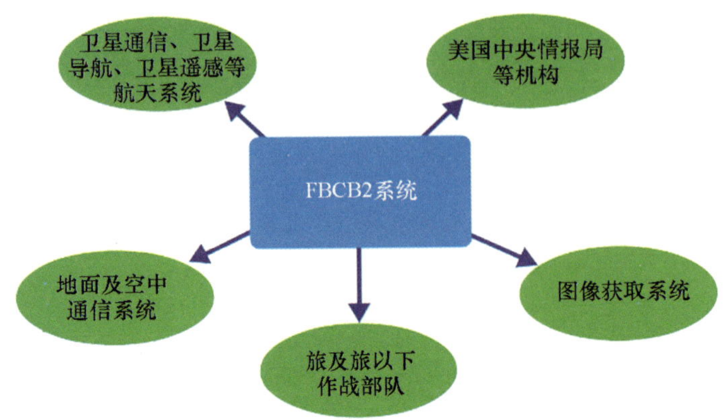

图 11－9 FBCB2 系统结构图

武器/平台、指挥所及其他作战设备进行地理定位，并将定位信息显示在屏幕上。指挥官在显示屏上移动图标便能识别己方部队，与其通信，进而直接将命令下达至前线作战单位。据统计，海湾战争和伊拉克战争均存在一定误伤率，而安装了 FBCB2 系统的部队几乎没有出现误伤。

由于该系统能使各士兵、武器/平台、指挥所和其他作战设备的地理位置显示在同一显示器上，因此士兵可通过 FBCB2 系统将搜集到的情报向上反馈并纳入通用作战态势图，下属单位能够直接协调行动，大大简化了协调程序，缩短了时间。战车安装 FBCB2 系统后，其态势感知时间从 60 秒缩短到 7.5 秒，指挥控制时间从 180 秒缩短到 3.6 秒，信息接通率从 29% 提高到 81%。

伊拉克战争中，美军针对伊拉克地形特点，从陆、空、天进行了多层次的立体侦察。凡重要目标和情报，往往都采取两种以上侦察技术手段加以验证，以确定信息的真实性。FBCB2 系统通过指派战术无人侦察机、OH－58D 武装侦察直升机、UH－60 指挥控制直升机，在整个战区内独立遂行纵深侦察任务，实时将大量信息传送给空中和地面作战部队，执行了在浓雾和沙尘暴地区夜间领航、收拢迷路和分散部队、油料与弹药的再补给、近距离空中支援等任务，充分发挥了空地一体的协同作战能力。

• 典型案例

－FBCB2 的单兵侦察应用－

在单兵情报侦察中，单兵可以通过掌上电脑（personal digital assistant，PDA）输入经纬度坐标，从 FBCB2 系统中选择所要的图像，服务器端根据用户的输入可以进行相应的图像分发，如图 11－10 所示。

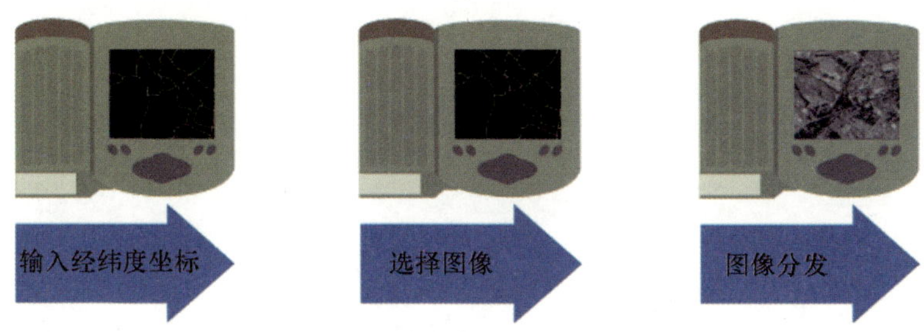

图 11－10 单兵情报侦察示意图

单兵获得侦察情报的具体过程如图 11－11 所示。用户先提交所需图像的经纬度坐标，图像服务器转发感兴趣区域的低分辨率图像，接着提交更高分辨率图像的要求，这时图像服务器以感兴趣坐标为区域中心进一步细化，转发感兴趣区域的高分辨率图像。用户在 PDA 上不断放大图像，图像服务器就根据用户需求进一步发送分辨率更高的感兴趣区域图像，直到最后在用户 PDA 上显示出最高分辨率图像。

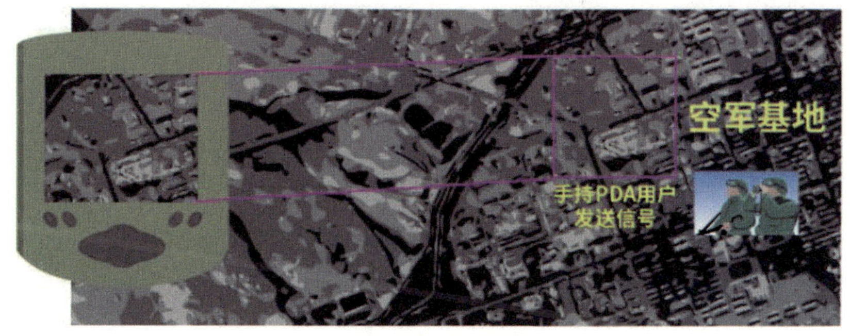

（a）第一阶段

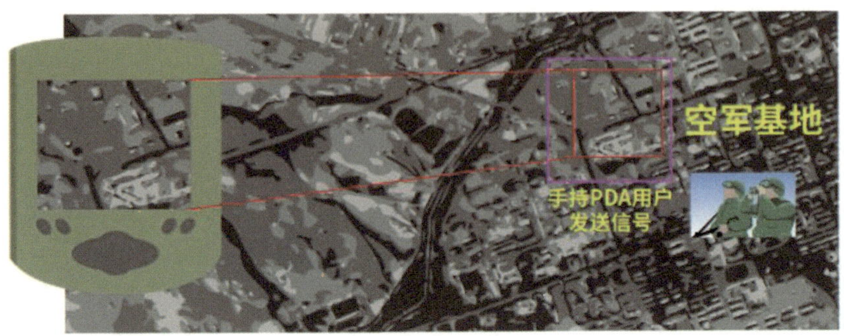

（b）第二阶段

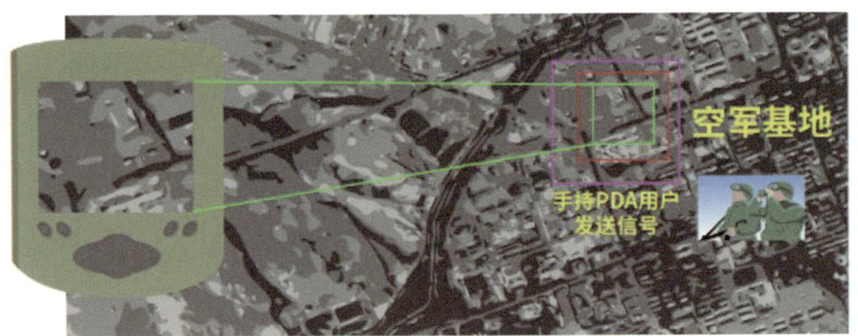

（c）第三阶段

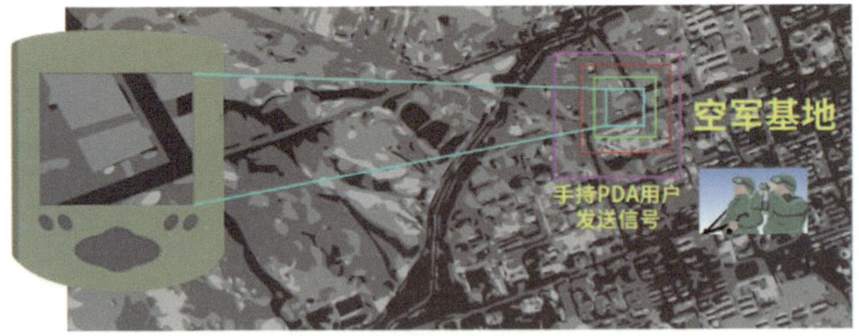

（d）第四阶段

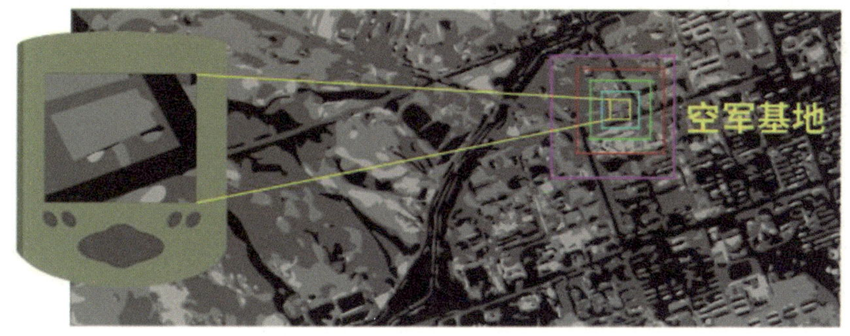

(e) 第五阶段

图11-11 单兵获取侦察情报的五个阶段

整个过程，用户接收五幅图像并且识别目标的时间少于2分钟，实际被发送的数据只有原始图像数据的0.15%。由于实现了战场信息共享以及作战平台一体化，所以美军的数字化师不仅有比对手更强大的信息优势，还有良好的战场生存能力。

·科技博览

-联合作战指挥平台JBC-P-

信息系统的广泛运用，能够发挥战斗力倍增器的作用，极大地提升作战效率。JBC-P是美国陆军的新一代蓝军追踪系统，是美国陆军高效多域作战的基础系统。该系统于2014年形成初始概念、2018年起全面列装，经过实战后仍在不断更新。

JBC-P包括一个直观的界面，具有缩放地图和拖放图标等功能。该系统在FBCB2-BFT2的态势感知能力基础上，整合了超过12万个平台，并被授权派驻到陆军的每一个战斗队。JBC-P升级后能直观地显示Google地球界面和实时聊天室，以便士兵快速放大以查看精确位置，并在通用地图上使用图标，以确定对手和其他威胁，如即时爆炸装置。此外，JBC-P还有其他优点，包括即时消息聊天功能（如呼叫医疗）、更快的卫星网络、安全的数据加密等。

11.4 美国太空态势感知系统

太空作为国家安全新疆域、军事斗争新战场，成为继陆、海、空后新的独立作战域，在联合作战体系中的全域支撑、信息保障作用越来越突出，夺取制天权成为决定战争胜负的关键因素。

太空态势感知就是对所有在轨卫星、太空碎片等太空目标进行捕获、跟踪、测量、定位与识别，监测和预报太空环境的变化，分析和描述太空活动特征，评估和告警太空威胁。随着太空安全形势的不断演进，美国已将太空态势感知能力视为所有太空活动的基础、太空控制的关键前提。

美国太空态势感知系统是在航天监视系统的基础上发展起来的，由弹道导弹预警探测系统和空间监视系统构成。美国已建成由3个太空监视中心、40多套地基装备和20多颗天基卫星构成的全球天地一体化太空态势感知系统。

3个太空监视中心。国家太空防御中心位于科罗拉多州施里弗空军基地，其重点关注太空作战顶层问题和未来太空能力需求，包括太空战指挥体制、太空作战理论、太空系统作战运用等，通过组织太空作战演习，进行场景推演，提出重点问题的解决办法。联合太空作战中心位于加利福尼亚州范登堡空军基地，建于20世纪90年代，主要为联合作战提供作战支援。空间监视中心建于冷战时期，位于夏延山地下，其主要任务是负责态势感知能力建设和装备研发。

天基系统。主要包括天基监视系统（SBSS）、作战响应空间卫星（ORS－5）、地球同步轨道空间态势感知卫星（GSSAP）、国防支援计划（DSP）导弹预警卫星、天基红外系统（SBIRS）等。天基系统的探测器主要采用光电传感器，包括可见光、红外和紫外传感器等。天基系统可以有效弥补地基监视系统覆盖范围不足、易受天气、大气环境影响等短板，还可以通过抵近侦察等手段实现对他国卫星功能、意图的判断。天基系统是美国太空态势感知系统最重要的发展方向。

· 科技博览

- 地球同步轨道空间态势感知卫星（GSSAP） -

2014 年 7 月发射的 GSSAP－1、GSSAP－2 和 2016 年 8 月发射的 GSSAP－3、GSSAP－4 等都是高轨太空目标监视的典型系统。GSSAP 携带光电载荷，具有高精确轨道机动能力，能够围绕该轨道上下浮动实施邻近区域监视，并进行交会逼近、详细成像侦察和电子信号情报获取，可大大提高地球同步轨道目标信息获取、碰撞预警、目标威胁探测能力，有助于美国高轨态势感知能力向支持太空作战的目标侦察、行动意图判断等多领域拓展。

地基雷达系统。主要包括艾格林空间监视相控阵雷达 AN/FPS－85、“太空篱笆”雷达、弹道导弹预警雷达、里根试验场雷达系统等。艾格林雷达和“太空篱笆”雷达主要用于探测近地轨道目标。其中，“太空篱笆”雷达可探测低/中高度地球轨道上 2 厘米以上的空间目标和地球同步轨道 1 米以上目标。5 部弹道导弹远程预警相控阵雷达 AN/FPS－132 分别部署在格林兰图勒、英国菲林代尔斯、阿拉斯加克利尔、马萨诸塞州科德角和加利福尼亚比尔等空军基地。这些 UHF 波段相控阵雷达作用距离可达 4 800 千米，主要任务是弹道导弹预警，也可执行空间监视任务。GBR、FBR 等 X 波段宽带多功能相控阵雷达在美国导弹防御系统中承担远程精密跟踪、目标识别、杀伤评估等任务，可为拦截系统提供制导信息。地基雷达系统的优点是能全天时、全天候工作，空间覆盖范围大，但受作用距离限制对中高轨弱小目标探测能力有限。

地基光电系统。主要包括地基光电深空监视系统（GEODSS）、斯皮策空间望远镜（SST）、毛伊岛空间监视系统（MSSS）等。这些系统主要用于监视和跟踪高轨空间目标。GEODSS 可以提供近 80% 地球同步轨道目标的信息，能够观测到比人眼可察觉亮度暗 10 000 倍的目标。SST 具备探测地球同步轨道上 10 厘米以上目标的能力，是目前世界上探测最快和最灵敏的大型望远镜之一。地基光电系统优点是探测距离远，缺点是视场小，探测区域有限，且易受气象条件影响。

除了上述太空监视中心、天基系统、地基雷达系统和地基光电系统，美国太空态势感知系统还包括部署在美国、英国、日本、韩国、意大利等多个国家的无线电侦测系统。这些电子侦察设备通过跟踪空间有源目标的无线电信号来确定目标的轨道参数并识别卫星身份。

在多系统一体化条件下，美国太空感知系统每天可对太空目标完成60 000余次观测，能对 10 厘米以上的 16 000 个在轨目标进行探测、跟踪和分类；对直径大于 30 厘米的目标可定期进行精确探测和跟踪；能够对其他国家的侦察卫星过顶飞行进行预警、分析太空碎片；对低轨目标 24 小时轨道预报精度达到 100 米，对中高轨目标 24 小时轨道预报精度达 1 千米；能跟踪 3 000 余个太空目标，对所有在轨工作卫星进行轨道预测和碰撞预警，并能够基于自适应光学、红外成像设备提取某些目标的细微特征。

11.5 美军海上及水下无人作战系统

近年来，随着海洋军事战略、军事需求的变化，以及科学技术的迅速发展，海上及水下无人作战系统已成为各国海军竞相关注的热点，这必将引起海上作战模式的巨大变革。

海上及水下无人作战系统由海上及水下无人作战平台、传感器或武器载荷、任务规划与指控系统、支援保障设施设备、发射（布放）及回收装置，以及将它们连接起来的信息网络等组成，是以自主工作或遥控方式完成特定作战使命的综合系统。这些作战使命包括情报搜集与监视、目标识别与指示、作战网络信息处理、反水雷作战、反潜作战、反无人水下航行器（unmanned undersea vehicle，UUV）作战、海上及水下信息作战、封锁与阻断等。

以美国为代表的西方国家已研制出型号齐全、种类丰富、作战应用能力突出的水下无人航行器系统。排水量级别覆盖了几十千克级到十吨级甚至更大范围，特别是美军发展的无人水下航行器均具备任务重构能力，以及多种水下无人航行器协同作战能力。例如，“海神”（Proteus）无人水下航行器在 2017 年高级海军技术演习期间，成功完成了对抗性战场测试，其配备了水声和数据声学通信系统、铱星通信系统以及语音和无线电系统，可执行预定水域巡逻或隐蔽跟踪弹道导弹核潜艇任务，也可搭载传感器、通信设备、爆炸装置（物）等载荷，携带 MK67 水下机动水雷或 MK54 鱼雷，在必要时对所跟踪的目标实施打击。“虎鲸”（Orca）超大型无人水下航行器有效载重 9 100 千克，最大航程 3 700 千米，可远赴数百千米外执行布雷任务，也可侦察敌方舰队或海岸线、部署能侦测电磁放射的天线，以供日后分析数据，同时它还可攻击敌方水面战舰，甚至与有人潜艇合作，紧盯敌方潜舰，并充当诱饵，让攻击艇实施伏击。

20 世纪 90 年代，美国开始研制和部署具有水下监测、水声通信、水下导航及自组网等功能的水声传感器网络系统——“海网”（Seaweb），用于广域反潜预警。目前，比较典型的新型水下无人作战系统有近海水下持续监视网（PLUSNet）、分布式敏捷反潜系统（DASH）、先进水下武器系统（AUWS）、浮沉载荷（UFP）、“海德拉”（Hydra）等。

PLUSNet 是一种半自主控制的“海底固定 + 水中机动”的网络化设施，由携带半自主传感器的多个 UUV 组成。这些 UUV 能互相通信，并能在没有人为指令的情况下做出基本决策，从而执行多种作战任务，包括海洋环境检测、水下威胁监视跟踪、水中兵器中继制导以及水面/水下信息传输等。PLUSNet 于 2008 年进行了首次演示，于 2015 年左右具备完全作战能力。目前，PLUSNet 采用的某些关键系统和技术，如“金枪鱼”UUV、“X 射线”水下滑翔机、高速水声调制/解调技术、自主探测及决策技术、自主导航定位技术和水下作战局域网动态组网技术等，均已取得重要突破。

美国的无人水面艇在自主航行、组网探测、信息对抗等能力方面已具备实战应用能力，在集群编队的协同作战技术方面也积累了丰富的经验，并处于持续高速发展中。平台具有模块化特征，由以中型为主向系列化发展，使得同一无人水面艇平台搭载不同的任务模块成为可能，并实现即插即用，典型的有“斯巴达侦察兵”“保护者”无人艇。无人艇自主化程度较高，逐渐实现了由独立向集群化的协同拓展，如“海上猎手”（sea hunter）无人艇，其排水量达 147 吨，具备全自主航行能力，可在无人维护的条件下长期部署。2014 年至 2015 年，美国海军无人水面艇集群通过了协同作战测试，实现了水面/水下无人系统的“蜂群”作战战术，依靠无人艇群/潜航器群的传感器网络发现敌方威胁，做出包围、拦截和攻击等反应措施。

第 12 章

侦察与监视的典型应用案例

战争的形态随着技术的发展在不断演变，呈现出一系列新特点，正在颠覆性地改变人们的固有认知。侦察与监视技术及装备的应用随着现代战争的发展而变化，也推动着现代战争呈现新的作战样式。本章以典型的应用案例入手，介绍侦察与监视技术及装备在实战中的应用效果与发展趋势。

12.1 “沙漠盾牌”行动

1990 年 8 月 2 日凌晨，萨达姆下令派出 30 万伊军向科威特发起进攻，其中，主力部队是被萨达姆称为“军中之军”的伊拉克精锐部队——伊拉克共和国卫队。伊拉克军队用 350 辆 T－72 坦克开道，迅速越过 125 千米长的科伊边境，直接向科威特首都科威特城发起进攻，仅用 10 小时就占领了科威特全境。

美国在海湾地区有着巨大的经济利益，历来对这一地区的形势极为关注。1990 年 8 月 7 日凌晨 2 时，布什总统正式批准了“沙漠盾牌”行动计划，由美国中央司令部司令施瓦茨科普夫上将全权负责实施。“沙漠盾牌”行动计划的主旨是向海湾地区紧急增兵，阻止伊拉克进一步进攻沙特阿拉伯，并迫使伊拉克从科威特撤军。在实施“沙漠盾牌”行动计划的同时，布什还指令美国驻海湾地区总司令斯瓦茨科夫将军制订了“沙漠风暴”行动计划。

在“沙漠盾牌”行动实施方案中，美军起初投入了第82空降师、F-15战斗机（图12-1）、坦克、舰船等多种兵力，达24.5万人，并以3个月的禁运、封锁和经济制裁，给予伊拉克打击。然而，萨达姆没有从科威特撤军，而是在国内加紧备战、展开宣传攻势。随后，美国向海湾地区增兵，并说服西方盟国及部分阿拉伯国家派兵参战。1991年1月15日，多国部队云集在海湾地区，总兵力达70万人。

图12-1 “沙漠盾牌”行动中的美国空军F-15战斗机群

在战争准备初期，美军利用在轨的导弹预警卫星实施预警组网，配合“锁眼”系列高分辨率成像侦察卫星、“长曲棍球”合成孔径雷达成像卫星、通信卫星、气象侦察卫星等20多种侦察与监视及保障卫星完成区域情报侦察预警。“锁眼”系列KH-11、KH-12型照相侦察卫星获得了大量实时高分辨遥感图像，为美军进行连续空袭和战役布势提供了依据。

美国出动了多架次EF-111、EA-6B和EC-130H等电子战机，对伊拉克的电子设备进行了强力干扰，直接瘫痪了伊拉克的无线电通信系统和导航系统，使得伊拉克成为战争中的“瞎子”。其中EF-111参加了对伊军指挥、控制和通信系统进行干扰的“白雪”行动，与EA-6B一起行动，利用

AN/ALQ－99战术干扰系统对伊军实施强电磁干扰，取得了很好的作战效果。

在F－14、F－15C、F－16和F/A－18等作战飞机护航掩护下，F－117、F－117A、AV－8B、F－15E、B－52等飞机攻击各指定目标，如有重兵防守的伊拉克指挥和控制中心等战略目标，以及关键通信中心，研究和发展核武器和化学武器的设施、伊拉克机场的加固飞机掩体等重要目标，摧毁萨达姆的指挥、控制、通信和情报系统。由于F－117等隐身战斗机具备良好的隐身性能及超低空飞行能力，伊拉克机载和地面雷达无法探测或跟踪，导致作战信息严重不对称，大大削弱了伊军作战能力。

美国还频繁出动高空无人机，诱使伊拉克的雷达预警系统暴露。相关数据传回后，美军发射“战斧”巡航导弹和精确制导武器，成功地摧毁了伊拉克的大部分机场和雷达。伊拉克的1 000多架飞机顿时失去作战能力，遭美军轰炸。在空中打击之后，伊拉克的防空体系基本瘫痪，地面指挥系统和导航设施也损毁大半，失去联系的伊军各部队之间呈现各自为战状态，无法组织起统一的防御与反击战线。

在信息化设备普遍列装的多国部队面前，很多情况下伊军还未看到敌人的踪影，就已经遭受视距外的攻击，彻底暴露出伊军在现代化高科技战争中的短板。美军在夺取制空权后，伊拉克的地面部队就完全暴露在美军的空中火力之下，成为美军战机的活靶子。随着防空体系、地面指挥系统和导航系统被一一摧毁，在短短40天的战斗后，人数多达120万的伊军基本失去了战斗能力。而美军只阵亡了不到200人，以极小的代价取得了这场战争的胜利。美军充分展现了电子战、精确制导武器、卫星定位、预警机搜索、海空联合打击、航母远程火力打击、航空兵协同陆军作战等组成的现代化战争雏形，引起了各国对高科技及装备研发的高度重视，人类开启了真正意义上的现代化战争。

12.2 现代战争中的“斩首行动”

在大数据、智能化、无人机等技术支撑下，“斩首行动”作为一种全新的、特殊的战术行动出现在世人面前。在现代军事术语中，“斩首行动”是指针对敌军主要指挥官开展的定点清除行动。这里的“首”不局限于单个的人或物，更多的是指在战争运行中起关键作用的重要节点、特定环节。通过“斩首行动”，用最小的代价获取最大成果。

在很长一段时间内，“斩首行动”的运用都受技术条件水平的制约。要实行“斩首”，必须具备三个条件：一是要掌握精确情报，知晓地方指挥部及指挥官位置，并做好保密工作；二是要有精准、迅速的打击能力，可以毫无征兆地对敌方指挥机关发动突然袭击；三是要有整体判断能力，预估发动“斩首行动”后，会带来的影响及应对办法。随着大数据、区块链、无人机、人工智能等新兴领域的快速发展，侦察、监视以及情报获取主要来自技术领域的信息支持，利用信息优势实现对敌方要害节点的精准定位成为可能，“斩首行动”必将在战场的各个角落广泛实施。

2003 年 3 月 20 日伊拉克当地时间凌晨 5 时 35 分，在获知萨达姆及其领导成员在某住所开会的情报后，部署在波斯湾和红海附近的美军短时间内发射 37 枚“战斧”巡航导弹，并同时出动 2 架携带精确制导炸弹的 F－117 隐形战斗机对萨达姆及其指挥机构实施开战以来的首次“斩首行动”，摧毁了萨达姆的一座坚固的地堡。紧接着，4 月 7 日下午，美军发动第二次“斩首行动”，追捕萨达姆父子及其他指挥系统高官。美军一架 B－1B 战略轰炸机从科威特起飞，向巴格达西部一处掩体投下 4 枚杰达姆钻地炸弹，全部命中同一弹坑，萨达姆父子在轰炸前几分钟正巧离开掩体。美军在此次“斩首行动”中灵活运用隐形战斗机、精确制导炸弹等装备，围绕制空权、制信息权和精确打击开展侦察与监视。

在全球反恐战争时期，恐怖分子成为美军“斩首行动”的主要目标。

2011年，经过成像卫星侦察，美军确认逃亡多年的恐怖分子本·拉登位于巴基斯坦的豪宅中。随后，美军采取了经典的特种部队短兵相接的“斩首”方式，调集24名美国“海豹”特种兵，乘坐“黑鹰”直升机直接越境突袭本·拉登宅邸，击毙了本·拉登等四男一女，整个过程只用了18分钟。行动全程视频通过卫星实时传送回白宫，美国当局全程监控。

当前，无人系列武器的出现对传统安全防护领域产生了颠覆性的影响。无人系列武器具备反应迅速、超长续航、深层隐蔽、快速收尾等优势。利用雷达、传感器等装备，配以人工智能系统辅助，现代的无人机既能自动识别目标，又能使用远程操控，隔空打击目标，如图12-2所示。这种作战方式无须人工干预，极大缩短了指挥控制周期，深度优化了反应链条，最终达成对战机精准捕捉的目的，使得无人系列武器成为“斩首行动”的关键装备。

图12-2 投入“斩首行动”的无人机

2015年11月，美军无人机在“伊斯兰国”位于叙利亚的大本营拉卡市附近发起了“斩首行动”。“圣战者”约翰在离开拉卡一座房屋准备上车的时候，被美军MQ-9“死神”无人机的炮弹精准击中，没有波及他人。2020年1月3日凌晨，伊朗伊斯兰革命卫队圣城旅指挥官苏莱曼尼受邀访问伊拉克，在其抵达巴格达国际机场后，美军空袭巴格达机场，MQ-9“死神”无人机发射多枚AGM-114“地狱火”导弹，精准命中了迎接苏莱曼尼的车队，致使两辆专车被炸毁，包括苏莱曼尼在内的10人殒命。“死神”无人机由卡塔尔美国中央司令部总部直接指挥，几乎是静默飞行，这使得地面目标对其没有任何提防。苏莱曼尼在毫不知情的情况下被无人机精确击中，且一击致命。同年11月27日，伊朗核科学家法赫里扎德被暗杀，在此次袭击中，无人机枪被安装在一辆无人汽车上，在卫星遥感指挥下突然开火，负责的警卫形同虚设，还未来得及反应，暗杀便已结束。

上述“斩首行动”的成功离不开现代侦察与监视情报的获取。一方面，美军利用线人、电子设备侦听、侦察机等多种手段，准确获得了目标人物的高度机密信息，对目标人物的一举一动严密监控；另一方面，通过战场侦察与监视装备的联合运用，美军联合特别行动指挥部共同执行空袭任务。从上级下达击杀命令，到一枚导弹从上万米高空直奔目标而去，完成“斩首行动”只需数秒。战场控制有人而交锋无人，一架无人机实现了即时摧毁、多能作战，必将催化未来智能化战争形态的演变。

以信息技术为纽带，利用“斩首行动”对作战薄弱环节进行精准打击，实现作战能量的精确释放，将产生巨大的作战效益，甚至可能导致目标系统功能的全面紊乱。随着无人化、智能化武器装备等新型技术手段的广泛使用，以“斩首行动”为代表的新域新质作战必将对未来作战产生深远影响。

12.3 现代战争中基于集群的侦察与监视

集群作战是指几十、几百甚至上千架具有自主能力的无人系统，像自然界蜂群、鱼群那样成群结队，通过相互间信息交换和有限的人工干预，遂行预定任务。

集群作战中没有一架无人机处于控制、主导飞行的中心地位。即使有任何一架无人机受损退出，整个群体依然能有序飞行。利用去中心化、去自主化、去自治化的作战优势，使多个无人作战系统以集中/分布方式配合完成“感知—决策—规划—行动”（OODA）循环，获得“1+1>2”的协同效能。这种战术可在局部迅速集结形成大规模兵力优势和威慑力，大大削弱敌方区域拒止和防空反导能力。

2015 年 12 月，俄军“洋槐”自行火炮、6 台“平台 – M”地面作战机器人、4 台“阿尔戈”机器人和 3 架无人机在“仙女座 – D”自动化指挥系统的指挥下，在叙利亚的拉塔基亚对有 200 名武装分子驻守的阵地发起了猛攻，顺利完成作战任务。俄罗斯利用远程指挥平台和数据链系统，将战斗机器人、无人机、自行火炮等与“仙女座 – D”系统连接；通过该系统直接接受来自莫斯科的俄罗斯国防指挥中心的指控。在俄罗斯国防指挥中心的大屏幕上，无人机和战斗机器人集群不间断地回传战场高地的战场态势，从而锁定敌军火力点的精确位置；坐标被实时传送至“洋槐”自行火炮群，随着火炮的精准射击，极端分子火力点被完全摧毁。这种侦察机器人携带的白光和夜视摄像仪可以对目标进行隐蔽追踪，配合空中无人机一起对目标进行侦察。

2018 年，“伊斯兰国”组织利用无人机集群袭击俄罗斯军事基地时，7 架无人机被俄罗斯的“铠甲 – S”防空导弹系统击落，6 架无人机被电子对抗装置干扰。察打一体无人机是侦察、监视与打击并重，在空中发现目标以后，靠自身携带导弹实现“发现即摧毁”。

在 2022 年开始的俄乌冲突中，俄军将大量察打一体的巡飞弹及无人机投入战场。巡飞弹虽然质量只有数千克，滞空时间仅数十分钟，但射程可达 50 ~ 70 千米，超过了地面的所有重型火炮。在实战中，巡飞弹先以无线电静默方式进行侦察，利用机载电脑对地面目标进行识别，发现后立即回传图像，由后方人员确定后发起攻击，在数十分钟内就能完成战斗。若装备了大量巡飞弹，仅一个连级战斗单位驾驶数辆发射车，就可迎战一个陆战装甲旅或一个营级作战单位，甚至凭着技术代差可以彻底摧毁一个装甲旅。俄罗斯自研的“柳叶刀”系列自杀式无人机/巡飞弹作战模式，如同剥洋葱一般，层层敲掉了乌军的远程防空阵地。美方试图通过全方位立体侦察为盟友和乌克兰提供情报，防范可能出现的打击，为乌武装力量提供打击方向与目标。例如，美国利用 RQ – 4 无人机在黑海上空侦察、徘徊、滞空，搜集情报，引导乌方使用反舰导弹。

未来战争中集群数量、种类将持续增多，在高速发展的人工智能技术支撑下，无中心节点和强自治性使得集群整体的鲁棒性更强、环境适应性更好。这意味着侦察与监视技术将结合人工智能充分发挥集群协同作战优势和速度优势，同时减轻认知负担、提高决策效率，甚至颠覆现有防空体系的作战理念。

参考文献

[1] 白杉，杨秉新. 航天侦察相机的发展和贡献[J]. 影像技术，2003(4)：42－45.

[2] 蔡志清. 氮化镓技术在雷达中的应用现状与发展趋势[J]. 电子技术与软件工程，2019(4)：79－80.

[3] 陈辉，王永良. 波束空间DoA算法性能综合分析[J]. 系统工程与电子技术，2004(10)：1353－1356.

[4] 陈立，潘谊春，郑凯. 相控阵雷达的发展[J]. 舰船电子工程，2009,29(5)：13－17.

[5] 陈双，刘韬. 国外海洋卫星发展综述[J]. 国际太空，2014(7)：29－36.

[6] 代具亭，汤心溢，王世勇，等. 扫描型红外焦平面探测器图像实时传输系统[J]. 激光与红外，2016,46(4)：476－480.

[7] 董阳泽，许肖梅，刘平香. 水声对抗中的水声网络及其对抗[J]. 火力与指挥控制，2011,36(7)：1－6.

[8] 葛悦涛，蒋琪. 量子雷达技术发展研究[J]. 战术导弹技术，2014(4)：5－9.

[9] 郭晖，向世明，田民强. 微光夜视技术发展动态评述[J]. 红外技术，2013,35(2)：63－68.

[10] 黄燕芳，王钢. 网络侦查及网上作战方法新探[J]. 中国人民公安大学学报(社会科学版)，2011,27(5)：136－145.

［11］ 金添，宋勇平. 超宽带雷达建筑物结构稀疏成像［J］. 雷达学报，2018，7(3)：275－284.

［12］ 李丹，于小红. 多传感器信息融合在航天侦察中的应用［J］. 兵工自动化，2012,31(3)：86－88.

［13］ 廖育荣，李陟. 航天侦察对现代战争的影响和对策［J］. 指挥技术学院学报，1999(6)：27－30.

［14］ 林江，史秋亮，张娜. 网络化水声对抗及其发展：2014 年水声对抗技术学术交流会论文集［C］. 2014.

［15］ 凌玲. 半导体材料的发展现状［J］. 新材料产业，2003(6)：6－10.

［16］ 刘凤增，肖兵，刘捷，等. 美国战略预警体系发展探析［J］. 飞航导弹，2019(3)：65－69.

［17］ 刘纪元. 合成孔径声呐技术研究进展［J］. 中国科学院院刊，2019，34(3)：283－288.

［18］ 刘涛，姜卫东，刘永祥，等. 天基跟踪与监视系统探测性能与识别技术分析［J］. 系统工程与电子技术，2009,31(2)：399－402.

［19］ 刘亚威，刘德喜，祝大龙，等. T/R 组件关键技术研究发展综述：第三届航天电子战略研究论坛论文集［C］. 2017.

［20］ 刘战存. 多普勒和多普勒效应的起源［J］. 物理，2003(7)：488－491.

［21］ 芦佳. 中国古代侦查方法的历史发展［J］. 兰台世界，2013(36)：105－106.

［22］ 吕德鹏，张旭，陈楷天. 浅谈中国古代侦查机制的演变［J］. 法制博览，2014(11)：88－89.

［23］ 吕治辉，张栋文，赵增秀，等. 太赫兹雷达技术研究［J］. 国防科技，2015,36(2)：23－26.

［24］ 梅遂生. 光电子技术:信息化武器装备的新天地［M］. 2 版. 北京：国防工业出版社，2008.

［25］ 牛金星，郭朋彦. 红外成像技术及其应用［J］. 华北水利水电学院学报，2011,32(4)：25－27.

[26] 祁一荣. 潜艇潜望镜[J]. 现代舰船, 2002(2): 44 -45.

[27] 石岚, 王宏. 国外反狙击手光电探测技术与装备[J]. 光电技术应用, 2010,25(4):16 -20.

[28] 孙华燕, 赵延仲, 郑勇辉. 基于猫眼效应的激光主动探测技术研究与应用[J]. 装备学院学报, 2012,23(6): 6 -13.

[29] 滕道祥, 孙言. 光电子技术[M]. 北京: 清华大学出版社, 2021.

[30] 王闯, 李松, 姜浩博, 等. 防空反导智能战场态势估计研究[J]. 火力与指挥控制, 2020,45(3): 7 -13,21.

[31] 王怀军, 许红波, 陆珉, 等. MIMO 雷达技术及其应用分析[J]. 雷达科学与技术, 2009,7(4): 245 -249.

[32] 王素红. 声呐技术及其应用[J]. 现代物理知识, 2009,21(6): 40 -42.

[33] 王晓波, 李畅, 关辅兴. 地基合成孔径雷达技术研究与初步应用[J]. 测绘与空间地理信息, 2021,44(S1): 237 -239,244.

[34] 王新晓, 黄建国, 张永峰, 等. 水声探测系统目标回波信号仿真技术研究[J]. 压电与声光, 2006(3): 370 -372.

[35] 吴新捷, 郗晓田, 游林儒. 声探测技术在反狙击系统中的应用[J]. 现代电子技术, 2009,32(1): 4 -6,10.

[36] 吴新社, 蔡毅. 红外凝视成像系统中的光学微扫描技术[J]. 红外与毫米波学报, 2007(1): 10 -14.

[37] 夏志军, 章新华, 肖继刚, 等. 舰艇编队水声对抗系统需求分析[J]. 舰船科学技术, 2007(6): 66 -69.

[38] 谢恺, 林两魁, 安玮, 等. 天基雷达系统概念分析[J]. 现代雷达, 2006,28(9): 1 -4.

[39] 徐慨, 陈霄, 周本文, 等. 国外航天侦察卫星的现状与发展[J]. 信息通信, 2015(3):76 -79.

[40] 徐世录, 侯振宁. 弹道导弹防御系统的现状与发展[J]. 情报指挥控制系统与仿真技术, 2004(1): 32 -37.

［41］ 徐一帆，谭跃进，贺仁杰，等. 天基海洋目标监视的系统分析及相关研究综述［J］. 宇航学报，2010,31(3)：628－640.

［42］ 许洪，王向军. 多光谱、超光谱成像技术在军事上的应用［J］. 红外与激光工程，2007(1)：13－17.

［43］ 杨志鹏. 物探技术在城市地下空间开发中的应用［J］. 城市建设理论研究(电子版)，2018(8)：106.

［44］ 姚初. 美国通信情报对我安全威胁研究［D］. 长沙：国防科技大学，2018.

［45］ 余楚恒. 基于多光谱图像的迷彩人员检测方法研究与实现［D］. 南京：南京理工大学，2020.

［46］ 禹亮. 复杂水声环境下反对抗一体化方法研究［D］. 西安：西北工业大学，2018.

［47］ 袁赛柏，金胜，朱天林. MIMO 雷达技术发展综述［J］. 现代雷达，2017,39(8)：5－8.

［48］ 曾浩，庞宇，杨力生. 基于波束空间的 DBF 协方差矩阵估计方法［J］. 电子与信息学报，2008(5)：1100－1103.

［49］ 张超凡. “猫眼效应”在激光主动探测中的实现［J］. 计量与测试技术，2007(11)：49－51.

［50］ 张华斌，张庆中. 红外焦平面阵列技术现状和发展趋势［J］. 传感器世界，2005(5):6－10.

［51］ 张乐伟，陈桂明，薛冬林. 导弹预警卫星概述［J］. 战术导弹技术，2011(4)：117－121.

［52］ 张权，林涛，邓泽霖，等. 主动式激光反狙击系统在高级别安防中的应用［J］. 中国安全防范技术与应用，2019(1)：66－70.

［53］ 张渊. 舰载红外搜索跟踪系统的新体制研究［J］. 红外与激光工程，2009,38(4)：583－588.

［54］ 张占月，夏鲁瑞，李颖. 航天侦察战役战术运用指挥模式研究:第五届

中国指挥控制大会论文集[C]. 北京：电子工业出版社，2017.

[55] 章坚武. 移动通信[M]. 2 版. 西安：西安电子科技大学出版社，2007.

[56] 赵荣，张显. 俄罗斯导弹预警卫星系统最新发展[J]. 国际太空，2020(3)：41 -46.

[57] 赵勇，徐永胜. 国外海洋监视卫星系统的现状与发展趋势[J]. 电讯技术，2002(5)：154 -160.

[58] 《中国大百科全书·军事》编委会. 中国大百科全书·军事[M]. 2 版. 北京：中国大百科出版社，2007.

[59] 周龙伟. 未来我军数字化师指挥体系典型指标评估研究[D]. 长沙：国防科学技术大学，2011.

[60] 周彦平，舒锐，陶坤宇，等. 空间目标光电探测与识别技术的研究[J]. 光学技术，2007(1)：68 -73,76.

[61] 朱晨青. 基于多光谱图像技术的迷彩面料颜色测量分析[D]. 无锡：江南大学，2019.

[62] 庄洪林，姚乐，汪生，等. 网络空间战略预警体系的建设思考[J]. 中国工程科学，2021,23(2)：1 -7.